高职高专规划教材

实用礼仪 etiquette 教程

刘月荣 主编　张司　赵慧勇　刘田　刘珍　副主编

化学工业出版社
·北京·

本书从阐述礼仪的起源与发展、礼仪的原则及功能入手，系统介绍了个人形象、交往礼仪、公共礼仪、餐饮聚会礼仪、大学生校园礼仪、求职礼仪、旅游服务礼仪、销售与会展礼仪、商业仪式活动礼仪等内容与要求。在对礼仪理论知识进行系统梳理的基础上，注重理论与实践相结合，加强职业技能的训练，突出了操作性和实用性，内容上注意吸收了有关行业的新观点、新资料。使学生在理论学习和技能操作中掌握敬人、自律、适度、真诚等礼仪原则和相关的知识。同时本书在编写上也注意借鉴了其他相关行业服务礼仪的长处，既有普遍性也有专业性，具有自己的特点。

本书内容丰富，涉及面广，具有较强的知识性、实用性和可操作性，可作为高职、中职院校的专业礼仪教材、企事业单位的礼仪培训资料，亦可为人们在日常工作、生活和商务交往中的礼仪规范和要求提供借鉴。

图书在版编目（CIP）数据

实用礼仪教程/刘月荣主编. —北京：化
学工业出版社，2010.9（2021.2 重印）
高职高专规划教材
ISBN 978-7-122-09239-7

Ⅰ．实…　Ⅱ．刘…　Ⅲ．礼仪-高等学校：
技术学院-教材　Ⅳ．K891.26

中国版本图书馆 CIP 数据核字（2010）第 143685 号

责任编辑：李彦玲　　　　　　　　　　装帧设计：张　辉
责任校对：宋　玮

出版发行：化学工业出版社（北京市东城区青年湖南街 13 号　邮政编码 100011）
印　　装：北京虎彩文化传播有限公司
787mm×1092mm　1/16　印张 13　字数 326 千字　　2021 年 2 月北京第 1 版第 8 次印刷

购书咨询：010-64518888　　　　　　　　售后服务：010-64518899
网　　址：http://www.cip.com.cn
凡购买本书，如有缺损质量问题，本社销售中心负责调换。

定　　价：24.00 元　　　　　　　　　　　　　　　版权所有　违者必究

前言

礼仪是人类文明的结晶，社会文明的标志，人际交往的行为规范。中国是文明古国，礼仪之邦。讲"礼"重"仪"是中华民族世代相传的优良传统。源远流长的礼仪文化是祖辈传承的丰富遗产。孔子曰："不学礼，无以立。"荀子曰："人无礼则不生，事无礼则不成，国无礼则不宁。"在现代社会，明礼循礼已成为个人或组织树立自身形象、赢得他人和社会尊重的前提，同时也是事业获得成功的重要条件。作为礼仪之邦的公民，应该了解和掌握我国优良的礼仪文化传统，同时也应广泛吸取各国礼仪文化的优秀成果，以适应国内外交往的需要。

随着我国经济的快速发展，市场对人才需求的状况发生了很大变化，人们的职业取向也发生了显著变化。尤其是在飞速发展的商贸人才市场，具有较高综合素质的应用型人才更是供不应求。

作为高等职业技术院校的学生，直接面对着社会对他们的选择，在学好文化课、专业课，掌握专业技能的基础之上，掌握一定的礼仪知识，在社会公众面前展示自己的职业礼仪修养与良好气质尤显重要。在这种新形势的需要之下，我们编写了本书。

本书具有如下特点。

（1）实用性强。礼仪知识内容丰富，涉及面广。本书在编写的过程中打破以往礼仪教材面面俱到的框架结构，坚持实用、适用、管用、够用的原则，不求全，不求广，充分体现少而精的特色，紧扣教学内容，同时配套一些相关的知识链接、练习与思考为执教者与学习者开阔了视野，提供了方便。

（2）针对性强。针对高等职业技术院校学生的特点，坚持一切以学生为本的原则，突出学习校园礼仪的重要性，选取与职业院校学生密切相关的案例，让每一位学习者在掌握有关礼仪的基本知识与相关常识的前提下，再通过对公共、家庭等礼仪的强化学习，以提高学生的文明程度与礼仪修养。尤其是结合职业学校学生职业生涯需求，详细阐述了面试礼仪知识，有助于学生较好地掌握"推销自己"的求职本领。

（3）专业性强。根据作者多年来一线教育教学工作和对社会各相关行业相关岗位群培训经验的积累，结合各专业所涉及的行业特点，分别介绍了饭店服务与管理、旅行社（导游）服务、景点景区服务、商场（超市）营业员服务、商务销售服务、会展服务等行业的礼仪。

通过本课程的学习，学生能充分理解商贸服务礼仪在个人发展和商贸业中的重要地位与作用，理解和掌握礼仪的基本概念、常识、基本原理及技巧，从而为今后从事各种商贸服务工作塑造良好形象、提高服务艺术，奠定坚实的基础。

本书编写分工如下：刘月荣编写前言和第一章、第二章，张司编写第三章、第四章，赵慧勇编写第四章第二节和第三节，余海萍编写第五章，刘田编写第六章，王艳编写第七章，刘珍编写第八章。

在编写过程中，我们参考了相关论著，吸取了一些有启发性的观点和有价值的资料，在此向有关作者表示衷心的感谢。

由于编者知识水平有限，加之时间仓促，书中疏漏和不足之处欢迎专家学者批评指教。

编者

2010 年 7 月

目　录

第一章　绪论 ··· 1

　第一节　礼仪概述 ··· 1

　　一、礼仪及其特征 ·· 1

　　二、礼仪的起源与发展 ·· 3

　　三、礼仪的功能与原则 ·· 4

　　四、礼仪的性质、作用和意义 ···································· 6

　　五、文明礼貌修养的养成途径 ···································· 9

　第二节　高职学生礼仪修养 ·· 10

　　一、礼仪修养的内涵 ··· 11

　　二、加强高职生礼仪修养的重要性及途径 ························ 12

　【复习思考题】 ·· 14

第二章　个人基本礼仪 ·· 16

　第一节　仪容仪表礼仪 ·· 16

　　一、仪容仪表 ··· 16

　　二、仪容的修饰 ··· 17

　第二节　仪态礼仪 ·· 21

　　一、站姿 ··· 22

　　二、坐姿 ··· 23

　　三、行姿 ··· 26

　　四、蹲姿 ··· 26

　　五、表情 ··· 27

　　六、手势 ··· 29

　　七、界域 ··· 30

　第三节　服饰礼仪 ·· 31

　　一、服饰礼仪规范 ··· 31

　　二、男性正装服饰礼仪规范 ····································· 38

　　三、女性套裙服饰礼仪规范 ····································· 41

　　四、制服的礼仪规范 ··· 43

　【复习思考题】 ·· 48

第三章　日常交际礼仪 ·· 49

　第一节　称呼礼仪 ·· 49

　　一、称呼的原则 ··· 49

　　二、称呼的种类 ··· 50

第二节　介绍礼仪 ……………………………………………………… 51
一、自我介绍 …………………………………………………………… 51
二、他人介绍 …………………………………………………………… 53
第三节　握手礼仪 ……………………………………………………… 54
一、握手的方法 ………………………………………………………… 54
二、握手的形式 ………………………………………………………… 55
三、握手的礼仪要求 …………………………………………………… 56
四、其他行礼方式 ……………………………………………………… 57
第四节　名片礼仪 ……………………………………………………… 58
一、名片的用途 ………………………………………………………… 59
二、名片的制作 ………………………………………………………… 59
三、名片的交换 ………………………………………………………… 60
第五节　电话礼仪 ……………………………………………………… 61
一、电话礼仪的一般要求 ……………………………………………… 61
二、拨打电话的礼仪 …………………………………………………… 62
三、接听电话的礼仪 …………………………………………………… 63
四、使工作顺利的电话术 ……………………………………………… 64
五、移动电话礼仪 ……………………………………………………… 64
第六节　馈赠礼仪 ……………………………………………………… 65
一、馈赠原则 …………………………………………………………… 65
二、馈赠礼仪 …………………………………………………………… 67
三、受礼礼仪 …………………………………………………………… 68
四、礼品的选择 ………………………………………………………… 69
五、国际交往中的馈赠常识 …………………………………………… 69
第七节　拜访与接待礼仪 ……………………………………………… 71
一、拜访 ………………………………………………………………… 71
二、待客 ………………………………………………………………… 73
第八节　公共场所礼仪 ………………………………………………… 74
一、行走、进出电梯礼仪 ……………………………………………… 74
二、乘车、船、机、地铁礼仪 ………………………………………… 76
三、吸烟礼仪 …………………………………………………………… 79
四、购物礼仪 …………………………………………………………… 80
五、观看演出和比赛礼仪 ……………………………………………… 81
六、沙龙聚会礼仪 ……………………………………………………… 82
第九节　交谈礼仪 ……………………………………………………… 84
一、学会说 ……………………………………………………………… 84
二、学会听 ……………………………………………………………… 85
第十节　宴请礼仪 ……………………………………………………… 87
一、宴请的种类 ………………………………………………………… 87
二、宴请的准备 ………………………………………………………… 87
三、宴请时主人的礼仪 ………………………………………………… 88

四、出席宴请的礼仪 ……………………………………………………… 88
【复习思考题】 ……………………………………………………………… 90

第四章　高职院校校园礼仪规范 …………………………………………… 92
第一节　职业学校学生的素质要求 ……………………………………… 92
一、在校学生的基本素质要求 ………………………………………… 92
二、职业学校学生的素质要求 ………………………………………… 94
第二节　校园课堂礼仪 …………………………………………………… 96
一、学校礼仪 …………………………………………………………… 96
二、尊敬师长 …………………………………………………………… 100
三、友爱同学 …………………………………………………………… 103
第三节　校园其他礼仪 …………………………………………………… 106
一、校园活动礼仪 ……………………………………………………… 106
二、用餐礼仪 …………………………………………………………… 106
三、宿舍礼仪 …………………………………………………………… 108
四、阅览礼仪 …………………………………………………………… 110
【复习思考题】 ……………………………………………………………… 112

第五章　求职应聘礼仪 ……………………………………………………… 113
一、求职应聘的内容与形式 …………………………………………… 113
二、求职应聘前的准备工作 …………………………………………… 113
三、求职面试礼仪 ……………………………………………………… 118
【复习思考题】 ……………………………………………………………… 121

第六章　旅游服务礼仪 ……………………………………………………… 122
第一节　饭店服务礼仪 …………………………………………………… 122
一、饭店服务礼仪的基本要求 ………………………………………… 122
二、现代饭店岗位礼仪 ………………………………………………… 128
三、饭店业受理投诉礼仪 ……………………………………………… 136
第二节　旅行社（导游）服务礼仪 ……………………………………… 139
一、旅行社工作人员岗位礼仪 ………………………………………… 139
二、导游服务礼仪 ……………………………………………………… 140
第三节　景点景区服务礼仪 ……………………………………………… 143
一、旅游景区景点管理规范 …………………………………………… 143
二、景区景点服务人员礼仪 …………………………………………… 144
三、景区景点导游服务礼仪 …………………………………………… 144
四、景区景点餐饮服务礼仪 …………………………………………… 144
五、其他相关场所服务礼仪 …………………………………………… 144
六、受理游客投诉礼仪 ………………………………………………… 144
【复习思考题】 ……………………………………………………………… 147

第七章　销售与会展礼仪 ··· 148
　第一节　商场（超市）服务礼仪 ··· 148
　　一、现代商场（超市）服务礼仪的基本要求 ···················· 148
　　二、现代商场（超市）岗位礼仪 ·· 152
　　三、受理顾客投诉礼仪 ·· 153
　第二节　商品推销礼仪 ··· 155
　　一、熟悉自己的产品 ··· 155
　　二、推销员的基本礼仪 ·· 155
　　三、商品推销中的礼仪 ·· 156
　　四、推销成功后的礼仪 ·· 156
　第三节　商务谈判礼仪 ··· 157
　　一、谈判前的准备工作 ·· 157
　　二、谈判中的礼仪 ··· 158
　　三、谈判后的礼仪 ··· 159
　第四节　展览会礼仪 ·· 159
　　一、展览会的分类 ··· 159
　　二、展览会的组织 ··· 159
　　三、展览会礼仪 ·· 160
　第五节　新闻发布会礼仪 ·· 161
　　一、会前准备 ··· 161
　　二、与会者的礼仪 ··· 162
　【复习思考题】 ··· 162

第八章　商业仪式活动礼仪 ·· 163
　第一节　开业典礼 ·· 163
　　一、开业典礼的准备 ··· 163
　　二、开业典礼的程序 ··· 164
　　三、开业典礼的礼仪 ··· 165
　第二节　剪彩仪式 ·· 166
　　一、剪彩仪式的准备 ··· 166
　　二、剪彩仪式的程序 ··· 167
　　三、剪彩仪式的礼仪 ··· 168
　第三节　签字仪式 ·· 168
　　一、签字仪式的准备 ··· 168
　　二、签字仪式的程序 ··· 170
　【复习思考题】 ··· 170

第九章　实训 ··· 171
　第一模块　个人形象实训 ·· 171
　　实训项目一：仪容训练 ·· 171
　　实训项目二：服饰训练 ·· 172

实训项目三：仪态训练 …………………………………………………………… 178

实训项目四：表情训练 …………………………………………………………… 181

第二模块　交际礼仪实训 ……………………………………………………… 183

实训项目一：介绍名片训练 ……………………………………………………… 183

实训项目二：握手鞠躬训练 ……………………………………………………… 184

实训项目三：接打电话训练 ……………………………………………………… 185

实训项目四：宴请训练 …………………………………………………………… 186

第三模块　商务活动实训 ……………………………………………………… 190

实训项目一：商贸服务训练 ……………………………………………………… 190

实训项目二：剪彩、签字仪式训练 ……………………………………………… 192

实训项目三：求职应聘训练 ……………………………………………………… 193

参考文献 ……………………………………………………………………………… 198

第一章　绪论

【学习目标】
　　了解礼仪及其产生与发展，掌握礼仪的特征、作用和意义；充分认识加强高职学生礼仪修养的重要性，并掌握礼仪修养途径。

　　礼仪是人类文明和社会进步的重要标志，是现代人必须具备的基本素质。礼仪还是人们的行为准则和道德规范，是人类活动中不可缺少的外交语言。它反映出一个社会组织乃至整个社会的行为特征和文明程度，同时它也能体现出一个人本身的修养、涵养、教养和素质水平。

第一节　礼仪概述

一、礼仪及其特征

（一）礼仪

1. 礼

礼是表示敬意的通称，是人们在社会生活中处理人际关系并约束自己行为以示尊重他人的准则。它既可指表示敬意或表示隆重而举行的仪式，也可泛指社会交往中的礼貌。在古代，礼还特指奴隶社会或封建社会贵族等级森严的社会规范和道德规范。

礼的含义比较丰富。经常与"礼"连在一起表述的是礼貌、礼节和礼仪。

2. 礼貌

礼貌是人们在交往时，相互表示敬重和友好的行为规范。它侧重于表现人的品质与素养。不仅体现了一个人的文化层次和文明程度。同时也体现了时代的风尚和道德标准。礼貌是一个人在待人接物时的外在表现。在日常工作与生活中，礼貌表现在人们的举止、仪表、语言上。表现在服务的规范、程序上，表现在对交往对象的态度上。一个微笑、一个鞠躬、一声"您好"、一句"祝您旅途愉快"，这都是礼貌的具体体现。

3. 礼节

礼节是人们在日常生活，特别是在社交场合中，相互问候、致意、祝愿、慰问等惯用的形式。如亲友过生日，送一份礼物或一个蛋糕表示祝贺；有客来访奉上一杯香茶表示欢迎等都是礼节的具体表现。从形式上看，礼节具有约定俗成或严格规定的仪式；从内容上看，礼节反映着某种道德原则和规范的要求，反映着对人的尊重和友善。

礼节是礼貌在语言、行为、仪态等方面的具体表现形式。如握手、点头、鞠躬、合十、拥抱、吻手、碰鼻子、拍肚皮等都是不同国家礼节的表现。

礼节与礼貌的关系是：没有礼节，就无所谓礼貌；有了礼貌，必然伴随有具体的礼节。

4. 礼仪

"礼"指"事神致福"的形式（即敬神），"仪"指"表率、标准"，兼含仪表、仪态、仪容、仪式等意思。礼仪是礼和仪的合一。具体来说，礼仪的含义有广义和狭义两方面。

狭义地说，礼仪是指人们在较大或隆重的场合为表示尊重和敬意而举行的合乎社交规范和道德规范的仪式。各种剪彩仪式、奠基仪式和接待各国政府首脑的仪式等都是礼仪。

广义地说，礼仪是人们在社会交往中，约定俗成的一种律己、敬人的行为规范、准则及程序。

礼貌是礼仪的基础，礼节是礼仪的基本组成部分，礼仪在层次上要高于礼貌、礼节，其内涵更深广。三者所表现的都是对人的尊重、敬意和友好。

5. 礼宾

"礼宾"一词原意是按一定的礼仪接待宾客。现实生活中，特别是在人际交往、涉外活动、旅游接待等服务过程中，主方根据客方人员的身份、地位、级别等给予相应的接待规格和待遇，称为礼宾或礼遇。

礼宾是一个历史的范畴。强调继承性与发展性的结合。强调在不同的民族、不同的时代以及不同的行为处境中有着不同的内容和要求。

（二）礼仪的特征

礼仪作为一门独立学科有其漫长的社会存在，在其发展的过程中形成明显的国际性、民族性、继承性、时代性和多样性等特征。

1. 国际性

礼仪作为一种文化现象，是全人类的共同财富，它跨越了国家和地区的界线。尽管不同国家、不同民族、不同社会制度所构成的礼仪有一定的差异性。但在讲文明、讲礼仪、相互尊重原则基础上形成并完善的规范化的国际礼仪，已为世界各国人民所接受和广泛使用。现代礼仪兼容并蓄，融世界各国礼仪之长，从而使现代礼仪更加国际化，国际礼仪更趋同化。比如见面时的握手礼已经在全世界广为流行。

2. 民族性

礼仪的民族性是指礼仪在形式及其代表的意义上都受到民族因素的影响。同一内容在不同民族中可以有着不同的表现形式，同一形式在不同民族中也可能代表着不同的意义，各个民族都有着自己一些独特的、成系列的且世代相传又有所变化的礼仪。如同是见面行礼，我国较为通行的是握手。日本则多是鞠躬，而欧美各国普遍采用的是拥抱。

3. 继承性

礼仪的形成和完善，是历史发展的产物。但礼仪一旦形成通常会长期沿袭，经久不衰。今天是过去的延续，每一民族的礼仪都是这个民族历史的产物。如我国古代流传至今的尊老爱幼、父慈子孝、勤劳节俭、礼尚往来等反映民族传统美德的礼仪，一代一代流传下来。今后也必将代代相传，发扬光大。

4. 时代性

礼仪随着时代的发展而发展，与时俱进。现代生活具有多元、丰富、多变的特点。因此，现代礼仪必须正确反映时代精神，体现新的社会道德规范。确立新型的人际关系，并在实践中不断更新其内容，改变其形式。例如过去在拜见帝王时实行的跪拜礼和打千礼，随着历史的发展已经被淘汰了。

5. 多样性

古今中外，各种礼仪，内容丰富，浩如烟海，并存在于社会生活的各个领域。上至国家下至家庭，从内政到外交，从军营到学校，从商业到旅游，从吃穿到住行，礼仪无时不有，无处不在。从适用范围上讲，礼仪可以分为国际礼仪、商务礼仪、政务礼仪、服务礼仪、学校礼仪、军队礼仪、家庭礼仪、公共场所礼仪、习俗礼仪等；就形式而言，同一感情又可以用多种形式表达。比如赞许，可以竖大拇指，可以微笑，可以击掌，还可以点头等。这些均体现了礼仪的多样性。

【知识链接】

西方"礼仪"之源

西文中"礼仪"一词最早见于法语 etiquette，原意是一种长方形的纸板，上面书写着进入法庭所应遵守的规矩、秩序。因而，这纸板就被视为"法庭上的通行证"。这 etiquette 进入英文以后，就有了礼仪的涵义，有规矩、礼节、礼仪之意，成为"人际交往的通行证"。

二、礼仪的起源与发展

中国是四大文明古国之一，文化传统源远流长。礼作为中华民族文化的基质，有着悠久的历史，中国素有"礼仪之邦"的美誉。

（一）礼的起源

在我国，"礼"最早是从祭祀神灵开始的。原始社会，生产力水平极其低下，人们处于愚昧无知状态，对自然界充满了敬畏和恐惧，认为人的一切都是由神来控制的，于是各种宗教、原始崇拜由此产生，如拜物教、图腾崇拜、祖先崇拜等。为表达崇拜之意，出现了各种各样的祭祀活动，逐渐形成祭祀礼仪。

（二）礼的发展

随着社会的发展，到周代已形成了较为完整的国家礼仪与制度。

中国历史上第一部记载"礼"的书籍——《周礼》就出现于西周时期。《周礼》、《仪礼》、《礼记》"三礼"成为中国最早的礼制百科全书。中国后世的礼仪深受"三礼"的影响。

春秋战国时期，学术界百家争鸣，以孔子、孟子为代表的儒家学说较为系统地阐述了礼的起源、本质和功能。儒家学说的创始人孔子主张"和为贵"、"以仁爱之心待人"；提倡"己所不欲，勿施于人"。"安分守己、互相谦让"；主张"有序"、"君君臣臣、父父子子"、"贵贱有等，亲疏有体，长幼有序"等。儒家礼仪的主张得到了统治者的赞同，并被当作最主要的道德观念加以强化，逐渐形成了内容极其广泛的行为规范，成了统治阶级的"统治术"。儒家的礼仪思想构成了中国传统礼仪文化的基本精神。对古代中国礼仪的发展产生了重要而深远的影响，奠定了古代礼仪文化的基础。

辛亥革命以后，受西方文化的影响，科学、民主、自由、平等的观念深入人心，礼仪也得到了重大变革。提倡人与人之间人格一律平等的礼仪，并吸取各国各民族礼仪之长，选取适合我国国情的礼仪形式。如取消了跪拜礼，代之以鞠躬礼、握手礼等。

新中国成立后，中国进入了一个新的文明时代，人与人之间互尊互爱，和睦相处。讲究礼仪蔚然成风。但"文革十年"给礼仪造成了极大的冲击，社会风气受到了严重污染。改革开放以来，我国不仅经济建设取得了重大成就，文明礼貌也得到较大的恢复和发展。"仓廪实而知礼节"，随着人民生活水平的提高，国际交往的加强，作为人类文明标志的礼仪将继续发展。

【知识链接】

三纲五常

"三纲五常"为中国传统礼学之核心。"三纲"，即君为臣纲、父为子纲、夫为妻纲。其系统阐发者为西汉思想家董仲舒。他认为"三纲"为天意之体现，强调"君臣、父子、夫妇之义"是永恒不变的社会行为准则，是人人应当遵守的基本社会秩序。"五常"，即仁、义、礼、智、信，是儒家鼓吹的重要道德标准。"三纲五常"对维护传统政治伦理秩序具有极为重要的意义，为历代统治者所承袭。

三、礼仪的功能与原则

（一）礼仪的功能

礼仪之所以被提倡，是因为它具有许多功能，既有益于个人，又有益于社会。

1. 沟通功能

人们在社会交往过程中发生各种关系，主要有经济关系、政治关系和道德关系，这三者构成了人们的社会关系。在人际交往中，不论体现的是何种关系，只要双方都能自觉地执行礼仪规范，就容易沟通双方的感情。从而使人们的交际往来取得成功。进而有助于人们所从事的各种事业的发展。

2. 协调功能

从一定意义上说，礼仪是人际关系和谐发展的调节器，人们在交往时按礼仪规范去做。有助于加强人们之间互相尊重、友好合作的新型关系，可缓和或避免某些不必要的情感对立与障碍。

3. 教育功能

礼仪是社会教育和自我教育的重要手段，因而具有教育功能。礼仪的教育功能在于能够把某种公认的价值体系、行为与准则灌输到个人的意识与行为中，使其形成相应的礼仪观念与礼仪习惯，形成讲求礼仪的精神品质与人格。

4. 评价功能

在人际交往中，礼仪往往是衡量一个人文明程度的准绳。它不仅反映着一个人的交际技巧和应变能力。而且还反映着一个人的气质风度、阅历见识、道德情操及精神风貌。可以说礼仪即教养。通过一个人对礼仪运用的程度，可察知其教养的高低、文明的程度和道德的标准。这就是礼仪的评价功能。

（二）礼仪的原则

在日常生活中，学习和应用礼仪，有必要在宏观上掌握一些具有普遍性、共同性和指导性的礼仪规律。这些礼仪规律，即礼仪的原则。

1. 尊重原则

孔子说："礼者，敬人也。"这是礼仪核心思想的高度概括。尊重是礼仪的本质。礼仪本身从内容到形式都是尊重他人的具体体现。

人际交往必须尊重对方的人格。尊重是礼仪的情感基础。人与人之间彼此互相尊重才能保持和谐愉快的人际关系。做到敬人之心常存，处处不可失敬于人。失敬就是失礼。尤其要注意不可侮辱对方的人格。

2. 平等原则

平等原则是指人们以礼待人，对任何交往对象都一视同仁，给予同等程度的礼遇。平等原则是现代礼仪区别于传统礼仪的最主要的原则。

在人际交往中，不应该因为交往对象彼此之间在年龄、性别、种族、国籍、文化、职业、身份、地位、财富以及与自己的关系亲疏远近等方面有所不同。就厚此薄彼、区别对待。平等原则要求我们做到对所有交往的人都要尊重，都一视同仁地讲礼貌，不要厚此薄彼、怠慢他人。

3. 真诚原则

礼仪讲究"诚于中，形于外"，心中有"礼"，言行才能有"礼"。人际交往的品德因素中。真诚是基本的一项。真诚原则要求运用礼仪时，务必做到诚心待人、心口如一、言行一致、诚实无欺。口是心非、言行不一、弄虚作假，不利于人际关系的营造和个人形象及组织形象的塑造。

4. 宽容原则

宽容是一种美德。在人际交往过程中。由于个人经历、文化、修养等因素而产生的差异不可能消除，这就需要求同存异、相互包容。宽容的原则要求人们在交往活动中运用礼仪时不过分计较对方礼仪上的过失。有容人之雅量，为他人着想，严于律己，宽以待人。

德性与惯性

在公共汽车上，当汽车急刹车时。一位小伙子撞了一位女青年。还没等小伙子开口道歉，女青年就很恼怒地说："德性！"小伙子并没有因此而生气，而是心平气和地说："不是'德性'而是惯性。撞了您，很对不起。"这句幽默大度的话使女青年感到羞愧，并赶紧道了歉。对别人保持宽容，实际上也是尊重对方的表现。

5. 适度原则

适度原则是指运用礼仪时。要注意技巧，合乎规范，把握分寸，认真得体。如在与人交往时，既要彬彬有礼，又不能低三下四；既要热情大方，又不能阿谀奉承；在从事商务活动接待国外宾客时，要以"民间外交官"的姿态出现。特别要注意维护国格和人格，做到"威武不能屈，富贵不能淫"。绝对不能玷污我们伟大祖国的光辉形象和崇高声誉。

6. 遵守原则

礼仪是人们在社会交往中的行为规范和准则，因此。每个人都必须自觉自愿地遵守礼仪，以礼仪规范指导和约束自己的一言一行、一举一动。对于礼仪不仅要学习，更重要的是学以致用，每个人都有自觉遵守和应用礼仪的义务。

布吉林的三 A 规则

布吉林是国际公关协会主席，美国总统顾问。美国乔治城大学外交学系主任。布吉林认为：要和客人搞好关系，最重要的是要善于向客人表示尊重和友善。这里有三大捷径，人称三 A 规则：第一，接受对方（Accept），即待人如己，客户永远是正确的；第二，重视对方（Appreciate），即欣赏的重视。不要挑毛病；第三，赞美对方（Admire）。赞美非常重要，但一要实事求是，二要适应对方。

四、礼仪的性质、 作用和意义

（一）礼仪的性质

1. 礼仪的阶级性

礼仪自产生之日起即具有阶级性，当人类社会发展到阶级社会以后，这一性质更加鲜明。统治阶级为了使自己的统治能长治久安，一方面建立起强大的国家机器，充分发挥国家机器的镇压和压迫职能，另一方面又通过建立和完善礼仪制度、道德规范等使统治和被统治、压迫和被压迫的关系合法化、秩序化。在长期的历史发展过程中，逐步形成了一整套祭天地、祭祖先以及统治者的登基、成年、婚庆、寿辰、死亡等礼仪，不断地灌输统治者的统治"天意不可违"、"君权神授"、"天然合理"的思想。

统治者为了维护自己的统治，除了在礼仪规范中强调其统治是天然合理外，还需要有稳定的社会秩序。为此，统治阶级也需要制定并不断完善社会各阶级之间的行为准则和礼仪规范。但是，在奴隶社会、封建社会中，统治阶级和被统治阶级的礼仪又是严格区分的。所谓"礼不下庶人"、"刑不上大夫"等，是礼仪的阶级性的又一鲜明体现。

2. 礼仪的民族性、国别性

不同国家、不同民族，由于其历史文化传统、语言、文字、活动区域不同，以及在长期的历史发展过程中形成的心理素质特征不同，其礼仪都带有本国家、本民族的特点。例如：我国自古以来就是一个地域辽阔的多民族的文明古国，五十六个民族各有体现本民族特点的礼仪规范，呈现出多姿多彩的礼仪形态。但是，我国又是一个统一的国家，不同民族、不同地区的礼仪规范在国家统一的长期历史发展中逐渐融会起来、凝固起来，形成统一的中华民族的礼仪规范。

在辽阔的中华大地上，尽管各民族、各地区之间在具体礼仪方面存在着某些差异，但在中华民族范围内，各民族、各地区的礼仪又是相互联结、相互沟通、互为补充的。

在我国与外国的往来中，统一的中华民族礼仪已成为促进国际友好交往、和平相处的重要手段，体现了我们中华民族的自信与尊严。当我国的使臣渡重洋、越关山，到欧亚大陆，到西洋、南洋各地时，带去了中华民族的礼仪风范，被外国人称颂为"礼仪之邦"，"文明之邦"的友好使者，这正是中华民族礼仪的民族性的体现。

新中国成立以后，中国人民真正站起来了，彻底结束了奴颜婢膝的屈辱外交历史。在国际交往中，既发扬礼仪之邦、文明古国的礼仪规范的精华，又注意尊重其他国家、其他民族的礼仪和生活习惯，从而赢得了世界各国人民的尊敬。周恩来总理对我国的外交工作提出的"入乡随俗，不强人所难"的指导原则，是对礼仪的民族性、国别性的最精辟的见解。

3. 礼仪的普遍性

礼仪是人类文明的一种表现和象征，具有极其明显的人文性、社会性。礼仪在人类生存和发展中，可以说是无时不有、无处不在的，这就是礼仪的普遍性。

现在的世界是一个开放的世界，科技、交通的日新月异改变了原有意义上的空间距离，天涯变咫尺。无线通讯、电子技术的发展，使人们可以在短短的几秒内与几万公里之外的亲友互致问候、互通信息。在这个日益"缩小"了的星球上，人们在空前频繁的相互交往中，逐渐形成了带有普遍性的国际礼仪。

（二）礼仪的作用

礼仪是人们在社会生活中用以调整、处理相互关系的手段。具体来说，礼仪的作用有以下几个方面：

1. 尊重作用

人际交往中尊重是相互的，当你向对方表示尊敬和敬意时，对方也会还之以礼，即"礼尚往来"。

2. 约束作用

礼仪作为行为规范，对人们的社会行为具有很强的约束力。礼仪一经制定和推行，便成为社会的行为规范和习俗，人们都应遵守和服从，都将自觉或不自觉地接受戒条。如果一个人我行我素，不能遵守社会上普遍的礼仪要求，他就会受到道德和舆论的谴责，甚至被施以法律的手段。

3. 教育作用

礼仪作为一种道德习俗，对全社会的每一个人都在施行教育。礼仪一经形成和巩固，就成为社会传统文化的重要组成部分，世代相继，世代相传。在人类社会的发展和进步中，礼仪的教育作用具有重要意义。

4. 调节作用

人际关系是人类社会生活中极为重要的关系。一个人如果没有良好的人际关系，就无法满足个人的归属感、受尊重感，就会怅然若失甚至惶惶不安。同样，如果一个单位甚至整个社会人际关系混乱、紧张，就不会有安定团结的局面。礼仪作为一种规范、程序，作为一种凝固下来的文化传统，对人们之间的相互关系模式起着固定、维护和调节的作用。例如，人们在家庭生活中的关系以及各自的权利和义务都受着传统的、现实的礼仪规范的约束。父母爱子女，但更要教育好子女，决不能溺爱子女；子女则要尊敬父母，孝顺父母。夫妻之间地位平等，应该相敬如宾，白头偕老。朋友之间要以信为先，受人点滴之恩，当涌泉相报。如果人际关系中出现了不和谐，或者需要作出新的调节，往往要借助于某些礼仪形式、礼仪活动。例如，宴请、联谊、联欢等活动将促进健康良好的人际关系的建立和发展。

交际生活的钥匙

38 年前，当时的美国总统尼克松为了准备他的"改变世界的一星期"的中国之行，费尽了心机。他知道到了中国免不了要用筷子，临行前就专门练习了一番。1972 年尼克松一行抵达北京的当天晚上，周恩来总理设宴款待他们。宴会上，尼克松自如地用筷子夹取食物，使在场的人大感意外。中国古代《礼记》中有一句话："入境而问禁，入国而问俗，入门而问讳。"尼克松的这一举动在客观上与这句话的精神是一致的，所以能够收到预期的外交效果，为世人所津津乐道。

（三）礼仪的意义

当今世界，虽然国家有大小之分，民族人口有多寡之别，社会形态也各不相同，但凡是文明的民族，都很注重礼仪。在社会生活中，人们往往把讲究礼仪作为一个国家和民族文明程度的重要标志；对个人而言，礼仪则是衡量其道德水准高低和有无教养的尺度。

1. 讲究礼仪是精神文明建设的需要

讲究礼仪是文明的行为，而文明行为是人类历史发展的产物和需要。它反映了人类的发展和进步，标志着人类生活摆脱了野蛮和愚昧。在人类文明史上，依次出现过奴隶制社会文明、封建制社会文明、资本主义社会文明。如今我国要建立的是社会主义社会的精神文明，这是人类精神文明发展的新阶段，是社会主义社会的重要特征。社会主义精神文明建设的根本任务是适应社会主义现代化的需要，培养有理想、有道德、有文化、有纪律的社会主义公民，提高整个中华民族的思想道德素质和科学文化素质。

在精神文明建设中，特别要加强思想道德建设，讲求社会公德、职业道德与纪律观念。礼仪属于社会公德的一部分，是思想道德与职业道德建设的基础部分，也是纪律教育中必不可少的一个方面。讲究礼仪反映了社会主义精神文明的程度和公民的精神风貌。同时，它又反作用于思想道德建设，促进社会主义精神文明的发展。可见，这种文明一旦与亿万人民群众行动相结合，就能成为改造自然、推动社会进步的强大动力。在当前，它对加强国际交往、增进我国人民与各国人民的友谊，具有十分重要的现实意义和深远的历史意义。

2. 讲究礼仪是人际关系和谐的需要

人们都希望自己能在安定、团结、和谐的环境中工作、学习和生活。安定团结是党的方针政策，也是改革开放以来国家为广大人民群众造就的一种社会环境，人人都十分珍惜。如果人际关系紧张，火药味十足，见面、相处、离别时连句客气话都不讲，那么工作中必然会矛盾重重，甚至生活也会感到乏味无趣。所以，讲究礼仪是创造安定团结环境的需要，是人际关系和谐的润滑剂。

3. 讲究礼仪是社会平等交往的需要

当今世界，在社会经济和政治关系方面，依然存在着社会制度的不同。它影响和制约着人们之间的相互关系，并使之带上了社会制度的印痕。

在社会主义制度下，人们的关系是同志式的互助合作关系，人们彼此尊重，相互关切，这是平等的要求和体现。

在资本主义制度下，人们的相互关系受着私有制的限制和束缚。但是，高度社会化的大生产已经使整个社会分工愈来愈细，在这种生产方式中劳动和生活的人们通过长时间的实践，认识到人与人之间必须紧密配合、互相联系、互相关心、互相合作。虽然这种由高度的社会化大生产提出的客观要求，尚未成为资本主义腐朽社会人与人关系的主导思想，但它却说明，人类社会在高度社会化大生产的条件下，在阶级社会中的阶级关系之外，还有人际关系这一重要方面，即在社会化大生产中，要求彼此地位平等、相互协作、相互关心、相互帮助。也正是这种要求，成为人们平等交往中共同的礼仪基础。

社会交往是人类生活的影子。可以说，自从有了人类社会，便有了人与人之间的交往。没有社会交往，人类的生活是无法想象的。人们参加社交活动，可以调节紧张的生活、建立友谊、交流感情、融洽关系、广结良缘、增长见识、扩展信息。现代化的社会对人们的社交活动提出了新的要求，社会越发展，物质生活水平越高，对人的社会交往的要求就越高。为此，人们就更需要认真学习在社会平等交往中有关礼仪方面的知识。

4. 讲究礼仪是文明社会公民应有的行为规范

人与动物的区别，不仅在于人会说话、能劳动，更重要的是人讲究礼貌礼节，这说明人已脱离了野蛮和愚昧，生活在文明社会之中。所以，在社会大家庭中，每个人都应该学会尊重他人，其表现首先就是对别人要有礼貌。实际上，人人都有自尊心，都希望别人尊重自己，希望在别人眼里自己是一个受欢迎的人。如果自己不注重讲究礼仪，甚至庸俗粗鲁、蛮不讲理，就不可能被别人瞧得起，更谈不上得到别人的尊重。因此，作为文明社会的公民，就必须约束自己的言行，养成讲究礼仪的良好习惯。

一般来说，人与人互相观察和了解，都是从礼貌礼节开始的。英国著名哲学家弗兰西斯·培根说："行为举止是心灵的外衣。"我国古语也有"诚于中而形于外"之说，即只有思想"诚"，才能在实际中讲究礼貌礼节。社会主义社会的礼貌礼节是建立在人与人相互平等、相互尊重的思想基础上的。只有尊重别人、关心别人、体贴别人，才会在人际交往中注意自己的言行，养成良好的礼貌习惯，具有彬彬有礼的风度，同时自己也会受到应有的礼遇。因此，讲究礼仪不仅是文明社会公民应有的行为规范，而且也是人际关系和谐的需要。

五、文明礼貌修养的养成途径

文明礼貌修养一般也称为教养，是指人在待人接物方面的素质和能力。它是人类文明的标志之一。一个人的文明礼貌修养，往往反映一个单位乃至一个国家的文明水平。古人云："礼义廉耻，国之四维。"荀子也曾说过："人无礼则不生，事无礼则不成，国无礼则不宁。"当前，我国正在大力推进社会主义精神文明建设，其中一个重要内容就是五讲四美（讲文明、讲礼貌、讲卫生、讲秩序、讲道德和心灵美、语言美、行为美、环境美）。良好的礼貌修养，是需要经过长期的有意识的学习、实践、积累而逐步形成的，可以从以下几个方面着手：

1. 坚持努力学习，树立礼貌意识

首先要进行理论学习，讲究礼仪，最重要的是先要学习好礼仪的基本知识。要利用图书资料、广播电视等渠道，系统地、全面地学习礼仪知识，从理论上掌握在不同场合、面对不同对象，应该运用哪些礼仪。其次是通过社会实践学习。实践是检验真理的唯一标准。通过实践，不仅可以使人加深对礼仪的了解，强化它的印象，而且还可检验其作用，增强文明礼貌意识，提高自己的文明素质。古人云"不学礼，无以立。"

2. 养成良好习惯，贵在持之以恒

俗话说："习惯成自然。"文明良好的习惯是从一点一滴做起的，不断地积累、升华，并抑制和纠正某些不良的习惯。作为现代大学生、新世纪的接班人，就要以高度的自觉性和社会责任感，约束自己的行为，时刻保持清醒的头脑，谦虚谨慎，以礼待人，坚持从我做起、从现在做起、从点滴做起，持之以恒，养成良好的文明习惯，并形成自觉的行动。

3. 加强道德修养，陶冶美好情操

道德是人们共同生活和行为的准则与规范。它依靠社会舆论的力量，以善恶、好坏、美丑、公正和偏私、诚实和虚伪等道德观念来评价每个人的行为，使人明是非、知荣辱，以调整各种社会关系。礼仪与道德相辅相成、相互补充。礼仪体现道德观念，道德制约、调整礼仪行为规范的完善和发展。礼仪是一个人内心世界的外在表现和真实感情的自然流露。那种举止大方、温文尔雅、彬彬有礼的风度，必须以良好的道德修养为基础。可见，道德修养能有效地调节和控制人的行为，美好情操是文明习惯的自然修饰和流露。有德才会有礼，无德必定无礼。因此，修礼宜先修德。

加强道德修养，就会树立正确的社会道德观和人生价值观，就会增强社会责任感、使命感；通过培养高尚的情操，就会从生活中不断汲取美的情感，铸造美好的心灵，就会明辨是非，提高审美情趣和鉴赏能力，从而自觉地规范自己的行为，保持良好形象。

4. 注意细节

礼仪是由许多细节构成的，从细节中可以体现出一个人的礼仪素养，这些细节体现在穿着打扮上、举手投足间、言谈举止中。有时这些细节就是一句话或是一个动作。

【案例分析】 细节产生效益

乔·吉拉德是世界上最伟大的推销员。

一天，一位中年妇女从对面的福特汽车销售商行走进了吉拉德的汽车展销室。她很想买一辆白色的福特车。

"夫人，欢迎您来看我的车。"吉拉德微笑着说。妇女兴奋地告诉他："今天是我55岁的生日，想买一辆白色的福特车送给自己作为生日礼物。""夫人，祝您生日快乐！"吉拉德热情地祝贺道。随后，他轻声地向身边的助手交代了几句。

吉拉德领着夫人边看边介绍。一会儿，助手走了进来，把一个花束交给了吉拉德。吉拉德把这束漂亮的鲜花送给夫人，再次对她的生日表示祝贺。

那位夫人感动得热泪盈眶，当即在吉拉德这儿买了一辆白色的雪佛兰轿车。

问题：结合案例，谈谈礼仪寓于细节，细节创造效益。

【案例分析】 "女士优先"应如何体现？

在一个秋高气爽的日子里，迎宾员小贺，身着剪裁得体的新制服，第一次独立地走上了迎宾员的岗位。一辆白色高级轿车向饭店驶来，司机熟练而准确地将车停靠在饭店豪华大转门的雨棚下。小贺看到后排坐着两位男士，前排副驾驶座上坐着一位身材较高的外国女宾。小贺一步上前，以优雅姿态和职业性动作，先为后排客人打开车门，做好护顶姿势，并目视客人，礼貌亲切地问候，动作麻利而规范、一气呵成。关好车门后，小贺迅速走向前门，准备以同样的礼仪迎接那位女宾下车，但那位女宾满脸不悦，使小贺茫然不知所措。

通常后排座为上座，一般凡有身份者皆此就座。优先为重要客人提供服务是饭店服务程序的常规，这位女宾为什么不悦？小贺错在哪里？

分析提示：尊重妇女是一种社会公德。在西方国家流行着这样一句俗语："女士优先。"在社交场合或公共场所，男子应经常为女士着想，照顾、帮助女士。诸如：人们在上车时，总要让妇女先行；下车时，则要先为妇女打开车门，进出大门时，主动帮助她们开门、关门等。西方人有一种形象的说法："除女士的小手提包外，男士可帮助女士做任何事情。"

迎宾员小贺未能按照国际上通行的做法先打开女宾的车门，致使那位外国女宾不悦。

第二节　高职学生礼仪修养

近些年，因家庭和学校的一些教育措施不当、认识上的偏颇、社会一些负面影响及自身修养不足等因素导致部分高职学生在礼仪修养方面失范，部分高职院校只注重强化学生的专业技能，而忽视了职业礼仪的学习和培训。今天，在把培养学生的上岗从业能力作为重要目标的同时，还应充分认识到加强高职学生礼仪修养对提高学生整体素质，维护学校良好信誉，提高管理水平的重要作用。学生在校期间就应该认真学习礼貌、仪表、礼节的基本知识，注意在日常学习生活中反复实践，并转化为自身内在素质，从业后对树立本行业良好的社会形象会起到积极的推动作用。

一、礼仪修养的内涵

礼仪修养不仅仅是一种外在的行为表现形式。它是与人内在的道德、文化、艺术和心理素质修养密切相关的，是其内在的道德、文化、艺术和心理素质修养的反映和折射。人的精神面貌的塑造，在很大程度上取决于其思想境界、道德情操和文化素养这些内在品质，这才是人生命之美丽的常青树。比如，有的人尽管穿着高级的名牌衣服，但他的服饰样式、色彩的选择都不合适，穿在身上整体效果并没有显示出美；有的人礼仪语言的表达很动听，但给人的感觉是言不由衷。有人尽管按要求做了一些礼仪动作，但只有形似没有神似，因为没有外在表现的根基就没有内在的修养。为此，在学习礼仪行为规范的同时，还要注重自己的内在修养，在勤奋求知中不断地充实，以提高礼仪水平。高职学生的礼仪修养主要有以下 5 个方面的内涵。

（一）思想道德修养

思想道德修养是指一个人的道德意识、信念、行为和习惯的磨炼与提高的过程，并达到一定的境界。有德才会有礼，缺德必定无礼，道德是礼仪的基础，现实生活中，为人虚伪、自私自利、斤斤计较、唯我独尊、嫉妒心强、苛求于人、骄傲自满的人，对别人不可能诚心诚意、以礼相待。因此，只有努力提高思想道德修养，不断陶冶自己的情操，追求至善的理想境界，才能使礼仪水平得到相应地提高。

（二）文化修养

风度是人格化的象征，是精神化了的社会形象。它是人们长期而又自觉的文化思想修养的结果。有教养的人大都懂科学、有文化。他们思考问题周密，分析问题透彻，处理问题有方，而且反应敏捷、语言流畅、自信稳重，在社会交往中具有吸引力，让人感到知识上获益匪浅、身心上愉快舒畅。相反，文化层次较低的人，缺乏自信，给人以木讷、呆滞或狂妄、浅薄的印象。因此，只有自觉地提高文化修养水平，增加社交的"底气"，才能使自己在社交场合里温文尔雅、彬彬有礼、潇洒自如。

（三）艺术修养

艺术是通过具体、生动的感性形象来反映社会生活的审美活动。艺术作品积淀着丰厚的民族文化艺术素养，更凝聚着艺术家的思想、人生态度和道德观念。因此，我们在欣赏艺术作品时，必然会受到民族文化的熏陶，同时也受到艺术家世界观、道德观等方面的影响，倾心于艺术作品所描绘的美的境界之中，获得审美的陶醉和感情的升华，思想得到启迪，高尚的道德情操和文明习惯就会培养起来。因此，要有意识尽可能多地接触内容健康、情趣高雅、艺术性强的艺术作品。如文学作品、音乐、书法、舞蹈、雕塑等，它对人们提高礼仪素质大有裨益。

讲究礼仪，遵从礼仪规范，可以有效地展现一个人的教养、风度与魅力，更好地体现一个人对他人和社会的认知水平和尊重程度，从而使个人的学识，修养和价值得到社会的认可和尊重。适度、恰当的礼仪不仅能给公众以可亲可敬、可合作、可交往的信任和欲望，而且会使与公众的合作过程充满和谐与成功。

（四）职业道德修养

职业道德即工作人员在从事职业活动时，从思想到行为应该遵守的道德规范及与之相适应的道德观念、道德情操和道德品质等。职业道德的内容包括对职业道德的认识、职业感情的培养、职业意志的锻炼、职业理想的树立、养成良好的职业行为和习惯等。礼仪修养与职业道德是密不可分的。它贯穿于服务工作的始终，是职业道德的重要组成部分。职业道德具有其行业特殊性，有以下三方面的特点：①职业意识的自觉性；②职业行为的规范性；③作用范围的广泛性。每一个工作人员能坚持热情友好，宾客至上；文明礼貌，优质服务；真诚公道，信誉第一；不亢不卑，一视同仁；团结协作，顾全大局；遵纪守法，廉洁奉公；钻研业务，提高技能等。这不仅符合职业道德规范的基本要求，同时也很好体现了礼仪修养的基本精神和原则。

（五）心理素质修养

人的社会交往是通过人的心理活动来实现的，是要受人的心理特征和心理过程制约的。这就决定了公关人员在了解交往对象的心理特征的同时，自身也要有健康的心理状态和良好的心理素质，从社交礼仪的角度看，作为一个合格的公关人员应该具有理想的性格特征、良好的认知风格、科学的思维品质和健全的心理健康。

二、加强高职生礼仪修养的重要性及途径

（一）高职学生加强礼仪修养的重要性

1. 礼仪学习是培养学生道德素质的起点

礼仪本身是一种既具有内在道德要求，又具有外在表现形式的行为规范。谦恭的态度、文明礼貌的语言、优雅得体的举止等方面表现出来的，是人的内在文化修养、道德品质、精神气质和思想境界等。没有内在的修养，外在的形式就失去了根基。内在的良好道德品质、文化修养只有通过一定的外在形式表现出来，才能在现实的社会生活中具有实际的意义和作用，离开了一定的外在表现形式的抽象道德理论和思想是空洞和无用的。所以礼仪教育是培养大学生高尚道德品质和道德情操的起点。没有对礼仪的正确认识，对礼仪精神内涵的深刻理解和把握，就不可能产生积极的道德情感和正确的道德判断能力。

2. 礼仪学习能提高学生的心理素质

礼仪自古以来就被用来为君子的修身养性之道。古人学礼仪目的有三："修身、治国、平天下"，修身便是其中的第一目的。而良好的性情修养就是一种良好心理的体现，表现为客观成熟的心态、较强的自我调适和自我控制能力，能够恰当确切地摆正自己的位置，并以此为出发点有效地规范行为，体现出良好的自我意识和妥善的处世风格；也表现为有理性、有较强的控制力。其中理性是事业成功的重要素质。一些大学生在学习和生活中由于缺乏礼仪修养加之年轻气盛往往很难控制自己的情绪，在拳头挥向同学之后很懊悔当时没有控制好自己的情绪，而礼仪学习能很好地培养学生的自控力。孔子的"非礼勿视，非礼勿听，非礼勿言"都是培养人的理性。良好的礼仪风范是在克制并渐渐消除自己不良的习性、欲望，天长日久中磨炼形成，自然地流露出来的。

3. 良好的礼仪修养能提高学生的人际关系的处理能力

礼仪最初的功能就是用以规范社会秩序和协调人们之间的关系。礼仪学习中的重要内容就是关于人际交往态度、方式、方法、礼节的学习，如何介绍自己、与他人交往等，这对大学生而言是走向社会必须掌握的"通行证"，否则将"无礼而寸步难行"。良好的人际关系表现为宽容、豁达的胸怀，与人为善、助人为乐的品格，进退自如的交往艺术，善于与各种类型的人融洽相处，能够在自己周围聚集起一大批志同道合、互帮互助的事业盟友。现代社会的一个显著特点，就是人与人之间的相互依存性越来越强。任何一个人的成功，都离不开他人的帮助与协作。而要得到别人的帮助，就需要首先帮助别人，善结良缘，"助人即助己"。这是一条黄金规则。美国的《福布斯》杂志每年都要公布 400 位巨富的排行榜。这 400 位巨富各式各样的人都有，然而，他们都拥有 1 个共同点：优秀的人格素质。美国心理学家韦克斯勒总结了 40 余名诺贝尔奖得主，发现他们在儿童时期的智商大都为中等或中等偏上，并非神童，后天的成才主要取决于良好的人格素质。有关学者认为，21 世纪，在高等教育基本普及、人的文化素质普遍提高的情况下，对人才的选择主要看其人格素质的优劣。由此看来，作为一个现代人，应当具备 3 本护照，即学术方面的、职业方面的和人格素质方面的。只有这样，才能适应当前高技术化、竞争激烈和人际互动频繁的社会需要。而礼仪正是塑造高品质、高素质人格的重要途径。

4. 良好的礼仪修养能提高学生的职业素质

职业素质是指从业人员在一定的生理和心理条件的基础上，通过教育、劳动实践和自我修养等途径而形成和发展起来的，在职业活动中发挥重要作用，具有职业性、稳定性、内在性、整体性、发展性的特点。大学生在平时的专业课程里往往很少学习到这些，而这些在职业生涯中却是必不可少的。现代社会是一个开放和全球一体化的社会，礼仪正日益与国际接轨，大学生必须能够按照标准的礼仪规范站、坐、行、打接电话、掌握办公礼仪、会谈礼仪、庆典礼仪等。只有这样才能适应社会的需要。良好的礼仪修养能增强学生的竞争能力。礼仪在今天不仅是现代职场人士必备的知识，也是必备的素质。因此，许多用人单位不仅在招聘面试时在礼仪方面考察学生的仪表仪容、言谈举止，往往还在学生不经意处设置礼仪考题，考核学生的礼仪修养。

5. 礼仪是组织形象的根本保证

礼仪是影响社会组织得失成败的重要因素。一个人的言行举止，衣帽服饰，不仅反映个人，更主要的是代表所在的集体，是组织形象的重要窗口。假如代表某个单位去做接待工作，有来访者会对彬彬有礼的接待留下深刻的印象。相反，如果行为无礼，蓬头垢面，来访者可能就会认为所在单位的人员素质低下，进而怀疑整个组织形象和实力。小到一个商店、一个家庭、一个公司，大到一个国家，轻视礼仪就会损伤组织形象，为组织、国家带来不良影响，组织就无法立足于社会，国家也无法立足于世界。现在社会上不少企业不惜花费重金聘请或评选"形象大使"、"品牌代言人"，为自己的企业树立公众形象。由于这些"形象大使"、"品牌代言人"品貌端庄、言谈有节、积极向上，颇得公众的认可和赏识。于是企业的知名度也大大提高，可见礼仪对组织形象的重要性。

（二）培养礼仪修养的途径

① 加强自身的公共道德意识和职业道德观念，自觉接受和学习礼仪教育，从思想认识上提高礼仪修养水平。通过学习礼仪，可以提高自身的道德修养和文明程度，更好地显示自身的优雅风度和好形象。一个彬彬有礼、言谈有度的人，人生道路上将是春风拂

面，受到人们的尊重和赞扬，而且自己就是一片春光，给别人、给社会带来温暖和欢乐。人的自觉性不是先天就有的，而是要依靠教师的指点、依靠不断的培养，靠社会健康的舆论导向和良好的环境习染，礼仪教育是使礼仪修养充实完美的先决条件。通过礼仪教育和培训，可以分清是非，明辨美丑，懂得常识，树立标准。这使人们礼仪行为的形成有了外因条件，为进一步自我修养的内因创造了条件。通过这一重要条件，促使大学生经过努力，不断磨炼，养成并产生强烈的自我修养的愿望，最后达到处处讲究礼仪的目的。古人强调"吾日三省吾身"说明提高个人修养必须注意反躬自省。同样，学习礼仪，也应时时处处注意自我检查。这样，将有助于发现缺点，找出不足，不断总结技巧，自我提高。

② 通过书籍、网络等途径广泛阅读艺术作品和科学文化知识，全方位提高个人的文化知识素养，使自己博闻多识，拥有较丰厚的文化积淀。加强文化艺术方面的修养，对提高礼仪素质大有裨益。而文化艺术修养的提高可以大大丰富礼仪修养的内涵，提升礼仪品位，并使礼仪水平不断提高。一般来说，讲文明、懂礼貌、有教养的人大多是科学文化知识丰富的人。这种人逻辑思维能力强，考虑问题周密，分析事物较为透彻，处理事件较为得当，在人际交往时能显示出独特的个性魅力而不显得呆板。此外，还要加强礼节、礼貌知识的学习，尤其是对社交礼仪常识和职业礼仪规范的学习。我国素有"礼仪之邦"之称，历史典籍载有浩繁的有关礼仪的知识，随着我国对外交往的频繁，世界各国的礼仪风俗千差万别，大学生有必要注意收集、整理、学习和领会，以利于在实践中运用，久而久之，能使自己的礼仪修养提到新的高度。

③ 积极参加社会交往活动，在社交活动中养成礼貌待人的好习惯，逐步提高礼仪修养。现代社会，人际交往越来越广泛，仅仅从理论上弄清礼仪的含义和内容，而不在实践中运用是远远不够的，礼仪修养关键在于实践。修养修养，既要修炼又要培养，离开实践，修养就成为无源之水，无本之木。在培养礼仪修养时，要以主动积极的态度，坚持理论联系实际，将自己学到的礼节知识积极地应用于社会生活实践的各个方面，要在学校、家庭、社会等场合中，时时处处自觉地从大处着眼，小处着手，以礼仪的准则来规范自己的言谈举止，如不随地吐痰、乱扔纸屑、不在宿舍酗酒、深夜大声喧哗或放音响及在购物付款、银行存款或候车排队时遵守公共秩序，依次而行。这样持之以恒，就会逐渐增强文明意识，培养礼貌行为，淡化粗俗不雅等不良习惯，成为一个有礼仪修养的人。多实践，通过各种人际交往的接触强化，不断锻炼提高。要注意既要克服妄自尊大、不屑一顾的顽症，也要克服自卑、胆怯、不敢涉足的通病。其实，很多事情只要努力去尝试，即使做得不好，人们也会被真诚所感动。有些同学遇到老师或领导时，认为对方不认识自己甚至不会理会自己，不敢跟老师或领导打招呼，这就错过了平时再好不过的练习机会。

④ 树立正确位的职业理想，丰富和完善自己的个性，使性格符合职业素质的要求。职业理想是个人对未来职业的向往和追求。各种职业的社会责任、工作性质、工作内容、工作方式、服务对象和服务手段不同，决定了对从业者性格的不同要求，要正视现实、正视自身，端正态度，从实际出发求职择业。职业素质是职场人士必备的思想、知识、技巧等，包括职业道德、职业礼仪、职业知识、职业技巧等，所以我们要在实现职业理想的过程中不断丰富和完善自己的个性，使自己的性格符合职业素质的要求。

【复习思考题】

1. 礼仪修养包括哪些方面的内容？

2. 高职学生应该怎样提高自己的礼仪修养？

【案例分析】 她为什么受到冷遇?

张女士是位商务工作者,由于业务成绩出色,随团到中东地区某国考察。抵达目的地后,受到东道主的热情接待,并举行宴会招待。席间,为表示敬意,主人向每位客人一一递上一杯当地特产饮料。轮到张女士接饮料时,一向习惯于"左撇子"的张女士不假思索,便伸出左手去接,主人见此情景脸色骤变,不但没有将饮料递到张女士的手中,而且非常生气地将饮料重重地放在餐桌上,并不再理睬张女士,这是为什么?

第二章　个人基本礼仪

实用礼仪教程

【学习目标】

　　了解仪容仪表、言谈举止等的礼仪要求，掌握其规范的做法；学会运用仪容仪表、言谈举止等的礼仪技巧，展现自己良好的教养和优雅的风度，从而顺利地开展各项活动。

　　在社交场合，一个人如果服饰整洁、修饰得体，人们会对他另眼相看；如果彬彬有礼、尊重他人，人们会对他以礼相待；如果谈吐高雅、举止稳重，人们会对他以诚相处。

　　英国哲学家培根说："相貌的美高于色泽的美，而秀雅合适的动作的美又高于相貌的美，这是美的精华。"

　　当你跨进一家心仪已久的公司，当你与客户谈判……你得体的服饰仪容，端庄的仪态举止，不仅展现你的专业形象，树立你个人的风格和修养，更是企业整体形象的缩影。

第一节　仪容仪表礼仪

一、仪容仪表

（一）仪表

　　仪表即人的外表，包括容貌、服饰、姿态等方面，是一个人精神面貌的外观体现。容貌，即人的相貌，也是一个人的长相，多为先天造就，是一个人仪表的基础；服饰即人的穿戴打扮，不仅是遮体御寒的一种手段。还是仪表的发展、创造和补充；姿态，即一个人的行为举止，是后天训练或习惯而成的结果，是构成一个人仪表的动态因素。一个人的仪表往往与他的生活情调、思想修养、道德品质和文明程度密切相关。

　　仪表美是一个人外在形象和内在素质的综合体现，它包括仪表的自然美、仪表的修饰美和仪表的内在美三个方面。

1. 仪表的自然美

　　自然美是指人的容貌、形体、姿态等协调优美。仪表美表现为体格健美、身体健康、身体各部位比例协调、五官端正等，这是仪表美的基本条件。

2. 仪表的修饰美

　　天生丽质并不是每个人都能够拥有的，而仪表美却是每个人都可以去追求和塑造的。即使天生丽质，也需要用一定的形式去表现。无论一个人的先天条件如何。都可以通过得体的服饰打扮、恰当的面容修饰、整洁美观的外形设计等使自己具有仪表美。先天的自然美是仪表美的基础，后天的修饰美则是实现仪表美的手段与方式。

3. 仪表美的魅力在于秀外慧中

　　真正的仪表美是内在美与外在美的和谐统一，是高尚的内心世界的反映，由此而产生的外在美才具有魅力和生命力。一个人如果只注重表面的修饰，缺乏文化修养、礼貌修养、文化底蕴等内在素质，那么所有的修饰、打扮、举动都会显得肤浅、造作，缺乏深度和内涵。慧于中才能秀于外。

周恩来总理一生仪表风度备受称赞，堪称仪表美的典范。在对外活动中，周总理着装朴素大方，待人亲切，彬彬有礼，仪表堂堂，风度翩翩，体现出独特的个人魅力，这不仅得益于从小培养的礼仪修养，更得益于他高尚的品德、卓越的思想才华和对事业的奉献精神。因此，一个人只有加强内在修养，提高审美情趣，才能真正具有仪表美。

【知识链接】

古人论仪表

1. 表率。《管子·形势解》："法度者，万民之仪表也。"有"法度"之人，可成"万民之仪表"。显然此处之"仪表"含表率示范之意。

2. 容貌。《宋史·杨承信传》："承信身长八尺，美仪表，善持论，且多艺能。"不仅仪表堂堂。且"善持论"、"多艺能"。外在美和内在美有机统一。

（二）仪容

仪容礼仪是个人基本礼仪的重要组成部分。仪容主要是指人的容貌。是人体不着装的部位。包括头发、面部、手臂、手掌等。在人际交往中，一个人的仪容往往是其身体上最受对方注意的部位。

从总的方面来说，在仪容方面，必须遵循下述两个基本原则：

1. 要干净、整洁与卫生

个人在平时必须勤洗理、勤修饰，使自己的仪容永远显得清清爽爽、利利索索，杜绝仪表上的脏、乱、差。

2. 修饰避人

在按常规修饰个人仪容时，不应当不避他人当众"修饰"自己，诸如补妆、整理衣裤等。在别人面前"当窗理云鬓，对镜帖花黄"，既失之于端庄稳重，又有可能被人误解。

二、仪容的修饰

对仪容进行修饰，面部与头发是两个重心。一个人对自己的容貌进行精心修饰打扮之后，会朝气蓬勃、神采飘逸，从而创造良好的第一印象。

（一）面部修饰

面部是人际交往中为他人所关注的焦点。在人际交往中，欲使自己从容而自信，就应注意面部修饰，不允许面部不干净、不卫生。个人在修饰自己的面部，首先是要让它保持干净，为此就必须勤洗脸，不使自己的面部存在一丝一毫汗渍、泪痕以及不洁之物。除此之外，还应注意及时清理眼角、鼻孔、耳朵、口角等处细微的残留物。

1. 女士化妆

化妆是一门艺术。在各种场合，适度、得体的化妆是一种礼貌，也是自尊、尊人的体现。

（1）化妆的礼节　淡妆上岗：对商界女士来说，化妆要讲究简约、清丽、素雅、端庄，以淡妆、浅妆为主，切勿浓妆艳抹。过分的修饰、夸张是不可取的。化妆后表现出若有若无的效果，才是化妆的最高境界。

扬长避短：化妆的扬长避短，重在避短，即在化妆时，要突出和美化自己脸上富有美感之处，掩饰面部的不足，以达到化妆的最佳效果。

浓淡适宜：一般来说，化妆有晨妆、晚妆、上班妆、社交妆、舞会妆等多种形式，它们的浓淡程度都存在差异。因此，化妆的浓淡要根据不同的时间和场合来选择。白天工作，以淡妆为宜，注重清爽自然和谐；晚上参加晚宴或舞会，则适当浓妆，华美不俗；旅游或运动，则不宜化妆，以体现自身的自然美。

整体协调：化妆的目的在于表现个人的整体美。因此，化妆时要考虑到与环境协调、与部位协调、与服饰协调。

化妆（或补妆）避人：化妆或补妆属个人隐私，应选择隐蔽无人之处，如化妆间、洗手间等，切忌在他人面前肆无忌惮地化妆或补妆。在众人面前肆无忌惮地化妆或补妆是缺乏教养的失礼行为。一般情况下，女士在用餐、饮水和出汗之后应及时为自己补妆。

（2）化妆的基本步骤　从技巧上讲，进行一次完整而全面的化妆，其程序与步骤有一定的规范。

洁面：洁面是化妆前的第一步。选择适合自己的洁面乳清洁面孔，去除油渍、汗水、灰尘等污秽，然后拍上适量的化妆水、紧肤水，再涂以护肤类化妆品，如乳液、护肤霜等。

打粉底：粉底霜是女人的第二层皮肤。目的是调整皮肤颜色，使皮肤平滑。化妆者应根据自己皮肤的类型来选用粉底霜，并按面部的不同区域，分别敷色泽深浅不同的粉底霜，以增强面部的立体效果。

眼影：工作妆，一般不需要画眼影；社交妆，女士可选择沉静型的眼影，将其涂于眼睑沟内及上眼睑或眼角部位，上眼睑的眼影要有深浅层次。在选择眼影颜色时，要适于自己的肤色及服装色。一般深色眼影刷在最贴近上睫毛处，中间色刷在稍高处向眼尾处晕染，浅色刷在眉骨下。

眼线：画眼线是为使眼睛显得更明亮有神。画眼线要沿睫毛根部画出一条细线，一定要把眼线画得紧贴睫毛。注意上下眼线应有差别，一般上眼线比下眼线画得长、粗、深。

眉毛：眉毛强调自然美，修眉不要过多地改变自己原本的眉形，要顺着眉毛的自然形状一根一根描画，注意不同的脸形要配以不同的眉形。如长脸形，描绘出一字眉较合适；圆脸形宜选择上扬眉形，宽脸形宜拉近眉头间距离等。

腮红：腮红要因人而异，不可千篇一律。长脸形宜横涂，宽脸形宜直涂，瓜子脸形则以面颊中偏上处为重点，然后向四周散开。胭脂的颜色，要根据肤色、着装、场合而定。白皮肤的人可选用淡而明快的颜色，如浅桃红、浅玫瑰红；皮肤较黑的人，腮红可深些等。

画唇：嘴唇是面部较引人注目的部位。画唇可增加唇部的血色感，一般宜选接近嘴唇的颜色，也应注意不同场合选用不同颜色的唇膏。画唇，应先用唇线笔勾出理想的唇形，再用唇膏涂在唇线内。唇的外缘用深色唇膏，内缘用浅色唇膏。

喷香水：香水是液体的宝石。古代社会，香水只为贵族女性专有；现代社会，香水也开始走向千千万万普通的女性。擦拭香水的部位和方法对发挥香水的香味是很重要的。对于香水的使用我们不妨听听专家卡洛尔·德纳芙的话："香水的使用讲求贴合自然、贴合环境，用得好会让别人对你产生好感。反之，则会让人感觉粗俗、缺乏品位。"

① 喷香水的禁忌

a. 喷香水最大的禁忌就是抹太多。

b. 不要同时重叠使用不同的香水。香水有语言、有品性，每一种香水都有自己独特的品位。因此，切勿重叠使用不同的香水，这样就无法表现出香水本身的特质了。

c. 流汗时不可直接使用香水在肌肤上。

d. 由于香水经紫外线照射会产生斑痕，故在直接接触阳光的地方不要涂抹香水。

e. 不可将香水喷洒于白色衣物上面，以免留下污渍。

f. 香水不要碰到珠宝、金、银制品。如果要穿戴珠宝、金、银饰品时，最好是先喷好香水再戴，否则会使之褪色、损伤，尤其是珍珠类，很容易受到带有化学成分的物质影响而改变品质。

② 喷香水的部位

a. 耳后：耳朵后面的体温很高，非常适合抹香水，而且也可避免紫外线的照射。

b. 脖子：一般脖子周围不擦香水，但是脖子后面，由于头发可遮住紫外线的照射故可安心喷洒香水。

c. 腕：腕内侧温度也较高，可擦拭香水于此。手肘内侧静脉上方可使香味更加突出。

d. 手腕：是较常涂抹香水的地方，抹于手腕内侧脉搏跳动的地方，脉搏的跳动会带动香味的散发。

e. 腿关节：擦于关节内侧静脉上，也可使用于与关节同样高度的裙子内侧，随着裙摆的摆动及双脚的移动散发出淡淡的香气。

f. 脚踝：擦在脚踝内侧，走路时会散发香味，脚踝也是最适合拭擦香水的地方。

③ 香水的喷法

高明的擦法是使香气纤细婉约，用手指或喷头，会使香气的效果南辕北辙。因此，在此推荐以下几种方法。

a. 浓烈香水选择用喷式。将喷雾的距离大概控制在离身体一条胳臂长，然后在香雾里待上2～3秒左右，就能沾取柔和的香气了。即使有什么特别状况，也别朝耳后和颈背猛喷，慌张的时候很容易弄糟，何况太过强烈的香气，只会带来反效果。

b. 用手腕转印香水。以香奈尔为首的好几家香水厂商都提倡采用这种用法。先沾在手腕上，然后再移往另一手的手腕，再从手腕移至耳后，然后擦在所有的部位上，也就是说，擦在手腕上温热后，接着有计划地移往其他适当的部位。这样香气不会一下子猛扑，急着出门时用这个方法擦香水，最为便利了。不过，千万记得不要用摩擦的方式，而是用转印的方式，也就是说两个手腕不要互相摩擦，这样是会破坏香水分子的。

c. 少量多处。擦香水的基本条件中最基本的就是少量多处。在汹涌的人潮里，如果感到谁散发强烈的香气，通常都来自一个地方，而且多半是上半身，就在鼻子一嗅便闻得到的部位。这与香雾的道理是一样的，平均而薄淡的香气才是擦香水的高明方法。

d. 在头发上抹香水宜用手指梳理。有人说效果令人惊奇的就是在头发上抹香水。但可别一下子把喷头往上一喷，这样的香气太直接、不够婉约。最好的方法就是用手指从内侧梳起。切记从内侧，这可是一个大窍门。擦完全身时，凭着指上留的残香便绰绰有余；或者把距离拉远喷在手上，再像抹发油似的抓一抓就行了。

e. 使用沾式香水，香水盖的内侧必须擦干净。如果是用手沾上香水盖的内部，一定要用清洁的布擦干净。接触肌肤的部分皮脂与尘埃会在不知不觉中受到污染，如果就这样盖回瓶子，香水会自己产生变化，对香水的质地与保存是一个很大的伤害。香水高手都会自备一块专用的布，同样地，经常用干净的手指蘸取也很重要。

f. 用无名指擦抹。在敏感的眼部四周上粉底霜的时候，常听人说最好用自己的无名指推匀。因为其他的手指力气太强了，而无名指最温柔。香水也一样，必须依赖无名指使香气柔和、苏醒……只要轻轻地在各个地方按压两次，如同遮瑕膏的原则，擦抹正是擦香水的特色。

2. 男士美容

美容不是女士的专利，男士要显得有风度、庄重、文雅和有朝气，容貌修饰是必要的。在许多场合，女士不化妆，男士不修面，是对交往对象的不尊重。

（1）清洁　成年男子皮脂腺的分泌活动活跃，油脂分泌过多，容易黏结灰尘形成污垢，甚至会出现粉刺而影响面容。因此，男士的美容主要是对皮肤进行清洁按摩，保持皮肤的健康、卫生。

（2）修饰　男士应该选择适合自己皮肤的护肤品来保护皮肤。唇部可用无色唇膏或润唇膏保持嘴唇的丰满圆润。男士化妆重在画眉，补缺断处，突出眉毛的"剑"形效果。

（3）剃须　男士经常剃须可以使面部清洁、容光焕发。除有特殊的宗教信仰与民族习俗外，商界男士不要蓄须，要养成每天剃须的习惯。

（二）发型修饰

头发是每个人身体的"制高点"，也是被他人第一眼注视的地方。得体的发型会使人精神焕发，充满朝气并自信。发型美是仪表美的要素之一。

1. 勤于梳洗

一般理发间隔时间不应长于半个月到一个月；洗发，应当2～3天洗一次，更要经常梳发。若有重大的活动，应把头发打理干净、修饰整齐。

2. 发型得体

选择发型，要考虑自己的发质、脸形、性格、身材、年纪、职业和着装等。发型的样式很多，在选择时，要以自然、大方、美观、整洁为原则。商界女士最规范的发型是盘发和束发，商界男士通常是留短发最好，最规范的是前不覆额、侧不掩耳、后不及领。

（1）女士发型

① 发型与脸形

椭圆形脸：是东方女性标准的脸形，选择发型的自由度较大，可以选配任何发型。

圆形脸：尽量使脸形向椭圆形靠拢，应增加发顶的高度，用额前刘海盖住双耳及一部分脸颊，即可减少脸的圆度，使脸形稍稍拉长。

方形脸：应该削去棱角，可用头发遮住额头，两侧的头发稍长一些并可以烫一下，以曲线美来掩盖方形脸的欠缺，造成脸部窄而柔顺的效果。

长形脸：选择发型时应加重脸形的横向，不可将发帘上梳，可适当用刘海掩盖前额，使脸看上去丰满些。

三角形脸：选择发型应尽可能增加额头两侧头发的厚度，采用侧分，使头发掩盖窄的额头。

倒三角形脸：其发型应尽可能隐藏过宽的额头，适合选择侧分头缝的不对称发式，露出饱满的前额，发梢处可略微粗乱一些。

菱形脸：整个脸形的上半部为正三角形，下半部为倒三角形。上半部可按三角脸形的方法处理，下半部则按倒三角脸形的方法处理。一般将额上部的头发拉宽，额下部的头发逐步紧缩，接近颧骨处可设计一种大弯形的卷曲或波浪式的发束，以遮盖其凸出的缺点。

② 发型与体型

高瘦型身材的发型：不宜留短发，可留长发、直发或大波浪的卷发及内层次的平妆式，以显得飘逸大方。

矮小型身材的发型：不宜留披肩长发，可留超短式或梳盘发，以显得活泼精神。

高大型身材的发型：以短直发为好，亦可使用大波浪的卷发或盘发。

矮胖型身材发型：在发型的梳理上宜用精致的束发髻，整体的发式要向上伸展，亮出脖子，以增加一定的视觉身高。不宜留波浪形长发或长直发，应选择有层次的短发和前额翻翘式发型。

③ 发型与性格、气质。每个人的性格、气质各不相同，所选择的发型也不能千篇一律。举止端庄稳重的人。宜选择朴素、自然大方的发型；性格开朗直爽的人，宜选择线条明快、造型简洁、体现个性特点的发型；潇洒奔放的人。宜选择豪爽浪漫的发型。

④ 发型与职业、场合。礼仪小姐的发型应新颖、大方；职业女性的发型应文雅、端庄；参加晚宴或舞会时，发型可高雅、华丽。

（2）男士发型　男士选择发型的基本原则是"得体"，即发型要与人的各种因素相称。

① 发型与脸型。长形脸不宜留短发，宽形脸不能留长发、蓄鬓角，否则给人以头重脚轻、臃肿做作之感。头发稀少或者秃顶的人，更不宜留长发，因为头发稀少又不规则。不但不美观。反而给人以病态之感。

② 发型与体型。高瘦者应该留分段式长发，矮胖或瘦小者应留短式，以显得有精神。

③ 发型与服装。男士穿西装，发型应吹风定型，以显得风度翩翩。

3. 自然美观

对于工作人员来说，染发、烫发要审慎，除了头发染黑色外，其他彩染与工作人员的身份不相吻合，而爆炸式、大卷式的另类、夸张的发型则显得过于俗气。美发不仅要美观大方，而且要保持自然，雕琢痕迹过重会损害自己的形象。

【知识链接】

南开中学"容止格言"

周恩来青少年时期曾就读的南开中学各教学楼门口有一大镜子，上面写着引人注目的《镜箴》：

面必净、发必理、衣必整、纽必结、头容正、肩容平、胸容宽、背容直。气象勿傲、勿暴、勿怠。颜色宜和、宜静、宜庄。

这段著名的"容止格言"每天都提醒着南开学子要时刻保持端庄得体的仪表、仪容、仪态。处处注意自己的容貌举止。20世纪50年代。当新中国向国外派遣第一批大使时，从南开中学毕业的周恩来总理还能背出这些箴言，勉励那些即将赴任的大使。周恩来毕生注重彬彬有礼的风度。保持光彩动人的形象，这与他在南开中学所受的礼仪教育不无关系。

——契诃夫

第二节　仪态礼仪

仪态，又称体态，是指人在行为中的身体姿态和风度。姿态是身体所呈现的样子，风度则是内在气质的外在表现。

仪态美即姿势、动作的美，是人体具有造型性因素的静态美和动态美。用优美的体态表现礼仪，比用语言更让受礼者感到真实、美好和生动。

一、站姿

（一）标准的站姿

站姿是个人工作和日常生活中第一引人注视的姿势，它是仪态美的起点，又是发展不同动态美的基础。良好的站姿能衬托出美好的气质和风度。

正确的站姿，从整体上给人以挺、直、高的感觉。也就是人们常说的"站如松"，即站得要像松树一样挺拔。

标准站姿的基本要领是：上身正直，头正目平；双唇微闭，脸带微笑，微收下颌；挺胸收腹，腰直肩平；两臂自然下垂，两腿相靠站直。肌肉略有收缩感。

（二）四种基本站姿

规范的站姿大致有以下几种，如图 2-1 所示。

| 侧放式 | 前腹式 | 后背式 | 丁字式 |

图 2-1　标准的站姿

1. 侧放式

侧放式站姿是男女通用的站立姿势，其要领是：身体挺直，双目平视，脚掌分开呈"V"字形，脚跟靠拢，两膝并拢，双手放在腿部两侧，自然下垂。

2. 前腹式

前腹式站姿是女性常用的站立姿势，其要领是：脚掌分开呈"V"字形。脚跟靠拢，两膝并拢，双手相交，右手搭在左手上，放在小腹部。

3. 后背式

后背式站姿是男性常用的站立姿势，其要领是：身体挺直，双目平视，两腿稍分开。两脚平行，两脚间距离比肩宽略窄些，双手轻握放在后背腰处，右手搭在左手上，贴在臀部。

4. 丁字式

丁字式站姿是只限女性使用的站立姿势，其要领是：一脚在前。将脚跟靠于另一脚内侧，两脚尖向外略展开，形成斜写的一个"丁"字。双手在腹前相交，身体重心在两脚上。

（三）站姿的禁忌

1. 忌身体歪斜

站立时，不可驼着背、弓着腰、眼睛不断向左右斜、一肩高一肩低、双臂左右乱摆等。

2. 忌前伏后靠

站立时，不应倚墙靠柜，不然会显得懒散和无精打采。

3. 忌动作过多

站立时，不要下意识地做些小动作，如摆弄衣服和发辫，玩弄小玩意，双脚不停轮换站立，腿脚抖动等。这不但显得拘谨，给人以缺乏自信和经验的感觉，而且也有失庄重。

4. 忌手位脚位不当

站立时，将手插在裤袋里，双手抱在胸前、叉腰、插袋，双脚叉开距离过大，歪脚站立等，都是不可取的站姿。

二、坐姿

（一）端庄的坐姿

坐姿是静态的。坐姿不正确显得懒散无礼，而坐姿文雅、坐得端庄，不仅给人以沉着、稳重、冷静的感觉，而且也是展现自己气质与风度的重要形式。

坐姿的的要点是轻入座、雅落座、慢离座。

轻入座是指入座要轻而稳一般从左侧进左侧出。入座前先将椅子轻轻地移到欲就座处，然后从椅子的左边入座。入座时声音要轻，动作要柔和。女士着裙装入座时应用手轻拢裙后。以显得端庄文雅。离座时，右脚向后收半步，轻轻地起身，轻稳离座。坐姿如图2-2所示。落座时要文雅，在正式场合，或有地位较高的人在座时，不能坐满座位。一般只占座位的三分之二。入座后。人体重心垂直向下。腰部挺起上身正直，双目平视，目光柔和，面带笑容。男士可双手掌心向下，自然放在膝上。两膝距离以一拳左右为宜；女士双膝并拢，两脚平行，鞋尖方向一致，可将一只手搭在另一只手上，轻放在腿上，并将双脚并排自然摆放。

端坐时间过长，感觉疲劳，可变换为侧坐。即向左（或右）摆45度，两脚、两膝并拢，手臂也可轻靠椅背上。无论哪种坐姿，都应体现出优美的仪态。

女士常见的几种优美坐姿如图 2-3 所示。

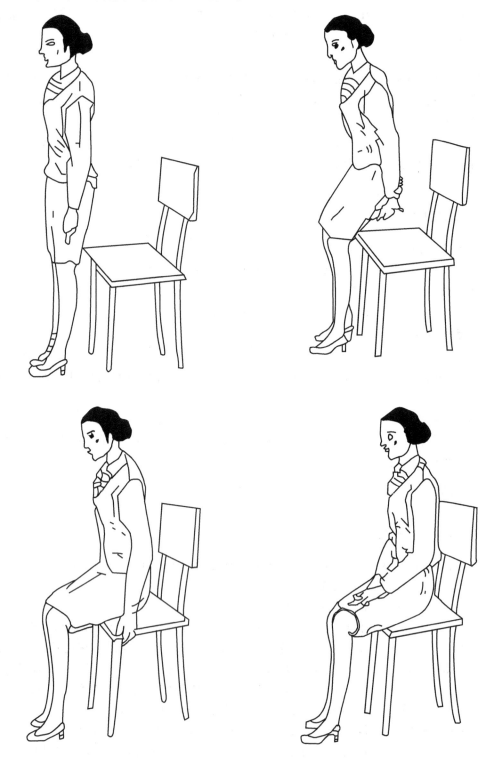

图 2-2　端庄的坐姿

图 2-3 女士常见的几种优美坐姿

（二）坐姿的禁忌

1. 忌落座有声

入座时，应避免碰撞椅子发出噪音，体现出自身良好的修养。

2. 忌前趴后仰

入座时，头不应靠在椅背上，上身不趴向前方或两侧，保持上身正直。

3. 忌手位不当

入座后，不应双手抱臂。不要将肘部支于桌子上。也不要将双手压在腿下或夹在腿中间。

4. 忌腿脚动作不雅

坐姿中，双腿分开过大、抖脚、跷二郎腿、脚尖朝天、脚踏其他物品等，都是不雅的姿势。

三、行姿

行姿属于动态美，它历来为人们所重视。行姿优美，可增添一个人的魅力。

（一）规范的行姿

标准的行姿。要以端正的站姿为基础，以协调稳健、轻松敏捷、富有节奏感给人以美好的印象。

行姿规范的标准是：行走时挺胸抬头，目光平视，双臂自然下垂，手掌心向内，并以身体为中心前后摆动。上身挺拔，腿部伸直，腰部放松。脚幅适度，脚步宜轻且富有弹性和节奏感。

男士应抬头挺胸，收腹直腰，上体平稳，双肩平齐，目光平视前方。步履稳健大方，显示出男性刚强雄健的阳刚之美。

女士应头部端正，目光柔和，平视前方，上体自然挺直，收腹挺腰，两腿靠拢而行，步履匀称自如、轻盈，端庄文雅，含蓄恬静，显示出女性庄重文雅的温柔之美。

行姿如图 2-4 所示。

（二）行姿的禁忌

1. 忌步态不雅

"内八字"脚或"外八字"脚，走路时横向摇摆、蹦蹦跳跳或手插裤袋都是不雅的姿势。

2. 忌制造噪声

行走时脚步过重，声音过响。穿钉有金属鞋掌的鞋子行走或拖着脚行走都会发出令人厌烦的噪声，应该尽量避免。

3. 忌不守秩序

行走时横冲直撞，与人抢道，阻挡道路等，都违反了公共秩序，既妨碍他人行走，也有损自身形象。

图 2-4　行姿

四、蹲姿

蹲姿是由站姿或走姿变化而来的相对处于静态的体位，是交往中用得不多，但最容易犯错误的姿态。如何蹲得优美、雅观，也是需要注意的。

（一）高低式蹲姿

下蹲时，左脚在前，右脚在后；左脚完全着地，小腿基本上垂直于地面；右脚脚掌着地，脚跟提起；右膝低于左膝，右膝内侧可靠于左小腿的内侧，形成左膝高、右膝低的姿态；臀部向下，身体基本上用右腿支撑。女士下蹲时，要注意两腿要靠紧；男士下蹲时两腿间可保持适当距离。

（二）交叉式蹲姿

下蹲时，右脚在前，左脚在后；右小腿垂直于地面，全脚着地；右腿在上，左腿在下，二者交叉重叠；左膝由后下方伸向右侧，左脚跟抬起，脚掌着地；两腿前后靠紧，合力支撑身体；上身略向前倾，臀部朝下。交叉式蹲姿通常适用于女性，尤其是穿短裙的人员，它的特点是造型优美典雅。

在公共场合，下蹲时不要双腿平行分开，这叫"卫生间姿势"，是最不雅观的动作。

五、表情

表情是仅次于语言的一种交际手段。表情是通过面部眉、眼、嘴、鼻的动作和脸色的变化表达出来的内心思想感情。在工作中，认真的眼神、真诚的微笑，会让人觉得和蔼可亲，值得信赖。

（一）目光

俗话说："眼睛是心灵的窗户。"印度诗人泰戈尔说："一旦学会了眼睛的语言，表情的变化将是无穷无尽的。"眼睛的表现力是极强的。诚恳、坦然、友好的目光，让人产生亲近、信任、受尊敬的感觉，而游离、茫然、轻蔑的眼神，让人产生被轻视、不被重视的感觉。

1. 目光注视的时间

在与人交往中，一般与对方目光接触的时间是和对方相处全部时间的三分之一。如果与对方目光接触的时间超过了全部时间的三分之一时，会被认为很吸引人，或是怀有敌意。因此，对于不太熟悉的人，不可长时间地盯着对方的眼睛，以免引起对方的恐惧和不安。一般而言，每次注视别人的眼睛三秒左右，让人觉得比较舒服与自然。

当然，注视时间长短还要考虑到文化背景和地方习惯。比如对南欧人，注视对方过久可能会造成冒犯。

2. 目光注视的位置

由于场合的不同、交往对象的不同，目光所及之处和注视区间是有差别的。

公务注视区域：即额头至两眼之间部位。通常是在洽谈业务、磋商问题和贸易谈判时所使用的一种凝视。洽谈业务时，如果注视这个区域，会显得郑重、严肃、认真，且容易把握住谈话的主动权和控制权。

社交注视区域：即以两眼为上线、嘴为下顶角所形成的倒三角区，也就是双眼和嘴之间。通常是在社交场合使用的一种凝视。在社交场合中，如果注视这个部位，会令人感到舒服，产生一种平等而轻松的感觉，从而营造一种良好的社交气氛。这种目光主要用于茶话会、舞会和各种类型的友谊聚会。

亲密注视区域：即双眼到胸部之间的区域。只有较亲密的人或伴侣关系才可以看这一区域。

在商务场合，尤其是初次见面，应看对方的肩部以上，而不是进行全方位的扫描。

（二）微笑

微笑是温馨、亲切的表情。真诚友好的微笑，不仅在外表上能给人以美感，而且能真实地表达出热情与友善。因此，微笑常常被比作人际交往中的润滑剂。

希尔顿："你今天对客人微笑了没有？"

希尔顿（Hilton Condra，1887—1979），美国旅馆业巨头，人称旅店帝王。在不到 90 年的时间里，从一家饭店扩展到 100 多家，遍布世界五大洲的各大城市，成为全球最大规模的饭店之一，资产发展为数十亿美元。

希尔顿经营旅馆业的座右铭是："你今天对客人微笑了吗？"

1930 年是美国经济萧条最严重的一年，全美国的旅馆倒闭了 80%，希尔顿的旅馆也一家接着一家地亏损，一度负债达 50 万美元。希尔顿并不灰心，他召集每一家旅馆员工向他们特别交代和呼吁："目前正值旅馆亏空靠借债度日时期，我决定强渡难关。一旦美国经济恐慌时期过去，我们希尔顿旅馆很快就能云消雾散。因此，我请各位记住，希尔顿的礼仪万万不能忘。无论旅馆本身遭遇的困难如何，希尔顿旅馆服务员脸上的微笑永远是属于顾客的。"

事实上，在那纷纷倒闭后只剩下 20% 的旅馆中，只有希尔顿旅馆服务员的微笑是美好的。经济萧条刚过，希尔顿旅馆系统就领先进入了新的繁荣期，跨入了经营的黄金时代。希尔顿旅馆紧接着充实了一批现代化设备。此时，希尔顿到每一家旅馆召集全体员工开会时都要问："现在我们的旅馆已新添了第一流设备，你觉得还必须配合一些什么第一流的东西使客人更喜欢呢？"员工回答之后，希尔顿笑着摇头说："请你们想一想，如果旅馆里只有第一流的设备而没有第一流服务员的微笑，那些旅客会认为我们供应了他们全部最喜欢的东西吗？如果缺少服务员的美好微笑，正好比花园里失去了春天的太阳和春风。假如我是旅客，我宁愿住进虽然只有残旧地毯，却处处见到微笑的旅馆，也不愿走进只有一流设备而不见微笑的地方……"

当希尔顿坐专机来到某一国境内的希尔顿旅馆视察时，服务人员就会立即想到一件事，那就是他们的老板可能随时会来到自己面前再问那句名言："你今天对客人微笑了没有？"

1. 微笑的魅力

两人初次见面，微笑可以拉近双方的心理距离；同事间见面点头微笑，显得和谐、融洽；服务员、营业员对顾客微微一笑，表现的是服务态度的热情与主动；商务人员在业务洽谈中的微笑，显得潇洒大方，不卑不亢。当遇到别人与自己争执的时候，不温不火的微笑，既能缓解对方的紧逼势头，又能为寻找应对办法赢得时间；当遇到一些不好回答的问题时，轻轻一笑不作回答，更显出它特殊的功能。

2. 微笑的内涵

（1）微笑真诚 真正的微笑应发自内心，渗透着自己的情感。只有表里如一、真诚友善的微笑，才能制造明朗而富有人情味的生意气氛。而发自内心的真诚笑容应是笑到、口到、眼到、心到、意到、神到、情到。

（2）微笑适度 微笑虽然是人们交往中最有吸引力、最有价值的面部表情，但也不能随心所欲，想怎么笑就怎么笑，不加节制。笑得得体，笑得适度，才能充分表达友善、诚信、和蔼、融洽等美好的情感。

（3）微笑适宜 微笑是"世界通用语言"，但微笑也要讲究场合。赞美别人时，应该微笑，而批评别人时，则不宜微笑；喜庆的场合，应当微笑，而特别严肃的场合，则不宜微笑等。总之，微笑要适宜，要和对方保持互动。

六、手势

手是人体中富有灵性最有表现力的器官。如果说眼睛是心灵的窗口。那么手就是心灵的触角，是人的第二双眼睛。手势就是用手和手指的动作来传递信息。表达意图和情感的一种无声语言。在工作中，恰当地使用手势，有助于语言表达，会为自己的形象增辉。

（一）使用手势的要求

使用手势的基本要求是准确、规范和适度。

1. 手势的使用应当准确

在生活和工作中，人们经常用手势传递各种信息和感情，为避免和克服手势的混乱和歧义，使对方能够明晰、准确、完整地理解自己的用意，应尽量准确使用手势。用不同手势表达不同的意思，并使手势与语言表达的意思一致。

2. 手势的使用应当规范、合乎惯例

在一定的社会背景下，每一个手势如介绍的手势、请的手势、鼓掌的手势等，都有其约定俗成的动作和要求，不能乱加使用，以免产生误解，引起麻烦。

3. 手势的使用应当适度

与人交谈时，可随谈话的内容做一定的手势，这样有助于双方的沟通，但手势的幅度不宜过大，以免适得其反。同时，手势的使用也应有所限制，并非多多益善，如果使用太多或滥用手势，会让人产生反感。尤其是手势与口语、面部表情等不协调时，会给人一种装腔作势的感觉。

（二）手势的禁忌

1. 忌手势不敬

掌心向下、攥紧拳头、伸出手指指点点、手持物品指示方向等，这些都是对人不敬的手势，会显得失礼。

2. 忌手势不雅

当众挠头皮、抓耳挠腮、掏耳朵、抠鼻子、剔牙、咬指甲、挖眼屎、搓泥垢、用手指在桌子上乱写乱画，这些动作非常不礼貌，也不雅观，会给人留下粗鲁、缺乏教养的印象，在商务活动中应当杜绝。

3. 忌手势过度

运用手势应注意适度。手势不宜过多，幅度不宜过大。手舞足蹈、动作夸张。往往也会引起别人的反感。

4. 忌乱用手势

在不同国家、不同地区、不同民族，由于文化习俗的不同。手势的表意会有诸多差异，甚至同一手势表达的含义也大相径庭。因此，在使用手势时忌不懂风俗而乱用手势，否则会产生不必要的误会。

"OK"手势。"OK"手势通常用拇指、食指相接连成环状，余下三指伸直，掌心向外来表示。"OK"手势在美国表示"同意"、"顺利"、"很好"等意思；在法国表示"零"或者"毫无价值"；在日本是"钱"的象征。

竖大拇指的手势。这个手势几乎是世界公认表示"好"、"高"、"妙"、"一切顺利"、"非常出色"等类似的信息。但在美国和欧洲部分地区，竖起大拇指，通常用来表示要搭车；在德国这种手势代表数字"1"；在日本表示数字"5"。

"V"形手势。食指、中指分开斜向上伸出，其余三指相握。这种手势掌心向外普遍用来表示"胜利"。若掌心向内，则成为一种骂人的手势。

七、界域

（一）界域的概念

界域，亦称空间语言或人际距离，指交往中相互距离的确定。界域语是交际者之间以空间距离所传递的信息，它是人际交往中一种特殊的无声语言。

作为人们在交往活动中所需空间的个人界域之大小，与民族、文化、场合、对象、性别、年龄、性格、城乡等因素有关。如性格内向者的空间需求比性格外向者的空间需求要大，北美人比南美人的空间范围要大，中国人则比欧洲人要小得多。

每个人都有一个属于自己的有形或无形的空间，而且会尽量地维持着这份空间，一旦有人靠得太近就会觉得不舒服或不安全，甚至会恼怒。在人际交往中，一个人是否受欢迎，主要看一个人如何尊重他人的空间，以及对属于个人空间的处置方法。

（二）位置界域

位置界域是指交际者所处位置的角度及所体现的情感意义（如图2-5所示）。

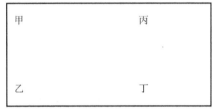

甲		丙
乙		丁

图2-5　位置界域示意图

如果甲座是你自己的话，则乙是竞争位置、丙是社交位置、丁是公共位置。

友好位置适合于两人之间的谈心，体现一种亲密与信任，显示出双方的亲密、平等关系，往往在夫妻间及亲朋好友间使用，亦用于员工谈心、征求公众意见等。

社交位置体现的是一种友好、诚挚的氛围。多用于与客户谈生意、找领导汇报工作等。因为，该位置利于观察对方的体语变化，易于调整话题。

竞争位置表现的是一种防范性的氛围。一般适合于双方的正式交谈，特别是双方的谈判，不可在商讨、讨论或商议性质的会议上使用。

公共位置是双方无沟通需要、彼此独立的位置，一般可体现在公共场所等。

（三）界域距离

界域距离是指交际者之间的空间长度及所体现的意义。一般而言，人与人之间的亲密程度与双方的空间距离成正比。美国人类学家和心理学家爱德华·T. 霍尔通过大量实例分析，身体范围和人际关系亲密程度分为四种区域，这就是所谓社交中的界域语。

1. 亲密区域

亲密区域（0～46厘米），又称亲密空间。其语义为"亲切、热烈、亲密"，只有关系亲密的人才可能进入这一空间，如夫妻、父母、子女、恋人、亲友等。亲密区域又可分为两个区间，其中0～15厘米为近位亲密距离，常用丁恋人或夫妻之间，表达亲密无间的感情色彩；15～46厘米为远位亲密距离，是父母与子女间、兄弟间、姐妹间以及非常亲密朋友间的交往距离，是一个可以肩并肩、手挽手、说悄悄话的空间。

2. 个人区域

个人区域（46～120厘米），又称身体区域。其语义为"亲切、友好"。属于一般熟人交往的空间。在社交场合往往适合于简要会晤、促膝谈心或握手等。个人区域可以分为两个区间。46～75厘米为近位个人区域，可与亲友亲切握手，友好交谈；76～120厘米为远位个人区域，任何朋友、熟人都可自由进入这一空间。

3. 社交区域

社交区域（120～360厘米）。其语义为"严肃、庄重"。这个距离已超出了亲友和熟人的范畴，是一种理解性的社交关系距离。社交区域可以分为两个区间。120～210厘米为近位社交距离，适合于社交活动和办公环境中处理业务等；210～360厘米为远位社交区域，适合于比较正式、庄重、严肃的社交活动，如在谈判、会见客人、工作招聘时的面谈等。

4. 公共区域

公共区域（360厘米以上），又称大众界域。是人们在较大的公共场所保持的距离，是一切人都可以自由出入的空间距离。其语义为"自由、开放"。常出现于大型报告会、演讲会、迎接旅客、小型活动等。

礼仪格言

言之不文，行之不远。

孔子

第三节　服饰礼仪

心理学家曾做过一个有趣的实验，把10张小姑娘的照片给受试者看，其中8人容貌服饰姣好，另两位姑娘长相较差，衣服也破旧，心理学家告诉受试者，其中一人是小偷，结果，有80%的受试者认为后者是小偷。这说明人们总是喜欢那些看上去令人感觉舒适、有美感的人。美好的长相、匀称挺拔的身材、美观大方的服饰均能增添人的仪表魅力，给人以舒服、美好的感觉。如果说，人的长相属天生、身材长短难以变更，但服饰确是可以变化的。

在社会交往中，人们的服饰在一定程度上反映着一个人的社会地位、身份、职业、收入、爱好、个性、文化素养和审美品位，是一种特殊的"身份证"。同时它还体现着民族的习俗和社会的风尚。正是在这种意义上，服饰一直被视作传递人的思想、情感等文化心理的"非语言信息"。所以，服饰必然在他人心中产生影响并进一步影响到人与人之间的相互关系，每个人都要学会运用服饰这一武器来"武装"自己，获得成功。

一、服饰礼仪规范

（一）着装礼仪

1. 把握原则

着装时，应遵循人们公认的三原则，即时间原则、环境原则和个性原则。

（1）时间原则　时间涵盖了每一天的早间、日间、晚间三个时间段，也包括每年春夏秋冬四个季节的更迭以及不同时期的变换。因此，人们在着装时必然会考虑时间层面，做到

"随时更衣"。

在通常情况下，人们早间在家中和户外的活动居多，无论外出跑步做操，还是在家里盥洗用餐，着装都应以方便、随意为宜。如可以选择运动服、便装、休闲装等，这样会透出几分轻松温馨之感。日间是工作时间，着装要根据自己的工作性质和特点，总体上以庄重大方为原则。如果安排有社交活动或商务活动则应以典雅端庄为基本着装格调。晚间的宴请、舞会、音乐会等正式社交活动居多。此时，人们的交往空间距离相对会缩小，服饰给予人们视觉与心理上的感受程度相对增强。因此，晚间着装要讲究一些，礼仪要求也要严格一些，晚间着装以晚礼服为宜，以形成高雅大方的礼仪形象。

西方许多国家都有一条明文规定：人们去歌剧院观看歌剧一类的演出时，男士一律着深色的晚礼服，女士着装也要端庄雅致，以裙装为宜，否则不准入场。这一规定旨在强调社交场合的文明与礼仪，同时也体现着西方国家所具有的尊重他人、刻意营造优美环境与氛围的社会文化。

一年四季的变化是大自然的规律。人们在着装时应遵循这一规律。做到冬暖夏凉、春秋适宜。夏季以轻柔、凉爽、简洁为着装格调，服饰色彩与款式的选择要充分考虑给予他人在视觉与心理上的感受，同时也使自己感觉轻快凉爽。夏装切忌拖沓烦琐、色彩浓重，以免给自己与他人造成生理与心理上的负担。冬季应以保暖、轻便为着装原则，避免着装过厚而显得臃肿不堪、形体欠佳，也要避免为了形体美而着装太薄，影响体温而面青唇紫、龟缩一团。春秋两季着装的自由度相对大一些。春季穿厚一点并无人见怪，秋季穿薄一点也无人侧目，但总体上以轻巧灵便、薄厚适宜为着装原则。

（2）环境原则　它是指不同的工作环境、不同的社交场面，着装要有所不同。比如，一个在外贸公司工作的公关小姐，总是喜欢穿款式陈旧、色泽暗淡的服装，尽管她努力工作，能力也不错，但好几次富有吸引力的工作机会都被那些衣着更时髦、打扮更精神的同事争取到了，因为她的衣着似乎在说："我是一个安分守己的人，我对目前的状况很满意。"因此，着装还要根据环境场合的变化而变化。特定的环境应配以与之相适应、相协调的服饰，以获得视觉与心理上的和谐感。西装革履地步入金碧辉煌的高级酒店会产生一种人境两相宜的效果，而西装革履地走进破旧宅院，便会出现极不协调的局面。

在静谧肃穆的办公室里着一套随意性极强的休闲装，穿着拖鞋，或者在绿草茵茵的运动场着一身挺括的西装，穿一双皮鞋，都会因环境的特点与服饰的特性不协调而显得人境两不宜。试想在严肃的写字楼里，女士穿着拖地晚装送文件，男士穿着沙滩短裤与客户交谈，将是一种什么样的情景？

没有统一制服的单位，职员们的服装一般都尽可能与工作环境相协调，不过分追求时髦。特别是商务人员，因为经常出入社交场所，他们的服装通常要求高雅、整齐、端庄、大方，以中性颜色为主，不突出形体的线条。职业女性在衣着穿戴上不宜太华丽。肉色蕾丝上衣，丝绒高开衩长裙会使别人认为此人女性化色彩过重，太敏感、情绪化，甚至会有人背后称之为花瓶。太美艳的装扮难免会遭到同行的嫉妒和异性的骚扰。

刚离校园参加工作的年轻商务人不要让自己显得太清纯、太学生味，如果穿着印有向日葵图案的T恤、草编凉鞋、情人送的玻璃手镯去参加商务会议，会使人显得幼稚，让人怀疑你肩上禁不起重担。同样。办公室着装也不能太前卫，漂染黄发，穿漆皮鞋、喇叭裤，会使人觉得此人观念怪诞、自由散漫、缺乏合作精神。

当客户走进高雅洁净的办公环境时。白领女性的穿戴会影响他（她）对这家公司的印象。因此，至少下列衣裳和饰物等不该穿（戴）到办公室里：低胸、露背、露腹、敞口无袖上衣或透明衣裳；一身牛仔裤或动物服装；裸露一半大腿的超短裙；黑网眼或花图案等袜、露趾的凉鞋；浓艳眼影、假睫毛、猩红指甲油，一米外可刺激人打喷嚏的香水；廉价首饰、金脚链。

（3）个性原则　这里有两层含义：穿着对象和交际对象。也就是说，你的穿着既要适合自己，能表现自己的个性风格，又要对应别人，与你的交际对象保持协调一致。在生活中，我们常常会看到高高胖胖的女士，上穿一件淡红色紧身衣，下穿一条一步裙，露出肥厚的前胸和粗壮的大腿，令人担心那身衣服随时会崩裂；而身材矮小的小姐，却上穿一件深色蝙蝠衫，下穿一条长长的黑色呢裙，宽松肥大的衣裙把她整个人都装了进去，越发显得瘦弱憔悴。男士也是如此。五短三粗的男子却穿着包臀的萝卜裤，让人看上去十分别扭。要穿得自然得体，就得根据自己的高矮胖瘦，选择不同质地、颜色、款式的服装加以调整。

2. 注意协调

所谓穿着协调，是指一个人的穿着要与他的年龄、体形、职业和所处的场合等吻合，表现出一种和谐，这种和谐给人以美感。具体原则如下：

首先，穿着要和年龄相协调。在穿着上要注意你的年龄，与年龄相协调，不管青年人还是老年人，都有权利打扮自己，但在打扮时要注意，不同年龄的人有不同的穿着要求。年轻人应穿着鲜艳、活泼、随意一些，这样可以充分体现出青年人的朝气和蓬勃向上的青春之美。而中、老年人的着装则要注意庄重、雅致、整洁，体现出成熟和稳重，透出那种年轻人所没有的成熟美。因此，无论你是青年、中年还是老年，只要你的穿着与年龄相协调，那么都会使你显出独特的美来。

其次，穿着要与体形相协调。关于人体美的标准，古今中外众说纷纭。有关专家综合我国人口的健美标准，提出两性不同的体形标准。女性的标准体形是：骨骼匀称、适度。具体表现为：站立时头颈、躯干和脚的纵轴在同一垂直线上。肩稍宽，全身以肚脐为界，上下身的比例符合"黄金分割"的 1.618：1，也可用近乎 8：5 来表示。若身高 160 厘米，则其较为理想的体重是 50～55 公斤，肩宽是 36～38 厘米，胸围是 84～86 厘米，腰围是 60～62 厘米，臀围是 86～88 厘米；男性的标准体形应基本遵循两臂侧平举等于身高的原则，若身高167～170 厘米，则其较为理想的体重是 68～70 公斤，胸围是 95～98 厘米，腰围是 75～78厘米，颈围是 30～40 厘米，上臂围是 32～33 厘米，大腿围是 55～56 厘米，小腿围是 37～38 厘米。

然而，在现实生活中，并非每个人的体形都十分理想，人们或多或少地存在着形体上的不完美或欠缺，或高或矮，或胖或瘦。若能根据自己的体形挑选合适的服装，扬长避短，则能实现服装美和人体美的和谐统一。

一般来说，身材较高的人，上衣应适当加长，配以低圆领或宽大而蓬松的袖子，宽大的裙子、衬衣，这样能给人以"矮"的感觉，衣服颜色上最好选择深色、单色或柔和的颜色；身材较矮的人，不宜穿大花图案或宽格条纹的服装，最好选择浅色的套装，上衣应稍短一些，使腿比上身突出，服装款式以简单直线为宜，上下颜色应保持一致；体型较胖的人应选择小花纹、直条纹的衣料，最好是冷色调，以达到显"瘦"的效果，在款式上，胖人要力求简洁，中腰略收，后背扎一中缝为好，不宜采用关门领，以"V"形领为最佳；体型较瘦的人应选择色彩鲜明、大花图案以及方格、横格的衣料，给人以宽阔、健壮的视觉效果，在款式上，瘦人应当选择尺寸宽大、上下分割花纹、有变化的、较复杂的、质地不太软的衣服，切忌穿紧身衣裤，也不要穿深色的衣服。另外，肤色较深的人穿浅色服装，会获得健美的色彩效果，肤色较白的人穿深色服装，更能显出皮肤的细洁柔嫩。

再次，穿着要和职业相协调。穿着除了要和身材、体形协调之外，还要与你的职业相协调。这一点非常重要，不同的职业有不同的穿着要求。例如，教师、干部一般要穿着庄重一些，不要打扮得过于妖冶，衣着款式也不要过于怪异，这样可以给人留下一个良好的印象；医生穿着要力求显得稳重和富有经验，一般不宜穿着过于时髦给人以轻浮的感觉，这样不利于对病人进行治疗；青少年学生穿着要朴实、大方、整洁，不要过于成人化；而演员、艺术家则可以根据他们的职业特点，穿得时尚一些。

最后，穿着要和环境相协调。穿着还要与你所处的环境相协调。上班、办公室是一个很严肃的地方，因此在穿着上就应整齐、庄重一些。外出旅游，穿着应以轻装为宜，力求宽松、舒适，方便运动。平日居家，可以穿着随便一些，但如有客人来访，应请客人稍坐，自己立即穿着整齐，如果只穿内衣内裤来接待客人，那就显得失礼了。除此之外，在一些较为特殊的场合，还有一些专门的穿着要求。例如，在喜庆场合不宜穿得太素雅、古板；庄重的场合不能穿得太宽松、随便；悲伤场合不能穿得太鲜艳，等等。对于这些穿着要求，我们在下面还要作具体的介绍。

3. 讲究色彩

色彩，是服装留给人们记忆最深的印象之一，而且在很大程度上也是服装穿着成败的关键所在。色彩对他人的刺激最快速、最强烈、最深刻，所以被称为"服装之第一可视物"。

一般来讲，不同色彩的服饰在不同的场合所产生的效果是不同的。为此，我们需要对色彩的象征性有一定的了解：

黑色，象征神秘、悲哀、静寂、死亡，或者刚强、坚定、冷峻。

白色，象征纯洁、明亮、朴素、神圣、高雅、恬淡，或者空虚、无望。

黄色，象征炽热、光明、庄严、明丽、希望、高贵、权威。

大红，象征活力、热烈、激情、奔放、喜庆、福禄、爱情、革命。

粉红，象征柔和、温馨、温情。

紫色，象征谦和、平静、沉稳、亲切。

绿色，象征生命、新鲜、青春、新生、自然、朝气。

浅蓝，象征纯洁、清爽、文静、梦幻。

深蓝，象征自信、沉静、平静、深邃。

灰色是中间色，象征中立、和气、文雅。

人们在穿着服装时。在色彩的选择上既要考虑个性、爱好、季节，又要兼顾他人的观感和所处的场合。所以明代卫泳在《缘饰》中说春服宜清，夏服宜爽，秋服宜雅，冬服宜艳；见客宜重装；远行宜淡服；花下宜素服；对雪宜丽服。古人对服饰的讲究的确值得我们借鉴。

对一般人而言，在服装的色彩上要想获得成功，最重要的是掌握色彩的特性，色彩的搭配，以及正装色彩的选择这三个方面：

首先，色彩的特性。色彩具有冷暖、轻重、缩扩等特性。

色彩的冷暖。使人产生温暖、热烈、兴奋之感的色彩为暖色，如红色、黄色；使人有寒冷、抑制、平静之感的色彩叫冷色，如蓝色、黑色、绿色。

色彩的轻重。色彩明暗变化程度，被称为明度。不同明度的色彩往往给人以轻重不同的感觉。色彩越浅，明度越强。它使人有上升之感、轻感。色彩越深，明度越弱，它使人有下垂之感、重感。人们平日的着装，通常讲究上浅下深。

色彩的缩扩。色彩的波长不同给人收缩或扩张的感觉有所不同。一般来讲，冷色、深色属于收缩色，暖色、浅色则为扩张色。运用到服装上，前者使人苗条，后者使人丰满，二者皆可使人在形体方面避短扬长，运用不当则会在形体上出丑露怯。

其次，色彩的搭配。色彩的搭配主要有统一法、对比法、呼应法。

统一法。即配色时尽量采用同一色系之中各种明度不同的色彩，按照深浅不同的程度搭配，以便创造出和谐感。例如穿西服按照统一法可以选择这样搭配，如果采用灰色色系，可以由外向内逐渐变浅，深灰色西服——浅灰底花纹的领带——白色衬衫。这种方法适用于工作场合或庄重的社交场合。

对比法。即在配色时运用冷色、深色，明暗两种特性相反的色彩进行组合的方法。它可以使着装在色彩上反差强烈，静中求动，突出个性。但有一点要注意，运用对比法时忌讳上下二分之一对比，否则给人以拦腰一刀的感觉，要找到黄金分割点即身高的三分之一点上（即穿衬衣从上往下第四、第五个扣子之间），这样才有美感。

呼应法。即在配色时，在某些相关部位刻意采用同一色彩，以便使其遥相呼应，产生美感。例如在社交场合穿西服的男士讲究"三一律"。所谓"三一律"就是男士在正式场合应使公文包、腰带、皮鞋的色彩相同，即为此法的运用。

再次。正装的色彩。非正式场合所穿的便装，色彩上要求不高，往往可以听任自便，而正式场合穿的服装，其色彩却要多加注意。总体上要求正装色彩应当以少为宜，最好将其控制在三种色彩之内。这样有助于保持正装保守的总体风格，显得简洁、和谐。正装若超过三种色彩则给人以繁杂、低俗之感。正装色彩，一般应为单色、深色，并无图案。最标准的正装色彩是蓝色、灰色、棕色、黑色。衬衣的色彩最佳为白色，皮鞋、袜子、公文包的色彩宜为深色（黑色最为常见）。

此外肤色也关系到着装的色彩，浅黄色皮肤者，也就是我们所说的皮肤白净的人，对颜色的选择性不那么强，穿什么颜色的衣服都合适，尤其是穿不加配色的黑色衣裤，则会显得更加动人。暗黄或浅褐色皮肤，也就是皮肤较黑的人，要尽量避免穿深色服装，特别是深褐色、黑紫色的服装。一般来说，这类肤色的人选择红色、黄色的服装比较合适。肤色呈病黄或苍白的人，最好不要穿紫红色的服装，以免使其脸色呈现出黄绿色，加重病态感；皮肤黑中透红的人，则应避免红、浅绿等颜色的服装，而应穿浅黄、白等颜色的服装。

4. 区分场合

所谓穿着要注意场合，是指要根据不同场合来进行着装。英国女王伊丽莎白二世访问中国期间，走出机舱门第一个亮相，穿的是正黄色西服套裙，戴正黄色帽子。这位女王本人喜欢红色和天蓝色，很少穿黄衣服。但在中国，几千年的历史上黄色是皇帝的专用色。女王来中国访问穿正黄色，既表示尊重中国的传统习俗，又显示了她作为一国君主的高贵身份。

人们的服饰也要与特写的场合及气氛相协调，所以有必要选择与之相适宜的服饰造型与色彩，实现人景相融的最佳效应。

场合原则是人们约定俗成的惯例，具有浓厚的社会基础和人文意义。服饰所蕴涵的信息内容必须与特写场合的气氛相吻合。否则，往往会引起人们的疑惑、猜忌、厌恶和反感，导致交往空间距离与心理距离的拉大和疏远。1983年6月，美国前总统里根初访欧洲四国时，由于他在严肃的正式外交场合里没有穿黑色礼服，而穿了一套花格西装，引起了西方舆论一片哗然。有的新闻媒介批评里根不严肃、缺乏责任感，与其学艺生涯有关；有的新闻媒介评论里根自恃大国首脑、狂妄傲慢，没有给予欧洲伙伴应有的尊重和重视。可见，如果一个人的服饰不符合一定的场合所要求的服饰，是会引起误会的。在公共关系工作中要避免浓妆艳抹、衣饰华丽，也不可蓬头垢面、衣饰庸俗，要恰如其分地打扮自己，表现出公关人员的优雅气质，表现出个人内在的涵养。

一项研究表明，客户更青睐那些穿着得体的公共关系人员和商务人员，而另一项研究表明，身着商务制服和佩戴领带的业务员所创造的业绩要比身着便装、不拘小节的业务员高出约60％。或许添置衣服要花一些钱，但它就像一项高明的投资一样，迟早要为你带来丰厚的回报。

社交中，不同场合有不同的着装要求。这里主要介绍喜庆欢乐场合、隆重庄严的场合、华丽高雅场合和悲伤肃穆的场合的穿着要求。

喜庆欢乐的场合包括庆祝会、欢乐会、生日、婚日纪念活动、婚礼聚会等。喜庆欢乐场合的穿着应与人们高兴、快乐、兴奋的情绪协调。女士可以穿得色彩鲜艳、丰富一些，款式也可以新颖一些，以烘托活跃欢乐的气氛，太深沉的色彩和太古板的款式都不太适宜。男士虽不能像女士那样穿红着绿，但白色或其他浅色西装、花色漂亮醒目的领带，均可以拿出来潇洒一番，以表现男士轻松愉快的心情。

隆重庄严的场合，如开幕闭幕式、签字仪式、出席重要的或高层次会议、重要的会见活动、新闻发布会等。这种场合是正式的，要特别注意个人的公众形象和媒介形象，注意仪表，衬托隆重庄严的气氛，所以不能穿得太随便。男士们应西装革履，正规、配套、整齐、洁净、一丝不苟，这是个人仪表形象的原则；女士不要花里胡哨、松松垮垮、随随便便，也应穿上套装或较为素雅端庄的连衣裙，体现职业女士在正规场合的风范。

华丽高雅的场合，多半为晚上举办的正式社交活动，如正式宴会、酒会、招待会、舞会、音乐会等。在这种场合女士的着装应较为华丽高贵，有责任把自己打扮得漂亮一点，显示出美好的气质和修养。可以穿连衣长裙、套裙，面料要华丽，质地要好，色彩应单纯（最好为单色）。服装可以有花边装饰，也可以用胸针、项链、耳环、小巧漂亮的坤包点缀。式样简洁的华丽裙装。更能体现一种脱俗美。男士们穿着深色西服，从头到脚修饰一新，就可以步入华丽高雅的场合。

悲伤肃穆的场合，如吊唁活动和葬礼。这时的服装色彩不能太刺眼，款式不能太引人注目。到这种场合来的人，应该抱着沉痛的心、肃穆的情绪，为亡故者而来，而不是来展示个人的自我形象，因此在着装上应避免突出个性，表现自我，而是将自我的个性融进这种特殊场合的群体氛围之中。男士可以穿黑色或深色西装配白衬衣、黑领带；女士不抹口红、不戴装饰品、不用鲜艳的花手绢，全身衣装是深色或素色，使外表的肃穆与内心的沉痛协调统一起来。

就是身为社交人员。参加社交活动的服饰，要做到制度化、系列化、标准化。制度化。就是符合有关部门制定的参加社交活动、执行公务时的着装规定；系列化，就是要使衣、裤、裙、帽、鞋、袜、包等在同一个"主题"内。标准化，就是要按照各种服装的穿着标准着装，不可随意创造，独成一派。比如，穿制服时，不允许敞怀。穿中山服时，不仅要扣上全部衣扣。而且不允许挽起衣袖。

（二）佩戴首饰的礼仪

首饰的种类很多，为人们所熟识的常用首饰主要有戒指、项链、手镯、胸针等。近年来，佩戴首饰已成为服饰中的重要组成部分。优雅得体的穿着，如果再加上富有个性的饰品，将会使人显得更加光彩照人。当然，首饰的佩戴，绝不应一味的堆砌，多多益善，而应考虑诸多方面的问题，遵循一定的礼节。

1. 符合身份

在正式的交往中选戴首饰时，个人务必要使之与自己的身份相称。一般而言，在工作中，要讲究"首饰三不戴"：

（1）不戴有碍工作的首饰　如果佩戴某些首饰会直接影响自己的正常工作，那么商务人员就应当坚决不佩戴它们。

（2）不戴炫耀财力的首饰　在工作场合佩戴过于名贵的珠宝首饰，难免会给人以招摇过市、不务正业之感。

（3）不戴突出性别的首饰　诸如胸针、耳环、脚链之类的首饰，往往会突出佩戴者的性别特征，从而引起异性过分的关注，因而在工作场合也不宜佩戴它们。

2. 男女有别

从某种意义上讲。首饰实际上是女性的"专利品"。除结婚戒指等极少数品种的首饰之外，男性通常不宜在正式场合佩戴过多首饰。这条是当今社会上普遍通行的规则。

与对男性的限制相反，在佩戴首饰时，女性则往往会有多种多样的选择。俗称"女性首饰两大件"的戒指、项链，许多职业女性都是经常佩戴的。对此点，社会上并无任何非议。

3. 遵守成规

对于工作人员，特别是白领丽人们来说，在上班时佩戴首饰还须自觉遵守以下几条约定俗成的常规。

（1）以少为佳　在上班时即便可以佩戴首饰，也要注意限制其数量，并坚持以少为佳。一般而言，佩戴首饰时，总量上不宜多于三种，每种则不宜超过两件。

（2）同质同色　同时佩戴多件首饰时，应尽量选择质地、色彩基本上相同的首饰，最低限度也要使其色彩相似。否则搞得五花八门、异彩纷呈，会令人感到佩戴者粗俗不堪。

（3）风格划一　风格划一，在此既指同时佩戴的多件首饰应当风格统一，也指所佩戴的首饰应与佩戴者自身其他衣饰的风格协调一致。

（4）服饰协调原则　饰品佩戴应与服饰相配。一般领口较低的袒肩服饰必须配项链，而竖领上装可以不戴项链。项链色彩最好与衣服颜色相协调。穿运动服或工作服时可以不戴项链和耳环。带坠子的耳环忌与工作服相配。

（5）体型相配原则　脖子粗短者，不宜戴多串式项链，而应戴长项链；相反，脖子较瘦细者，可以戴多串式项链，以缩短脖子长度。宽脸、圆脸型和戴眼镜的女士，少戴或不戴大耳环和圆形耳环。

（6）年龄吻合原则　年轻女士可以戴一些夸张的无多大价值的工艺饰品；相反，年纪较大的妇女应戴一些较贵重的比较精致的饰品，这样显得庄重、高雅。

因此，佩戴饰品时，应根据以上几个原则，选择出一件或二件最适合的饰品，以达到画龙点睛之效。

4. 几种饰品佩戴的艺术

（1）戒指　戒指是男女的一种主要饰品，同时还是具有特定含义的传递物。戒指有金、银、钻石、宝石等不同质地，形状也千差万别，有方形的、圆形的、镂空雕花的、刻字的等等。

戒指戴在不同手指上其含义不同：

戴在食指上——表示想结婚即表示求婚；

戴在中指上——表示已有意中人，正在恋爱；

戴在无名指上——表示已结婚或订婚；

戴在小指上——表示独身。

按照风俗，结婚戒指忌用合金制造，必须用纯金或白银制成，象征爱情的纯洁。

选择戒指，应与自己的手型相配。手指粗短者，不宜戴方形宽阔的戒指，最好选一些不规则图形如椭圆形、梨形等较好；手指纤细者，可适当选一些较为丰满的戒指佩戴，如圆形、心形等。从审美角度而言，戒指并不是越大越重就越好，而是应视个体的手型等来进行选择。一般女性的戒指以镶宝石、钻石、翡翠或镂空雕花居多，而男性相对比较规范些，如正方形的、长方形的等，更显庄重、高贵。

（2）项链　项链是女性常用的饰品之一。项链有金、银、珍珠、象牙等之分，不同质地的项链其艺术效果也不同。金银项链富贵，珍珠项链清雅，钻石项链华贵，景泰蓝项链古朴，玛瑙项链柔美，象牙项链高洁，贝壳项链自然，玻璃项链活泼，骨质项链典雅，木质项链朴素。

选择项链时，应考虑个体的一些因素。个子偏矮且圆脸型的人戴长项链至胸部，可以拉长人的高度；个子细长且颈部细长的人，用短粗项链可以缩短颈长。金银、珍珠等价值颇高的项链不宜太粗太长，应以精致短小为佳，适宜贴颈而戴；相反，一些仿制的工艺项链可以夸张粗大些，以增加艺术效果，适宜戴在羊毛衫、套头衫外面。

（3）耳环　耳环是佩戴在耳朵上的一种饰品，有各种色彩和质地，因而戴与不戴以及怎样戴直接影响到整个脸部的造型效果。现在市面上耳环的款式丰富多彩，但并不是所有款式均适合每个人。佩戴时应注意与脸型、服饰款式、色彩、肤色等相协调。

耳环的佩戴首先应考虑佩戴者的脸型。圆脸适宜戴各种款式的长耳环或垂坠或耳珠，但是不宜选戴长垂挂形以及有横向扩张感的耳环，纤细的"I"形耳坠，可使脸型显得修长；瓜子脸是最为可人的脸型，应该说几乎所有造型的耳环都适于选戴，尤其以扇型耳坠、奶滴形耳坠更显秀丽妩媚；方形脸的女性可以选用富有弧线，线条流畅的圆形、纽形、鸡心形、螺旋形或造型夸张的耳环，使脸型显得具有曲线之美。

一般肤色白皙的女性适宜戴红色、绛红、翡翠绿等色彩较为鲜艳的耳环；皮肤偏黑的女性，宜选用色调柔和的，如白色、浅蓝、天蓝、粉红色耳环。金色耳环适合于各种肤色的人配戴。耳环的佩戴必须与整体服饰协调一致。服饰色调鲜艳的，选配的耳环色泽宜淡雅或者同色调。穿大衣的可以选用无穗或大圆形耳环；穿连衣裙的，适于无穗式小圆形耳环。

在各种比较正规的社交场合，如参加宴会、婚礼或庆典仪式，应选用钻石、翡翠、宝石镶嵌的高档耳环。同样，老年人不宜选用大型的、新潮的、鲜艳的耳环，以不失端庄与持重。

（4）手镯　手镯以玉镯为主，也有现在流行的金手镯和银手镯，还有金手链和银手链等。女士戴手镯一般戴右手上，如一对手镯也同时戴在右手上，戴手镯时一般不再戴手表，否则，就显得太累赘。

二、男性正装服饰礼仪规范

（一）西装要笔挺

在现代社会的公关社交活动中，人们普遍认为"西装革履"是现代职场男士的正规服饰，就求职面试活动而言，穿西装也是最为稳妥和安全的。因此，西装一般成为许多求职者的首选装。然而，穿西装也有以下许多讲究。

1. 颜色的选择

男性最好穿深色的西服，灰色、绿色和深蓝色都是不错的选择，给人以稳重、可靠，忠诚、朴实、干练的印象。

2. 面料的选择

穿天然织物做的衣服，人造织物的光泽和质地给人一种廉价的感觉，通常不像天然织物做的衣服那样有下垂感。而且，这种面料常常留有人体的气味，还不易消除。

3. 西装要得体

体瘦的人，如果着深蓝色或粗竖条的西装，会露出其纤细、瘦弱的缺憾，而穿米色、灰鼠色等暖色调。图案选用格子或人字斜纹的西装，就会显得较为丰满、强壮；瘦高的人，宜穿双排扣或三件套西装，面料选用质感和给人温暖感觉的，不要选用轮廓形状细窄而锐利的套装；瘦矮的人穿西装时，可在胸袋放入装饰手帕；为增加胸部的厚度，还可在内袋装入钱包、笔记本等物品；体胖的人可穿深蓝、深灰、深咖啡色等西装，忌米色、银灰等膨胀色，如果是带图案的西装，宜用 0.5～2 厘米的竖条。西装的款型可选用直线型的美国式，这会显得体态挺拔瘦削。

另外，双排四粒扣西装，可掩饰微挺的肚子。矮而胖的人也可穿三件套，这样显不出身体的分割线，并且口袋里尽量不装物品。高而胖的人，宜穿三粒扣的西装和单件西装，V字部分能显出潇洒。穿单件西装上衣时，宜穿深色上衣，配同色系的浅色长裤，这样既能掩饰缺点，又显得帅气十足。

男士西装十忌：

① 忌西裤短，标准的西裤长度为裤管盖住皮鞋；

② 忌衬衫放在西裤外；

③ 忌衬衫领子太大，领脖间存在空隙；

④ 忌领带颜色刺目；

⑤ 忌领带太短，一般领带长度应是领带尖盖住皮带扣；

⑥ 忌不扣衬衫扣就佩戴领带；

⑦ 忌西服上衣袖子过长，应比衬衫袖短 1 厘米；

⑧ 忌西服的上衣、裤袋内鼓鼓囊囊；

⑨ 忌西服配运动鞋；

⑩ 忌皮鞋和领带颜色不协调。

（二）衬衫要理想

衬衫必须是长袖的。有些衬衣的袖口上有简单的链扣，给人以格外注重细节的感觉。衬衫应当是白色或淡蓝色，不带图案或条纹。印有字母暗纹的衬衫对个人形象可能有利也可能不利，有些面试者会认为这代表有个性，成功及自信，而其他人则认为这是炫耀，甚至有点粗俗。最安全的办法就是避开印有字母暗纹的衬衫。跟西服一样，衬衫的最理想布料也是天然织物。要穿那些经过精心缝制、专业洗涤、中度上浆（挺括）的全棉衬衫。

（三）领带要选好

领带可以使一套昂贵的西服显得很廉价，也可以让普通的穿着使人的印象提高一个档次。领带的面料选用 100％的纯丝即可，不要使用亚麻或毛料，前者容易缩水，后者显得太随便。合成织物显得廉价，而且打出的结也不美观。如果穿白色或浅蓝衬衣，就比较容易挑选与之相配的领带。领带应当为西服增色，且不能与西服的图案有任何冲突。领带的宽度随衣服款式的不同而不同，穿西服时，安全的着装规则就是领带宽度要接近西服翻领的宽度。传统的图案如立体形、条纹、印花绸及不太显眼的螺旋纹布等都是可以接受的。行政主管们一直喜欢立体宽条纹，因而这种布料被称为"权力条纹"。不过，要避开带有圆点的花纹、图画（如动物、猎狗的头等）、体育形象（如马球棍和高尔夫球棒等）及设计者的徽标的领带。很多面试人员认为徽标尤其令人讨厌，它使人缺乏安全感，好像需要设计者的认可才能证明着装品位。这几年又开始流行小而紧的领结。系好的领带不要超过裤腰带。

（四）皮鞋要擦亮

注意鞋面保持锃亮，鞋跟要结实，破旧的鞋跟会使人显得疲软而萎靡，系带的皮鞋一定要检查鞋带是否干净且系紧了。松开或未系的鞋带会带来不安全感甚至可以将人绊倒。另外，切勿把黑鞋与棕色西装搭配，这样会十分不协调。

（五）袜子要够长

无论如何，袜子的颜色应当和西服相配。通常应选蓝、黑、深灰或深棕色，不要穿颜色鲜亮或者花格图案的袜子。袜子要够长，以至于在叠起双腿时不会露出有毛的皮肤，这样十分不雅观，而且袜子要有足够的弹性，使其不至于从腿上滑下或缩成一团。

（六）头发要干净、自然

要保持头发整洁，精心梳理，不要给人油光发亮、湿淋淋的感觉；发型简单、朴素、稳重大方，不要留鬓角，最好不要留中分头；头发也不能压着衬衣领子；胡须最好刮干净，不要留八字胡。

（七）外套要便捷

厚重的上衣已经逐渐被轻便的新式样代替了，因为后者几乎适用于所有场合且耐用。另外，人们潜意识中往往对穿浅色上装的人投以更深的信任。如果好好注意一下，便不难发现在电影里扮演正面角色的男人出场时，上衣定是浅色的，反之，反面角色定是深暗色。因此，假如想穿上装去面试，请选择浅色调，以示自己是一位值得信任的人。

（八）公文包要简单

简单细长的公文包是最佳选择。如果想适合职业需求，携带一个整洁的文件夹。避免带任何会使人想起推销员的皮包。还要注意看看包带或包带扣是否好使，把包拉上，看看是否能开合自如。当然，别忘了把必备的简历等资料装进去。

（九）注意手和指甲

手是人体中活动最多的部分之一，也常常是人们目光的焦点，因此，在面试之前，先检查自己的手，必须使其洁净而不要留长指甲。

（十）小饰物要简单适宜

① 皮夹。一件小巧的钱包不易使口袋鼓起变形。但钱包里的东西应是必需品。千万不

要把各种信用证、家庭生活照等塞在里面。

② 手表。一块手表不仅是为了计时用的，而且应是一件装饰品。在支付能力范围内，选择高质量的并和日常衣服相配的名牌。另外，也不应佩戴米老鼠之类的手表。

③ 手帕。放一块折叠雅致的手帕在西装上部的小口袋中，不仅可增加一个人的情调，而且还可在出现尴尬局面时用来作掩饰。

④ 项链、装饰别针、手镯、耳环等饰物都是男性求职者面试时十分忌讳的。

（十一）注意个人卫生

身上的怪味应清除。在交往中，和对方的距离一般不会很远，如果身上散发出汗臭味、腋臭味、烟味等怪味，主试者闻到了肯定会厌恶，这也要影响面试效果。因此，面试前务必把身上的怪味清除掉。清除怪味的办法有以下几种：

① 面试前的那餐饭菜不要吃洋葱和大蒜，也不要喝酒，以免口腔怪味刺人，酒气刺鼻。饭后漱漱口，最好刷刷牙。

② 交往前洗个澡，这样既可以把汗臭味冲洗掉，腋臭味冲淡，也可以使人更加精神抖擞。

③ 别抽烟，烟味会萦绕不散，气味难耐。

④ 可以在身上适度地抹些香水，香水既可驱散其他气味，又沁人心脾，香水需提前两三个小时抹，可擦在耳后、衣领处、臂肘内侧、手腕、胸前及膝盖内侧，不要把香水直接喷在衣服上。香水的味道应选择清淡型的，如玫瑰香型、米兰香型，具有性挑逗作用的香水切忌选用。

三、女性套裙服饰礼仪规范

女人是美的天使，世界因为有了她们而更加绚丽可爱。在这个时尚开放的年代，女士服饰色彩缤纷，形态万千，因此，其着装问题就显得比男士更为复杂。

女士着装以整洁美观、稳重大方、协调高雅为总原则，服饰色彩、款式、大小应与自身的年龄、气质、肤色、体态、发型和拟聘职业相协调、一致。

（一）服装的选择要得体

女士正装一般以西装、套裙为宜，这是最通用、最稳妥的着装，不论年龄，一套剪裁合体的西装、套裙和一件同色系的衬衣或罩衫外加相配的小饰物。会使人看起来显得优雅而自信，给对方留下良好的印象。切忌穿太紧、太透和太露的衣服。袒胸露背是西方女士参加社交活动的传统着装，但在我国却不一定适合；不要穿超短裙（裤），不要穿领口过低的衣服；夏天，内衣（裤）颜色应与外套协调一致。避免透出颜色和轮廓，否则，会让人感到不庄重、不雅致，也给人轻佻之感，这是求职之大忌。大量的求职实践表明，不论是应聘何种职业，保守的穿着会被视为有潜力的候选人，会比穿着开放的求职者更容易被录用。

女性求职者服装的颜色可有多种选择，有些女性认为面试时一定要穿黑色套装，这种穿法虽然十分稳重，但是现在社会已能接受一些较鲜艳的颜色，比如，谋求公关、秘书职位的女性穿黄色或红色服装就容易被主试者接受，因为黄色通常表现出丰富的幻想力和追求自我满足的心理。红色则能显示出个性外向，主观意识较为强烈而且有较强的表现欲望，这种颜色感染力强，容易打动主试者，令人振奋，给人印象深刻。不过女性应该避开粉红色，这种颜色往往给人以轻浮、圆滑、虚荣的印象。

（二）鞋子要便利

女士如何穿鞋也有学问，总体原则是应与整体着装相协调，在颜色和款式上与服装相配。面试时，不要穿长而尖的高跟鞋，中跟鞋是最佳选择，既结实又能体现职业女性的尊严。设计新颖的靴子也会显得自信而得体。

（三）袜子也很重要

袜子不能有脱丝。时装设计师们都认为，肉色作为商界着装是最适合的。为保险起见，应在随身携带的包里放一双备用丝袜，以免脱丝能及时更换。另外，不论腿有多漂亮，都不应在面试时裸露着腿。

（四）饰物要少而精

1. 公文包或手提小包

带一个即可，不要两个都带。在多数面试场合，携带公文包比手提小包体现出更多的权威。可以把手提包的基本内容放进一个无带小提包，然后把它装进公文包内，但不要将包塞得满满的。如果个子较矮小，包则不宜过大，这样会极不协调。

2. 帽子

不管是否戴帽子，对此必须持谨慎态度。假如要想使帽子与全身很相配，就请选择一顶既无饰边也不艳丽却很雅致的帽子。一般有面纱的松软宽边的法式帽子在生意场上容易使人心烦，因为给人感觉太累赘。

3. 首饰

首饰尽量少戴。避免像吉卜赛人一样每个手指都戴戒指尤其是拇指戒指不能被人接受。耳环应当小巧且不引人注目。为了使自己感到舒适，注意力集中，戴的耳环不要过长，以免发出叮当的声响或者触及脖颈，甚至挂到衣服上。朴实无华的项链挺好，但别戴假珍珠或华丽的人造珠宝。令人喜爱的手镯是完全可以接受的，但镯子上的小饰物应当避免，其他刻有自己名字第一个字母的首饰也应避免。面试时一定不要戴脚镯。总之，戴首饰的重要原则是：少则美。

4. 眼镜

眼镜会使一些人外表增色，也可能使一些人显得不协调。尽量选择适宜的镜框，式样以新为好。另外，千万不可戴太阳镜（护目镜）去面试，当然更不能戴反光镜。假如非戴眼镜不可，可选择隐形眼镜。

5. 围巾

一条漂亮的围巾有画龙点睛的妙用。一些女士喜欢蓝灰色服装，但穿蓝灰色衣服往往会使人面部发暗，如果配上一条色彩浓郁、风格热烈的尼龙围巾，就能达到生气勃勃的效果。如果穿一套藏青色的西服，应围一条纯白的围巾，既能显出红唇黑眸，又能保持藏青色清爽如水的气质，衬托出女性的敏捷和果断。还有一些女青年，喜欢穿银灰色的衣服。银灰色是高雅大方的色彩，但若围巾搭配不当，便会显得呆板、平淡。

6. 丝巾

丝巾飘逸清秀的特点最能烘托出女性美，但选择丝巾时一定要注意与衣服的协调搭配。如花色丝巾可配素色衣服，而素色丝巾则适合艳丽的服装。

（五）发型要适宜

在选择发型之前，应该先分析研究一下脸型，有了彻底的了解后，才能选择出最适合脸型的发型。

（六）化妆要淡而美

对于女性求职者，化妆一定要坚持素淡的原则，切不可浓妆艳抹。

（七）注意手和指甲

女人的手通常是其气质外观的一个方面。为充分显示其魅力，应保持干净，指甲应修剪好，千万不要留长长的指甲，另外不要涂艳丽的指甲油。因为长指甲会使人联想起指甲的主人是什么都不干的大小姐。

爱美之心人皆有之，但对于求职者而言，其服饰除了要符合一般社交场合服饰的共同要求外，更要注重和突出服饰的职业特点，使着装打扮与应聘的职业相吻合，给人一种鲜明的职业形象的感觉。如果应聘的职业是教师、工程师、管理干部等岗位，打扮就不能过分华丽、时髦，而应该选择庄重、素雅、大方的着装，以显示出稳重、文雅、严谨的职业形象；如果应聘的职业是导游、公关、服务等岗位，就可以选择华美、时髦的着装，以表现活泼、热情的职业特点。

四、制服的礼仪规范

在国内外多数公司与企业中，人们在工作时通常都会身穿面料、色彩、款式整齐划一的服装，这就是所谓的制服。简单来说，制服是指上班族在其工作岗位上按照规定所必须穿着的，由其所在单位统一制作下发的，面料、色彩、款式整齐划一的服装。对商界人士而言，制服其实就是自己在工作岗位上按规定所必须穿着的上班装，或工作服。

在现代社会里，要求本单位的全体从业人员一律身穿制服上班，是许多公司与企业的常规做法。在工作中身着式样统一的制服，至少有如下四大好处：

第一，可体现其职业特征。为了满足实际工作的需要，不同的职业往往需要具有不同特征的制服。与军服、警服、铁路服、海员服、空乘服、邮政服、工商服、税务服彼此各具特色一样，从事不同类型的商务活动的商界人员所穿的制服通常也都各不相同。它们不仅适应着商务人员各自具体的工作性质，而且还具有商务人员的着装所共有的一些基本特征。

第二，可表明其职级差异。在工作岗位上，商务人员的具体分工往往有所不同，制服对此是有所体现的。即便是在同一个单位里，不同部门、不同级别、不同职务的人员，往往从其制服上就可以一眼区别开来。这样做，既是为了分工明确。也是为了增进着装者的荣誉感，并争取社会舆论的监督。

第三，可实现其整齐划一。从总体上讲，商务人员在自己的工作岗位上是不允许过多地张扬个性的。身着样式一致的制服，不仅有助于体现出整个单位的共性、全体员工的良好的团队意识及合作性与凝聚力，而且还便于本单位更为有效地对全体员工进行要求和管理。

第四，可树立其单位形象。根据现代公共关系理论，要求全体员工身着统一式样的制服上班，实际上是建立某一社会组织用以树立自身形象的"企业静态识别符号系统"的常规手法之一。换言之，要求全体员工在工作岗位上身穿制服，可以令人耳目一新。久而久之便会使本单位的独特形象随之而深入人心，并得以确立。

由于商界所包容的具体职业不胜枚举，因此制服亦可谓变化万千：有时，就是在同一个单位里，它往往也会异彩纷呈。虽然如此，在千变万化、形形色色的商界制服之中，仍然可以发现许多具有共性的、规律性的一致之处。此种一致之处，即为制服的礼仪规范。

有关制服的礼仪规范，主要涉及其选择制作与搭配穿着等两个具体方面。

（一）制服的制作与选择

制服的制作与选择，既与每一名必须穿着制服的商务人员相关，更主要地取决于其所在单位决策者的个人态度。鉴于此事与单位形象息息相关，故此每个单位的负责人均应亲自过问此事，而决不可将其随便交由办事人员自由经办。

制作与选择一套可供商务人员穿着的制服，所要考虑的重点问题主要包括面料、色彩、款式、分类、做工等。简而言之，面料宜好、色彩宜少、款式宜雅、分类宜准、做工宜精，就是制服的基本要求。

1. 面料宜好

用来制作制服的面料，应尽可能地选择精良上乘之物。在一般情况下，本着既经济实惠又美观体面的方针，应当优先考虑纯毛、纯棉、纯麻、棉毛、棉麻、毛麻、毛涤等面料。

纯毛、纯棉、纯麻等面料不仅质地纯天然，而且吸湿、透气、贴身、舒适，外形美观，穿在身上显得较为高档。凡是经济条件允许的单位，均应对此予以优先考虑。

棉毛、棉麻、毛麻、毛涤等，皆属于高档混纺面料。与前者相比，它们可以说是一种退而求其次的选择。它们大都悬垂、挺括、结实、耐折、耐磨，并且在价格上比较便宜，因而经济实惠。

有些时候，为了满足从事某些特殊工作或是适应某些特殊环境的需要，通常还要求用来制作制服的面料具备某些比较特殊的功能，例如，防火、防水、防风、防尘、防辐射、防静电、防氧化、防高温、防低温等。在选择制作此类特种用途的制服的面料时，务必要一丝不苟、精益求精、严格把关，绝对不允许放松标准、以次充好。

若非情况较为特殊。一般不应选择涤纶、涤丝、尼龙、中长纤维等人造化学纤维面料来制作商务人员的制服。用各种化纤所制作的制服，在短时间内，大都色泽鲜艳、免烫抗皱、坚牢耐穿，而且还可以大大地降低制作成本。但是由于它们往往经不起时间的考验，穿的时间久了，通常都会被磨得发光发亮，表面上往往会藏污纳垢、起毛起球，而且还极易跳丝或产生静电。那样就会给人以劣质低档之感，因而它们也就被人们打入了另册。

2. 色彩宜少

在统一制作制服时，切不可使其色彩过于繁多，或过于杂乱。否则它看起来色彩杂乱无章，或花里胡哨，都无益于维护本单位的整体形象。正是基于这一原因，从总体上讲，制服的色彩宜少而不宜多。

具体来说，在选择制服的色彩时对以下三点应予以重视。

（1）优先选择本单位的标志性色彩　在用来塑造单位形象的"形象识别系统"中，标志性色彩占据着重要的位置。所谓标志性色彩是指，某一单位为了体现自身特色、表现自身理念，而特意选定一种或数种色彩用以代表自己。在商务活动中，标志性色彩已被广泛地应用于本单位的标志、徽记、广告、标语、商标、旗帜、建筑等各个方面。以之作为员工制服的主色彩，亦为一种国际上通行的做法。

（2）力求色彩单一而偏深　如果与上一点不矛盾的话，则制服的色彩就应以单一而偏深为好。在一般情况下，一套制服里的上衣、裤子或裙子最好采用同一种色彩。出于庄重、耐脏等方面原因的考虑，制服通常不宜采用浅色、花色或艳色。根据常规，可为商界人士的制服所选择的、符合如上要求的色彩，大体上仅有蓝、灰、棕、黑等几种。蓝色制服表示严谨，灰色制服表示稳重，棕色制服表示文雅，黑色制服则表示高贵。在世界各国，它们都是最为常用的商界制服的"基本色"。

（3）尽量遵守"三色法则"　为制服进行色彩搭配时，在总体上通常要参照"三色法则"。该法则的主要要求是：与制服一同搭配的衬衫、领带、帽子、鞋袜，包括制服本身在内，其色彩应在总量上被限定在三种以内。此种做法，可使配色的效果最佳。具体而言，在穿制服时，全身一色未必不可，全身两色也不能算少，但是至多不宜超过三色。否则，全身的色彩就会乱套。穿制服时要求遵守"三色法则"，主要是为了体现出着装简洁大方的整体风格。在具体进行操作时，下列两点务请切记：其一，采用两色或三色时，最好令其中的一种色彩为白色。其二，不论采用双色还是三色，都不要按等比对其进行搭配。

除本单位的标志外，制服上不宜出现任何图案或饰物。

3. 款式宜雅

商界制服款式上的总的要求，是雅气端庄。它既应当突出自己的实用性，又应当有意识地使之传统而保守；它既应当与众不同，又不宜一味追逐时尚，甚至超越时尚；它既应当体现出本单位的特色，又不可为了标新立异而以奇装异服的面目出现。简言之，在穿上制服后应当显得工作便利、精明干练、神气十足、文质彬彬、温文尔雅，而非令人瞠目结舌、避之不及。这些要求体现到制服的款式方面，就是应当以"雅"为本。

具体而言，制服目前多为两件套式。即由一件上装与一件下装所构成。由于行业不同、部门不同、要求不同，制服的具体款式亦可谓变化多端，令人目不暇接。

制服中的上装，有西装式、猎装式、夹克式、衬衫式、两用衫式等之分。制服中的下装，则有裤装式、裙装式、背带装式等之分。

不论商界制服具体采用哪一种款式，根据"款式要雅"的总体要求。都必须使之力戒露、透、短、紧，即所谓的制服四戒。

（1）戒露　制服理应发挥服装为人体遮羞的基本功能．对商界人士在工作岗位上不宜裸露在外的躯体加以掩饰。通常认为，制服不应当使着装者的胸部、腹部、背部、大腿和肩部在外"曝光"。此五处不宜外露之处通称为"制服五不露"。假如达不到这一要求，就会让着装者的乳沟、胸毛、腋毛、肚脐、大腿、脊背等处，甚至连同内衣一起昭然若揭。

（2）戒透　制服即使色浅、单薄，也绝对不应当透明。如果在上班时所穿的制服成了变相的"透视装"，令本属于着装者"绝对隐私"的背心、胸罩、内裤、腹带、衬裙等若隐若现，甚至赫然在目，犹如特意进行"公开陈列"一般。不但有碍观瞻，而且也会显得着装者有失自尊。

（3）戒短　制服，无论如何都要合身。有些制服因为工作的需要，允许相对宽松肥大一些。但是不论怎样都不应使之过分短小。不然既显得小气，又会给人以不文明感。在一般情况下，制服中的上装不宜短于腰部，否则就会露出内裤、裙腰甚至肚皮，成为改头换面的"露脐装"。裤装式的制服，一般不宜为短裤式样。裙装式的制服，则裙摆大都应当长于膝盖。之所以如此规定，对着装者其实也是一种保护：既可使其工作安全，又可减少其被他人骚扰的机会。

（4）戒紧 必须明确的是：制服并非时装，因此不应使之过于紧身以凸现着装者的线条。通常以高弹面料制作制服显然是不合适的。如果采用此种面料，很可能会因此而使着装者原形毕露、一目了然，甚至还会使其内衣、内裤的轮廓均一览无余。应当注意的是，想要体现本人的苗条身材而随意改动制服的做法，也是不可取的。

4. 分类宜准

要使制服在商务活动中真正发挥良好的作用，就必须在恪守上述几项规则的前提下对其进行必要的分类。在实际生活中，有多种方法对商界制服进行分类。然而，不论采用何种分类方法，都应当使之适应实际工作的需要，有助于维护本单位的形象。

5. 做工宜精

在制作制服时，既要考虑节省费用，反对铺张浪费，更要注意务求其做工精细严谨、好上加好、精益求精。

在制作制服时，绝对不允许粗制滥造。而要做到此点，就必须严守制服的制作标准。没有制作标准与不遵守制作标准，同样都是有害的做法。应当切记的是：绝对不允许以任何借口在制作制服时偷工减料，使其看起来粗陋不堪、面目全非；也不允许在制作制服时粗针大线、马马虎虎，使其"好景不长"。为此，在外加工或制作制服时，务必要严加监管、抽查与验收。

（二）制服的穿着与搭配

既然制服属于上班装，那么对于身着制服上班的人而言，穿着与搭配制服就必须严格地遵守有关的礼仪规范。

1. 制服的穿着

在穿着制服上班时，必须注意以下四个方面的问题。

（1）忌脏 穿着制服，必须努力使之保持干净而清爽的状态。上班所穿的制服难免会被弄脏，此点并不值得大惊小怪。重要的是，对制服的清洁与否一定要时刻留意。一旦发觉它被弄脏了，就应当马上进行换洗。换言之，对制服定期或者不定期地进行经常性的换洗，应成为每一位员工用以维护自我形象的自觉而主动的行动。不仅如此，除制服之外，与之同时配套穿着的内衣、衬衫、鞋袜亦应定期进行换洗。

在外人面前，工作人员所穿的制服必须无异味、无异物、无异色、无异迹。若其汗臭扑鼻，或遍布油垢、汗迹、汤渍、漆色，往往非但不能表明着装者勤劳辛苦，反而只会令人感觉肮脏不堪。

（2）忌皱 穿着制服，一定要整整齐齐、外观完好。由于制服所用的面料千差万别，并非所有的制服都能够做到悬垂挺括、线条笔直，但不使其皱皱巴巴、褶痕遍布却是每一人员均应做到的。无论从哪一个方面来说，身穿一套褶皱遍布的制服的人，都难于赢得他人的尊敬。除了窝囊邋遢、消极颓废、懒惰不堪、不修边幅这一类评价之外，恐怕再也找不到适于对其加以评论的言词了。

为防止制服产生褶皱，必须采取一些必要的措施。例如，脱下来的制服应挂好或叠好，切勿信手乱扔。洗涤之后的制服，要加以熨烫，或是上浆。穿制服时，不要乱倚、乱靠、乱坐，等等。

（3）忌破 在工作中，制服经常会在一定程度上形成破损。除了"工伤"这一因素外，制服穿的时间久了，也会自然地发生"老化"，出现诸如开线、磨毛、磨破、纽扣丢失等的情况。

一旦发现制服"挂彩"，商界人士就应采取必要的补救措施，并应根据其具体情况分别加以对待。在一般情况下，制服一旦在外观上发生明显的破损，如掉扣、开线或形成破洞等，就不宜在工作岗位上继续穿着。在办公室里，特别是在某些"窗口"部门工作的商界人士，或是担负领导职务的商界人士，更要注意此点。千万不可视而不见、听之任之。

对破残的制服，应该根据具体情况分别进行处理。若其为劳动服，则经过认真修补后，仍然可以再穿。但即便如此也不应对破残之处敷衍了事，在其上面贴胶布或别别针都是不规范的举动。若其为礼宾服或办公服，破残之处经过修补后痕迹过于明显者，比如需要打补丁或换上式样不配套的纽扣之类，则不宜再在正式场合穿着。

（4）忌乱　如果单位里规定全体员工都必须穿制服上班，那么每一个人都必须"从我做起"，认真遵守此项规定。不仅如此，欲使制服真正发挥功效，工作人员还必须认真地依照着装规范行事。

在穿制服的单位里，最忌讳一个"乱"字。穿制服时所谓的"乱"，主要反映在如下两个方面：

第一，有人不按照规定穿制服。在某些要求穿制服的单位里，总有个别人以"忘了"、"不舒服"、"不合身"、"不喜欢"为由，拒绝穿制服。他们甚至自以为美地将街市装、宴会装、沙滩装、卧室装穿到单位里来。此举不仅让别人搞不懂他们是不是上班来了，而且还会因此破坏本单位的制度与秩序，让外人觉得本单位管理不严。

第二，有人穿制服时不守规矩。在有些单位里，一些人虽然按规定穿了制服，但是却自行其是、随便乱穿。例如，像敞胸露怀、不系领扣、高卷袖筒、挽起裤腿、乱配鞋袜、不打领带、衬衫下摆不束起来等。如此种种做法，亦有损制服的整体造型。客观地讲，此类做法的危害性并不亚于不穿制服。

2. 制服的搭配

除去上装与下装这两大主体部分，通常还需要按照有关规定，将自己其他部分的衣饰与制服有机地、协调地进行组合搭配。

在一般情况下，穿制服时，按规定要求与其配套使用的衣饰，主要有衬衫、帽子、鞋袜、皮带等。它们往往会与制服一起下发，在整体风格上与制服相互一致。商界人士在穿着制服时，若是离开了它们，往往会令所穿制服失去其本应具有的神韵。因此，在穿制服时，按规定应与其配套使用的衣饰一同使用。既不准不使用，也不得以其他非配套使用的衣饰代替。

穿制服时，即使自己的所在单位未对其他部分的衣饰进行统一规定，亦不得滥用。在选用其他衣饰时，均应将它们与制服协调与否的问题置于首位考虑。

由于服饰是一个整体，服装与服装、服装与饰物、饰物与饰物三者之间在款式、材料和色泽上的成功配套是服饰美化成功的基础。各种装饰用品与发型、脸型、肤色、年龄、环境的协调，将会取得更加良好的着装效果。佩戴饰物应力求完整，主体突出。若同时佩戴过多的饰物，不仅不会带来美感，反而会使人感觉杂乱无章。应根据不同的季节选用不同的装饰用品。春秋季可选戴耳环、别针；夏季可选择项链和手链；冬天则不宜选用太多的饰品，因为冬天衣服过多而显得臃肿，饰品过多反而不佳。

一般来说，在较为隆重、正规的场合，选用的饰品都应当档次高一些。如果用于公共场合，则不应过于鲜艳新潮，应精致而传统，以显示信誉。这个原则同样适用于整体服饰的佩戴。在商务场合，色彩鲜艳亮丽、造型新潮夸张的服饰容易给人产生不信任感；保守传统而做工精细的高档次服饰则会给人稳重老练的印象。

总之，一个珠光宝气、浓妆艳抹的女士总是不受欢迎的。若想在正式场合受人欢迎，那么在服饰打扮上应注意以下几点：

① 切忌购买趋之若鹜的时装；

② 切忌款式太繁琐复杂，简单是最美；

③ 切忌穿太露、太透、太紧的服装；

④ 切忌不合时令及内衣外穿；

⑤ 切忌浑身珠光宝气和首饰配件太多；

⑥ 切忌衣中置放太多的东西；

⑦ 切忌全身五颜六色，备几套黑、白、灰的服饰永远不过时；

⑧ 切忌在商务场合穿黑色皮裙。

【复习思考题】

1. 仪表有何内涵？

2. 如何培养良好的风度？

3. 服饰礼仪应遵循哪些原则？

4. 在进行服饰色彩搭配时，应遵循哪些基本原理？

5. 怎样根据场合的不同而选择合适的服装？

第三章　日常交际礼仪

【学习目标】

明确交际礼仪的重要性；掌握称呼、介绍、握手、递接名片、接打电话等相关礼仪规范要求。

周公吐哺

周公是西周时期的著名政治家。他说"吾文王之子，武王之第，成王之叔父也，又相天下。吾于天亦不轻亦，然吾一沐三握发，一饭三吐哺，起以待士，犹恐失天下之士。"位高权重的周公唯恐怠慢客人，曾3次中断洗浴、在吃饭时3次将来不及咽下的食物吐出来，立即出去迎客。周公堪称礼贤下士的待客典范，留下了"周公吐哺，天下归心"的千古佳话。

社会是人们交往作用的产物，没有人际交往就不成为社会。人要生存发展，就不能置身于社会交际之外。同样，一个企业要生存发展，不能没有社会交际与商务交际。进行社会交际与商务交际时，除了与人为善、讲信重义外，遵守社交礼仪则是人们顺利地进行社会交往、促进事业成功的重要条件。社交礼仪具有相对的稳定性、一定范围的通用性、明显的效益性和一定的强制性，因而它也是商务礼仪的基础。商务人员必须掌握一些基本的商务礼仪知识。

第一节　称呼礼仪

称呼指的是人们在日常交往应酬之中所采用的彼此之间的称谓语。

在人际交往中，选择正确、适当的称呼，反映着自身的教养及对对方尊敬的程度，甚至还体现着双方关系发展所达到的程度和社会风尚，因此对它不能随便乱用。

选择称呼要合乎常规，要照顾被称呼者的个人习惯，入乡随俗。在工作岗位上，人们彼此之间的称呼是有其特殊性的，要庄重、正式、规范。

一、称呼的原则

在商务交际中，人际称呼很有讲究，须慎重对待。人际称呼的格调有雅俗、高低之分，它不仅反映人的身份、性别、社会地位和婚姻状况，而且反映与对方的态度及其亲疏关系。不同的称呼内容可以使人产生不同的情感。在交际开始时，只有使用高格调的称呼，才会使交际对象产生同你交往的欲望。因此，使用称呼语时要遵循如下三个原则：

(一) 礼貌原则

这是人际交往的基本原则之一。每个人都希望被他人尊重。合乎礼节的称呼，正是表达对他人尊重和表现自己有礼貌修养的一种方式。交际时，称呼对方要用尊称，现在常用的有："您"——您好、请您；"贵"——贵姓、贵公司、贵方、贵校；"大"——尊姓大名、大作（文章、著作）；"老"——张老、郭老、您老；"高"——高寿、高见；"芳"——芳名、芳龄，等等。在交际场合，对任何交际对象都忌用诨号、绰号。

(二) 尊重原则

一般来说，汉族人有从大、从老、从高的心态。对同龄人，可称呼对方为哥、姐；对既可称"叔叔"又可称"伯伯"的长者，以称"伯伯"为宜；对副科长、副处长、副厂长等，也可在姓后直接以正职相称。

(三) 适度原则

要视交际对象、场合、双方关系等选择恰当的称呼。如有些人往往喜欢称别人为师傅，虽然亲热有余但文雅不足，且普适性较差。对理发师、厨师、企业工人称师傅恰如其分，但对医生、教师、军人、干部、商务工作者称师傅就不合适了。在与众多的人打招呼时，还要注意亲疏远近和主次关系，一般以先长后幼、先高后低、先女后男、先亲后疏为宜。

二、称呼的种类

(一) 泛称呼

在社交场合，由于不熟悉交往对象的详细情况，或因其他原因，仅以性别区分，对男性一律称之为"先生"，对女性一律称之为"小姐"或"女士"，一般而言，对未婚女性称"小姐"，对已婚女性称"女士"，对年长但不明婚姻状况的女子或职业女性称女士。这些称呼均可冠以姓名、职称、衔称等。如"布莱尔先生"、"汉斯小姐"、"怀特夫人"等。

(二) 职务性称呼

以交往对象的职务相称，以示身份有别、敬意有加，这是一种最常见的称呼。通常有三种情况：称职务，在职务前加上姓氏，在职务前加上姓名（适用于非常正式的场合）。如"李局长"、"王科长"、"徐主任"、"江华处长"等。

(三) 职称性称呼

对于具有职称者，尤其是具有高级、中级职称者，在工作中直接以其职称相称。称职称时可以只称职称、在职称前加上姓氏、在职称前加上姓名（适用于十分正式的场合）。如"张教授"、"刘工程师"等。

(四) 行业（职业）性称呼

在工作中，有时可按行业进行称呼。对于从事某些特定行业的人，可直接称呼对方的职业，如老师、医生、会计、律师等，也可以在职业前加上姓氏、姓名。

（五）姓名性称呼

在工作岗位上称呼姓名。姓名称呼一般适用于年龄、职务相仿，或是同学、好友之间。有三种情况：可以直呼其名；只呼其姓，要在姓前加上"老、大、小"等前缀；只称其名，不呼其姓，通常限于同性之间，尤其是上司称呼下级、长辈称呼晚辈，在亲友、同学、邻里之间，也可使用这种称呼。

（六）拟亲性称呼

如"汪爷爷"、"余叔叔"、"范阿姨"等。需要注意的是，对美国、墨西哥、德国等国家的男士可以"先生"相称。对日本妇女一般不称"小姐"、"女士"而称"先生"。君主制国家，按习惯称国王、皇后为"陛下"，称王子、公主、亲王为"殿下"，对其他有爵位的人，可以其爵位相称，也可称"阁下"或"先生"。对有学位、军衔、技术职称的人士，可以称他们的头衔，如某某教授、某某博士、某某将军、某某工程师等。外国人一般不用行政职务称呼人，不称"某某局长"、"某某校长"、"某某经理"等。在美国，人们常把直呼其名视为亲切的表示，只是对长者、有身份地位的人例外。

第二节　介绍礼仪

现代人要生存、发展，就需要与他人进行必要的沟通，以寻求理解、帮助和支持。介绍是人际交往中与他人进行沟通、增进了解、建立联系的一种最基本、最常规的方式，是人与人进行相互沟通的出发点。

一、自我介绍

在社交和商务交际场合，由于人际沟通或业务上的需要，时常要作自我介绍。

（一）需要自我介绍的场合

① 应聘求职时；

② 应试求学时；

③ 在社交场合，与不相识者相处时；

④ 在社交场合，有不相识者表现出对自己感兴趣时；

⑤ 在社交场合，有不相识者要求自己作自我介绍时；

⑥ 在公共聚会上，与身边的陌生人组成新的交际圈时；

⑦ 在公共聚会上，打算介入陌生人组成的交际圈时；

⑧ 交往对象记不清自己，或担心这种情况可能出现时；

⑨ 有求于人，而对方对自己不甚了解，或一无所知时；

⑩ 拜访熟人遇到不相识者挡驾，或是对方不在，需要请不相识者代为转告时；

⑪ 前往陌生单位，进行业务联系时；

⑫ 在出差、旅行途中，与他人不期而遇，并且有必要与之建立临时接触时；

⑬ 因业务需要，在公共场合进行业务推广时；

⑭ 初次利用大众传媒向社会公众进行自我推荐、自我宣传时。

（二）自我介绍的形式

1. 应酬式

适用于某些公共场合和一般性的社交场合，这种自我介绍最为简洁，往往只包括姓名一项即可。如：

"你好，我叫刘翔。"

"你好，我是汪洋。"

2. 工作式

适用于工作场合，它包括本人姓名、供职单位及其所在部门、职务或从事的具体工作等。如：

"你好，我叫刘翔，是大地公司的销售经理。"

"我叫汪洋，我在南京大学商学院教管理学。"

3. 交流式

适用于社交活动中，希望与交往对象进一步交流与沟通。它大体应包括介绍者的姓名、工作、籍贯、学历、兴趣及与交往对象的某些熟人的关系。如：

"你好，我叫刘翔，我在大地公司上班。我是汪洋的老乡，都是江苏人。"

"我叫李东，是汪洋的同事，也在南京大学商学院，我教西方经济学。"

4. 礼仪式

适用于讲座、报告、演出、庆典、仪式等一些正规而隆重的场合。它包括姓名、单位、职务等，同时还应加入一些适当的谦词、敬辞。如：

"各位来宾，大家好！我叫刘翔，我是大地公司的销售经理。我代表本公司对各位的到来表示最热烈的欢迎，希望大家……"

5. 问答式

适用于应试、应聘和公务交往。问答式的自我介绍，应该是有问必答，问什么就答什么。如：

"先生，您好！请问您怎么称呼？"或者说："请问您贵姓？"

"先生，您好！我叫刘翔。"

主考官问："请介绍一下你的基本情况。"

应聘者："各位好！我叫任义，现年 26 岁，江苏扬州人，汉族……"

（三）自我介绍的基本程序

先向对方点头致意，得到回应后再向对方介绍自己的姓名、身份和单位，同时递上事先准备好的名片。自我介绍时表情要自然、亲切，注视对方，举止庄重、大方，态度镇定而充满信心，表现出渴望认识对方的热情。如果见到陌生人就紧张、畏怯，语无伦次，不仅说不清自己的身份和来意，还可能会造成难堪的场面。

（四）自我介绍的注意事项

1. 繁简适度

作自我介绍时，根据不同的交往对象，内容应繁简适度。自我介绍总的原则是简明扼要，一般以半分钟为宜，情况特殊时也不宜超过 3 分钟。如对方表现出有认识自己的愿望，则可在报出本人姓名、工作单位、职务（即"自我介绍三要素"）的基础上，再简略地介绍一下自己的籍贯、学历、兴趣、专长及与某人的关系等。当然，在进行自我介绍时，应该实事求是，既不能把自己拔得过高，也不要自卑地贬低自己。介绍用语一般要留有余地，不宜用"最"、"极"、"特别"、"第一"等表示极端的词语。

2. 讲究态度

进行自我介绍，态度一定要自然、友善、亲切、随和，应落落大方、彬彬有礼，既不能唯唯诺诺，又不能虚张声势、轻浮夸张。语气要自然，语速要正常，语音要清晰。

3. 真实诚恳

进行自我介绍要实事求是、真实可信，不可自吹自擂、夸大其词。

4. 方式灵活

自我介绍的方式因不同的场合而异。如果你应约参加一个宴会，因为迟到，宴会已经开始了，而你的主人又没能把你介绍给来宾，在这种情况下，你就应该走到宾客面前，这样作自我介绍："晚上好！各位，很抱歉来迟了。我叫×××，在××公司做公关工作。"这样一番介绍，即可避免别人想与你谈话却不知你是谁的尴尬局面。

5. 巧借外力

自我介绍除了用语言之外，还可借助介绍信、工作证或名片等证明自己的身份，作为辅助介绍，以增强对方对自己的了解和信任。

二、他人介绍

在社交和商务场合，如想结识某人，除自我介绍外，还可通过他人介绍这一途径。一般身份地位高者、长者、特邀者和贵宾在社交或商务场合与某些人相识时，常常由他人来作介绍。作介绍的人，一般是主人、朋友或公关人员。由他人作介绍，自己处于当事人之中，如果你为身份高者、长者或主人，在听他人介绍后，应立即与对方互致问候，表示欢迎对方的热忱，如："你好！小张。"如果你为身份低者或宾客，当尚未被介绍给对方时，应耐心等待；当自己被介绍给对方时，应根据对方的反应作出相应的反应，如对方主动伸手，你也应及时伸手相握，并适度寒暄。

被介绍时，除女士和年长者外，一般应起立并面向对方。但在宴会桌上、谈判桌上可不必起立，被介绍者只要微笑点头，相距较近可以握手，远者可举右手致意。

为他人作介绍，就是介绍不相识的人或是把一个人引荐给其他人相识沟通的过程。善于为他人作介绍，可以使你在朋友中享有更高的威信和影响力。为他人作介绍，在不同场合由不同人承担，公关礼仪人员、单位领导、东道主或与被介绍双方都相识的人。这些都是商务活动、接待贵宾或其他社交场合中的合适介绍人。

在进行介绍时，还要注意以下几个问题：

（一）介绍顺序

介绍人在介绍之前必须了解被介绍双方各自的身份、地位以及对方有无相识的愿望，或衡量一下有无为双方介绍的必要，再择机行事。介绍的先后顺序应坚持受到特别尊重的一方有了解对方的优先权的原则，应把男士介绍给女士，把晚辈介绍给长辈，把客人介绍给主人，把未婚者介绍给已婚者，把职位低者介绍给职位高者，把本公司职务低的人介绍给职务高的客户，把个人介绍给团体，把晚到者介绍给早到者。在开头表达时，先称呼长辈、职位高者、主人、女士、已婚者、先到场者，再将被介绍者介绍出来，然后介绍先称呼的一方。

这种介绍顺序的共同特点是"尊者居后"，以表示尊敬之意。

（二）介绍人的神态与手势

作为介绍人在为他人作介绍时，态度要热情友好，语言要清晰明快。在介绍一方时，应微笑着用自己的视线把另一方的注意力吸引过来。手的正确姿势应掌心向上，胳膊略向外伸，指向被介绍者，但介绍人不能用手拍被介绍人的肩、胳膊和背等部位，更不能用食指或拇指指向被介绍的任何一方。

（三）介绍人的陈述

介绍人在作介绍时要先向双方打招呼，使双方有思想准备。介绍人的介绍语宜简明扼要，并应使用敬辞。在较为正式的场合，可以说："尊敬的威廉·匹克先生，请允许我向您介绍一下……"或说："王总，这就是我和你常提起的晏博士。"在介绍中要避免过分赞扬某个人，不要给人留下厚此薄彼的感觉。在介绍别人时，切忌把复姓当做单姓，常见的复姓有"欧阳"、"司马"、"司徒"、"上官"、"诸葛"、"西门"等，注意不要把"欧阳明"称为"欧先生"。当介绍人为双方介绍后，被介绍人应向对方点头致意，或握手为礼，并以"您好"、"很高兴认识您"等友善的语句问候对方，表现出结识对方的诚意。介绍人在介绍后，不要随即离开，应给双方交谈提示话题，可有选择地介绍双方的共同点，如相似的经历、共同的爱好和相关的职业等，待双方进入话题后，再去招呼其他客人。当两位客人正在交谈时，切勿立即给其介绍别的人。

第三节　握手礼仪

握手是最为常见、使用范围十分广泛的见面礼。了解和掌握其礼仪规范，对于我们在社交和商务活动中因人施礼并了解对方的心态及性格特点有着重要的意义。

握手是人际交往和商务活动中司空见惯的见面礼，它是社交和商务活动中一个公开而又神秘的使者，可以表示欢迎、友好、祝贺、感谢、敬重、致歉、慰问、惜别等各种感情。握手虽然简单，但握手动作的主动与被动、力量的大小、时间的长短、身体的俯仰、面部的表情及视线的方向等，往往表现出握手人对对方的不同礼遇和态度，也能窥测对方的心理奥秘，因而握手是大有讲究的。

一、握手的方法

握手的正确方法，是在介绍之后、互致问候的同时，双方各自伸出右手，彼此之间保持一步左右的距离，手掌略向前下方伸直，拇指与手掌分开，其余四指自然并拢，握手时两人伸出的掌心都不约而同地向着左方，然后用手掌和五指与对方相握。伸手的动作要稳重、大方，态度要亲切、自然。右手与人相握时，左手应当空着，并贴着大腿外侧自然下垂，以示用心专一。除老、弱、残疾者外。一般要站着握手，不能坐着握手。握手时间的长短可因人、因地、因情而异。时间太长使人不安，太短则表达不出热烈情绪。初次见面时握手时间以1～3秒钟为宜。在多人相聚的场合，不宜只与某一人长时间握手，以免引起他人误会。握手力量要适度，过重的"虎钳式"握手显得粗鲁无礼；过轻的抓指尖握手又显得妄自尊大或敷衍了事。但男性与女性握手时，男方只需轻轻握一下女方的四指即可。为了表示尊敬，握手时上身略微前倾；头略低一些，面带笑容，注视对方的眼睛，边握手边开口致意，如说

"您好"、"见到您很高兴"、"欢迎您"、"恭喜您"、"辛苦啦"等。握手时可以上下微摇以示热情，但不宜左右晃动或僵硬不动。与尊敬的长者握手可用双握式。即右手紧握对方右手时，再用左手加握对方的手背和前臂。当自己的手不干净时，应亮出手掌向对方示意声明，并表示歉意。

握手不仅是相互传情递意、联络沟通的手段，而且从握手的姿势中可透露双方的心态及性格特点。美国著名盲人女作家海伦·凯勒说："我接触过的手，虽然无言，却极有表现性。有的人握手能拒人千里……我握着他们冷冰冰的指尖，就像和凛冽的北风握手一样。而有些人的手却充满阳光，他们握住你的手，使你感到温暖。"

二、握手的形式

握手的姿势千差万别，归纳起来有以下几种形式：

（一）乞讨型握手

掌心向上，既表明此人被动、劣势、软弱、干不成大事的性格，也表明此人谦和，可以支配。

（二）控制型握手

掌心向下，表明此人优势、主动、支配的性格或心态。如丘吉尔的握手就是控制型握手。但这种握手一般用于敌我之间，在社交场合是不礼貌的，特别对待上级或长辈，用这种握手方式易引起反感。而公关人员千万不能用这种握手方式，因为它容易使人对你怀有戒备心理，不利于开展工作。

（三）无力型握手

也叫"死鱼式握手"。握手的力量很轻，表明此人性格懦弱、优柔寡断，没有气魄，缺乏热情。在生意场上不要用这种握手方式，因为这样容易被人控制。例外情况：手上有关节炎症的人或外科医生、艺术家、音乐家等出于保护手的目的也会伸出软弱无力的手。

（四）力量型握手

握手的力量较重，表明此人性格热情主动，也表明此人有朝气、活力。

（五）抓指尖型握手

是一种不标准的握手形式，是为了和对方保持一定距离而施行的。纵然态度诚恳，也会给人一种冷淡的感觉，事实上这种人缺乏自信。

（六）施舍型握手

伸出四个手指给对方握，表明此人缺乏修养，傲慢，不平易近人。

（七）伸张型握手

离握手人较远时就手臂伸直，五指张开，多半加语言，表示热情欢迎，也可看出此人热情豪爽的性格。

（八）自在型握手

陌生场合与别人一一握手，如歌星、影星的握手，表明他们旺盛的自我表现力；主人接见客人时的自在型握手表示礼貌。

（九）手套型握手

两只手抓住对方的手，表明对对方的热情、谢意或有求于对方。公关人员注意，不能把手套型握手用于初次见面的人或仅有几天交情的人，尤其是异性，因为它会令人怀疑你的动机和意图。

握手时间如果很短，表明握手双方友谊一般或属于陌生人；握手时间长，表明握手双方友谊深厚。和初次见面的异性长时间握手，是不礼貌的，并且让对方认为你心怀叵测。

握手的方式也表明亲密度。如双手相握—左手握腕—左手按肩—左手拥肩，表明愈来愈亲热的关系。

三、握手的礼仪要求

握手的主要原则是尊重别人。握手的程序应根据握手人双方的社会地位、年龄、性别和宾主身份来确定，一般遵循"尊者决定"的原则。

（一）握手的基本礼节

握手的基本礼节是：握手时双目应注视对方，微笑致意或问好。在平辈的朋友中，相见时先出手为敬；在长辈与晚辈之间、上级与下级之间，应是前者先伸手，后者先问候，待前者伸手后，后者才能伸手相握；在男士与女士之间，女方伸手后，男方才能伸手相握，如女方无握手之意，男方可点头或鞠躬致意；倘若男方已是祖辈年龄，则男方先伸手也是适宜的；在主宾之间，主人应先伸手，客人再伸手相握，但客人辞行时，应是客人先伸手表示辞行，主人才能握手告别。如要同许多人握手，应当先同性后异性，先长辈后晚辈，先职位高者后职位低者，先已婚者后未婚者，即所谓上级优先、长辈优先、主人优先、女士优先。在接待外宾时，主人有向客人先伸手的义务，无论对方是男是女，主人都应先伸手以示欢迎。在社交和商务场合，当别人不按先后顺序的惯例而已经伸出手时，应毫不迟疑地立即回握。拒绝他人的握手是不礼貌的。因此，最有礼貌的顺序应该是：先上级、后下级，先长辈、后晚辈，先主人、后客人。

（二）握手十忌

（1）忌不讲先后顺序，抢先出手。

（2）忌目光游移，漫不经心。

（3）忌不脱手套，自视高傲。

（4）忌掌心向下，目中无人。

（5）忌用力不当，敷衍鲁莽。

（6）忌左手相握，有悖习俗。

（7）忌"乞讨式"握手，过分谦恭。

（8）忌握时过长，让人无所适从。

（9）忌滥用"双握式"，令人尴尬。

（10）忌"死鱼式"握手，轻慢冷漠。

（三）握手礼的异域习俗

握手反映着不同的民族文化。在许多国家或地区，由于民族文化和风俗习惯的不同，握手的形式也有所不同。如法国人在进出一个房间时都要握手；德国人只握一次手；一些非洲人握手之后会将手指弄出清脆的响声，表示自由；而美国人的握手像力量竞赛，典型的美国式握手是所谓"政客式"握手，美国人比较不拘礼节，第一次见面笑一笑，说声"嗨"或"哈罗"并不正正经经地握手；对意大利人不要主动握手，只有对方主动伸手时，才可以自然地伸手相握；日本男人往往一边握手一边鞠躬，而日本女士则一般不跟别人握手，只是行鞠躬礼；菲律宾有些地方，人们握过手会转身向后退几步，向对方表明身后没有藏刀，是真诚的握手；尼日利亚人在握手前要用大拇指在手上轻轻弹几下然后再握手；坦桑尼亚人则在见面时先拍拍自己的肚子，然后鼓掌，再相互握手。

四、其他行礼方式

1. 鞠躬

鞠躬即弯身行礼，源于中国的商代，是一种古老而又文明的对他人表示尊敬的郑重礼节，至今仍是人们见面时表示恭敬、友好的一种人体语言。它既适用于庄严肃穆或喜庆欢乐的仪式，又适用于普通的社交和商务活动场合。鞠躬礼在东亚国家，尤其是朝鲜、韩国，特别是在日本盛行。

（1）鞠躬方式　行鞠躬礼时，应身体面对受礼者立正站好，面带微笑，距受礼者二三步左右，以腰部为轴，整个腰及肩部向前倾15°～90°（具体的前倾幅度视行礼者对受礼者的尊敬程度而定），目光向下，同时问候"您好"、"早上好"、"欢迎光临"等。女性鞠躬时手合拢，自然放在身前并弯下身子；男士则将双臂自然下垂在身体两侧，弯腰到一定程度后恢复原态。如戴帽，应先将帽子摘下再施礼。施礼时，目光不得斜视或环顾，不得嘻嘻哈哈，口里不得叼烟卷或吃东西，动作不能过快，要稳重、端庄，并带有对对方的崇敬之情。受礼者一般鞠躬还礼，长者、贤者、女士、宾客还礼时可不鞠躬，欠身点头即可。

（2）鞠躬程度及含义　弯腰角度因场合、对象的不同而有所区别。一般而言，角度越大，表示越谦恭，对被问候者越尊敬。

① 一般致礼：15°左右，表示一般致敬、致谢、问候。

② 敬礼：30°左右，表示恳切致谢或表示歉意。

③ 敬大礼：45°左右，表示很诚恳的致敬、致谢和歉意。

④ 敬最大礼：90°左右，在特殊情境，如婚礼、葬礼、谢罪、忏悔等场合才行90°大鞠躬礼。

和握手相比，鞠躬表达的敬意更深一些，常用于婚丧节庆、演员谢幕、讲演、领奖等场合及下级对上级、服务员对客人、初次见面等场合。特别是在大众场合个体与群体交往时，个人不可能和许多人逐一握手，则可以鞠躬代之，既恭敬，又节约时间，值得大大提倡。

2. 欠身

欠身是向别人表示自谦的礼貌举止，它与鞠躬略有差别。鞠躬要低头，而欠身仅身体稍向前倾，两眼也仍可直视对方；鞠躬一定要站着，欠身则可站着，亦可坐着。

3. 点头

点头是与别人招呼时常用的礼貌举止，通常用于会场、路遇和迎送的场合。尤其是在会场不便说话之时，在迎送者有许多人时，用点头可以向许多人同时致意。

4. 起立

起立是向尊长、来宾表示敬意的礼貌举止，常用于上课前学生对老师，开会时对重要领导、来宾、报告人到场时的致敬。平时，坐着的位低者看到刚进屋的位尊者，坐着的男子看到站立着的女子，或者在送他们离去时，也都可以用起立以表示自己的敬意。

5. 举手

举手也是与别人招呼时的礼貌举止。手举过头，通常用于远距离向对方问候；手举不过头常用于中距离向对方问候；手举过头并左右摆动，常用于送别场面，表示依依不舍。

6. 拱手

拱手是身份相仿者之间互致敬意的礼貌举止。拱手即双手相抱，一般是左手抱住右手，上举齐眉，下至胸前，上下摇动几下，表示致敬、庆贺。拱手礼是一种极具民族特色的礼节，它既可以避免人数众多时握手的不便，又可以不受距离的限制，特别适用于春节拜年、单位团拜、亲朋好友聚会或向别人祝贺的场合。

7. 合十

即两手合掌于胸前。这是兼有敬意和谢意的礼貌举止，本是出家人即佛门弟子之间的礼节，后流传到俗家人之间。这种礼节举止文雅，所以不少人也乐于使用。

8. 鼓掌

这是表示赞许或向别人祝贺的礼貌举止，通常用于在聆听别人的讲演，看完、听完别人的表演之后，用以表示自己的感谢、赞赏、钦佩或祝愿。鼓掌一般要出声，但也可以不出声而仅做出鼓掌的样子，不过应该让对方直接看到。鼓掌时要注意两边手指不要像行合十礼那样重合，而应成相握状。

9. 叩指礼

我国广东、福建一带盛行一种在宴席上、品茶时表示谢意的叩指礼。通常的做法是右手的食指和中指轻叩桌子。如果讲究的话，未婚者用食指表示个人谢意，已婚者用食指和中指表示夫妻共谢，有儿女的人可用五指表示全家谢意。

【知识链接】

叩指礼的来历

相传清朝乾隆皇帝微服出巡江南时，替随从人员倒茶。随从人员受宠若惊，又不敢行跪拜礼，怕暴露身份，只好以双指弯曲轻叩桌子来代表双膝下跪，感谢皇恩，于是形成了独具特色的叩指礼。

第四节　名片礼仪

名片是华夏先人献给世界文明的一件礼物。它最早产生于我国春秋战国时期，只是最初没有纸，写在竹、木片上，以后才写在纸上。汉初称谒；六朝称刺；唐代以纸书"刺"，称"名帖"、"名刺"、"名纸"；宋朝称为"门状"；到明清通称为门状、名刺和名帖（红帖）。名片之所以在现代社会中得到广泛应用，是因为它使用起来简便、灵活，能适应现代社会人际交往十分频繁的需要，成为现代交际的一种工具。交换名片是人们交往中常用的一种介绍方式，使用时有许多讲究。名片通常在三种情况下使用：一是在带有商业性质的横向联系与交往中使用；二是在社交的礼节性拜访中使用；三是在某些表达感情或表达祝贺的场合中使用。

一、名片的用途

在现代社会，名片不仅有进行自我介绍和保持联络的作用，而且还有其他多种用途：

（一）可以替代便函

名片用来对友人表示祝贺、感谢、介绍、辞行、慰问、馈赠以至吊唁等多种礼节。

为了表示不同的礼节，可以在名片左下角用小写字母写上国际通用的法文缩写，如 P. f（敬贺），P. r（谨谢），P. P（介绍），P. P. c（辞行），P. C（谨唁），P. f. 12. a（恭贺新年），也可以写上祝贺或问候短语寄给对方。假如祝贺名片上只有几行冷冰冰的字，会让人觉得你是敷衍了事。寄祝贺名片给朋友，如对方已非单身，收件人应为夫妇两人，只给一方会显得很不礼貌。

（二）可以替代礼单

向友人寄送或托送礼物或鲜花时，可在礼品或花束中附上名片并写上祝贺短语；自己收到友人的礼品，可立即回复一张名片，在左下角用铅笔写上 P. r，以表示感谢。

（三）可作“介绍信”

如一位大使想把使馆新来的参赞介绍给当地外交团的朋友，可在自己名片的左下角用铅笔写上 P. P，然后把新参赞的名片附在后面一并送去。

（四）可代替请柬

在非正式邀请中，可用名片代替请柬（如朋友小聚），并写明时间、地点和内容。

（五）用于通报和留言

拜访友人时，若被访人是尊长，可在名片的姓名下方写上“求见”、“拜谒”字样，转行顶格起写上对方姓名称谓。若被访者不在家，可留下一张名片，上面写一句“很遗憾，未能一见”、“很遗憾，来访未晤”等，也是很友善的表示。

（六）用于业务宣传

在进行业务往来时，名片是公司的招牌，具有类似广告的作用，可使对方了解你所从事的业务。

（七）用于通知变更

一旦调任、迁居或更换电话号码，送给亲朋好友一张注明上述变动的名片，等于及时而又礼貌地打了招呼。

二、名片的制作

（一）名片的类型

通常使用的名片分为私用名片、商务名片和单位名片三种类型。单位名片的主角是单位，其内容大体是两项：一是本单位的全称及其徽号；二是与本单位联络的方法，包括地址、邮编、电话号码、传真号码等。私用名片、商务名片的主角则是个人。

（二）名片的内容

除单位名片外，通常一枚标准的名片应包括以下三个方面的内容：

① 本人所属的单位、徽号以及自己所在的具体部门；

② 本人的姓名、学位、职务或职称；

③ 与本人联络的方法，包括单位所在的地址、办公电话号码、住宅电话号码和邮政编码等。

此外，还可酌情列出本单位的传真号码、电报挂号以及本人的寻呼机号码和手机号码。私人名片和商务名片一般都不提供本人家庭住址。如确有必要，可在交换名片时当场提供。这样做，往往被视为是向交往对象表明自己的重视与信赖。

（三）名片的规格

名片的规格一般是长 8.5～10 厘米，宽 5.5～6 厘米。名片的印制以横排为佳。名片的质地应是柔软耐磨的白板纸、布纹纸。名片的色彩切忌鲜艳、花哨，讲究淡雅端庄，以白色、黄色、乳白、浅蓝为宜。我国的习惯是把职务用较小号字体印在姓名之后，姓名印在中间；外国人习惯姓名印在中间，职务用较小号字体印在姓名下面。如果同时印中外文时，通常一面印中文，另一面印外文，外文要按国际习惯排列。无论是印制个人名片还是商务名片，上面列的职务都不要太多，列一两个主要职务即可，以免给人以华而不实之感。如有必要，可为自己设计几种单位不同、职衔不同的名片，在公务交往中，该用哪一种，就用哪一种。一般来讲，商务人员名片上一般可以有企业标志、单位所处位置、本企业的标志性建筑、主打产品等，但不印其他图片，特别不主张印照片。

三、名片的交换

交换名片是人们交往中常用的一种介绍方式。正常情况下，名片是一个人身份、地位的象征，也是使用者要求社会认同、获得社会尊重的一种方式，对于商务人员来说，它还是所在组织形象的一个缩影。所以名片交换应重视其礼仪效应，恰到好处地使用名片，显得彬彬有礼，令人肃然起敬。

（一）递送名片

在社交场合，名片是自我介绍的简便方式。交换名片的顺序一般是"先客后主，先低后高"。当与多人交换名片时，应依照职位高低的顺序，或是由近及远，依次进行，切勿跳跃式地进行，以免对方误认为有厚此薄彼之感。如果自己这一方人较多，则让地位较高者先向对方递送名片。递送时应将名片正面面向对方，双手奉上。眼睛应注视对方，大方地说："这是我的名片，请多多关照。"如同外宾交换名片，可先留意对方是用单手还是双手递名片，随后再跟着模仿。因为，欧美人、阿拉伯人和印度人惯用一只手与人交换名片；日本人则喜欢用右手送自己的名片，左手接对方的名片。

名片的递送应在介绍之后，在尚未弄清对方身份时不应急于递送名片，更不要把名片视同传单随便散发。递送名片的先后没有太严格的讲究，一般是地位低的人先向地位高的人递名片，男性先向女性递名片。出于公务和商务活动的需要，女性也可主动向男性递名片。

（二）接受名片

接受他人名片时，应起身或欠身，面带微笑，恭敬地用双手的拇指和食指捏住名片的下方两角，并轻声地说："谢谢！……能得到您的名片十分荣幸！"如对方地位较高或有一定知名度，则可道一句"久仰大名"之类的赞美之词。接过名片后，应十分珍惜，并当着对方的面，用30秒钟以上的时间，仔细把对方的名片看一遍。随后当着对方的面郑重其事地将他的名片放入自己携带的名片盒或名片夹之中，千万不要随意乱放，以防污损。如果接过他人名片后一眼不看，或漫不经心地随手向口袋或手袋里一塞，是对人失敬的表现。倘若一次同许多人交换名片又都是初交，那么最好依照座次来交换，并记好对方的姓名，以防搞错。

（三）索取名片

在公共场合如欲索取他人名片，需要讲究策略和方法，既要确保要到名片，又要争取给对方留下良好的印象。索取名片有以下四种常规方法：

① 交易法。君欲取之，必先予之。即一方主动给对方递上自己的名片，一般而言，对方也会礼貌地给主动的一方递上自己的名片，以示相互间的友好与尊重。

② 激将法。给对方递送名片的同时，礼貌地说："这是我的名片，请多关照。能否有幸与您交换一张名片？"

③ 谦恭法。向对方说："不知以后如何向您请教？"谦恭要讲究对象，一般与比自己位高年长者交往时采用此法。

④ 平等法。跟与自己年龄、职位等相当者交往并想获取对方名片时，可向对方说："不知以后如何与您联系？"

为了查找和使用方便，宜分类收藏他人的名片。对个人名片则可按姓氏笔画分类，也可依据不同的交际关系分类。要留心他人职务、职业、住址、电话等情况的变动，并及时记下有关的变化，以便通过名片掌握每位客户、每个朋友的真实情况。

第五节　电话礼仪

电话是一种常见的通讯、交往工具，接打电话的礼仪是公共关系礼仪的重要内容。接打电话不仅成为一种便捷的通讯手段，而且成为人们日常生活中重要的交际方式。因此，现代通讯礼仪的作用也就逐渐明显。

一、电话礼仪的一般要求

打电话的具体方法，人们一学就会，一点都不困难。困难的是，有一些人对于自己乃至本单位、本部门的电话形象却一无所知，甚至不自觉地对其有所损害，这样会影响个人或单位的电话形象。

所谓电话形象，是指人们在通电话的整个过程之中的语音、声调、内容、表情、态度、时间等的集合。它能够真实地体现出个人的素质、待人接物的态度以及通话者所在单位的整体水平。

正是因为电话形象在现代社会中无处不在，而商务交往又与电话"难解难分"。因此凡是重视维护自身形象的单位，无不对电话的使用给予高度的关注。在国内外，许多单位给刚刚进入商界的人士所上的第一课，通常就是教给他们如何合乎礼仪规范地打电话、接电话，以及如何得体地在公共场合使用各种各样的与电话有关的通讯工具，甚至连打电话、接电话时"开口发言"的第一句话，许多商业单位都有各自统一的规定。由于电话形象在人际交往中发挥着重要的作用。商务人员有必要在使用电话时注意维护自身的电话形象，维护公司的电话形象。为了正确地使用电话，树立良好的"电话形象"，无论是发话人还是受话人，都应遵循接打电话的一般要求。

（一）态度礼貌友善

不管你的另一方是什么人，你在通电话时都要注意态度友善、语调温和、讲究礼貌。不管是在公司还是在家里，从电话里讲话的方式，就可以基本判断出其"教养"水准。

（二）传递信息简洁

由于现代社会中信息量大，人们的时间概念强，因此，商务活动中的电话内容要简洁而准确，忌海阔天空地闲聊和不着边际地交谈。

（三）控制语速语调

由于主叫和受话双方语言上可能存在差异，因此，要控制好自己的语速，以保证通话效果；语调应尽可能平缓，忌过于低沉或高亢。善于运用、控制语气、语调是打电话的一项基本功。要语调温和、音量适中、咬字要清楚、吐字比平时略慢一点。为让对方容易听明白，必要时可以把重要的话重复一遍。

（四）使用礼貌用语

对话双方都应该使用常规礼貌用语，忌出言粗鲁或通话过程中夹带不文明的口头禅。

二、拨打电话的礼仪

（一）选好通话的时间

拨打电话，首先要考虑在什么时间最合适。如果不是特别熟悉或者有特殊情况，一般不要在早上七点以前、晚上十点以后打电话，也不要在用餐时间和午休时打电话，否则，有失礼貌，也影响通话效果。

（二）礼貌的开头语

当对方拿起听筒后，应当有礼貌地称呼对方，亲切地问候"您好"。只询问别人，不报出自己是不礼貌的。如果需要讲的内容较长，可问："现在与您谈话方便吗?"

（三）用声调传达感情

讲话时语言流利、吐字清晰、声调平和，能使人感到悦耳舒适。再加上语速适中、声调清朗、富于感情、热情洋溢，使对方能够感觉到你在对他微笑，这样富于感染力的电话，一定能打动对方，并使其乐于与你对话。

（四）有所准备，简明有序

如果要谈的内容较多，可在纸上列出。尤其是业务电话，内容涉及时间、数量、价格，有所记录是非常必要的。

（五）电话三分钟原则

在正常的情况下，一次打电话的全部时间，应当不超过三分钟。除非有重要问题必须字斟句酌地反复解释、强调，一般在通话时都要有意识地简化内容，尽量简明扼要。通话不超过三分钟的做法又称"打电话的三分钟原则"，它是所有人员都要遵守的一项制度。一般来讲，在打电话时要贯彻三分钟原则，主要的决定权在发话人手里，因为在通话时先拿起、先放下话筒的通常都是发话人。在通话时，切忌没话找话、不谈正题、东拉西扯，更不要在电话里跟别人玩"捉迷藏"，说什么"你猜猜我是谁"、"你知道我在哪儿"、"想知道我在干什么吗"、"不想问一问还有谁跟我在一起吗"等。为了节省通话时间，不但通话时要长话短说，而且在拨电话时，也要少出或不出差错。需要总机接转时，应主动告知分机号码，不要等人家询问。若不知分机号码，则应提供受话人的部门和姓名。若对此不清楚，则最好不要去麻烦话务员。

（六）礼貌的结束语

打完电话，应当有礼貌寒暄几句"再见"、"谢谢"、"祝您成功"等恰当的结束语。

三、接听电话的礼仪

（一）及时、礼貌地接听电话

电话铃响了，要及时去接，不要怠慢，更不可接了电话就说"请稍等"，撂下电话半天不理人家。如果确实很忙，可表示歉意，说："对不起，请过十分钟再打过来，好吗？"

在正式的交往中，接电话时拿起话筒所讲的第一句话，也有一定的要求，常见的有以下三种形式：

① 以问候语加上单位、部门的名称以及个人的姓名。这种形式最为正式，例如，"您好！大地公司销售部刘翔。请讲。"

② 以问候语加上单位、部门的名称，或是问候语加上部门名称。它适用于一般场合，例如："您好！大地公司销售部。请讲。"或者："您好！办公室。请讲。"后一种形式，主要适用于由总机接转的电话。

③ 以问候语直接加上本人姓名。它仅适用于普通的人际交往。例如："您好！余文。请讲。"

需要注意的是，在商务交往中，不允许接电话时以"喂，喂"或者"你找谁呀"作为"见面礼"。特别是不允许一张嘴就毫不客气地查一查对方的"户口"，一个劲儿地问人家"你是谁"或"有什么事儿呀"。

（二）自报家门

自报家门是一个于人方便、自己方便，且节约时间、提高效率的好方式。

（三）认真倾听，积极应答

接电话时应当认真听对方说话，而且不时有所表示，如"是"、"对"、"好"、"请讲"、"不客气"、"我听着呢"、"我明白了"等，或用语气词"唔"、"嗯"、"嗨"等，让对方感到你是在认真听。漫不经心、答非所问，或者一边听一边同身边的人谈话，都是对对方的不尊重。

（四）认真清楚地记录

在电话中传达有关事宜，应重复要点，对于号码、数字、日期、时间等，应再次确认以免出错。随时牢记 5W1H 技巧，所谓 5W1H 是指：When（何时），Who（何人），Where（何地），What（何事），Why（为什么）；How（如何进行）。在工作中这些资料都是十分重要的，对打电话、接电话具有相同的重要性。电话记录既要简洁又要完备，这有赖于5W1H 技巧。

（五）友善对待打错的电话

如果对方打错了电话，应当及时告之，口气要和善，不要讽刺挖苦，更不要表示出恼怒之意。正确处理好打错的电话，有助于提升组织形象。

（六）正确代接电话

替他人接电话时，要询问清楚对方姓名、电话、单位名称，以便在接转电话时为受话人提供便利。在不了解对方的动机、目的是什么时，请不要随便说出指定受话人的行踪和其他个人信息，比如手机号等。

（七）巧问对方姓名

如果对方没有报上自己的姓名，而直接询问上司的去向，应礼貌、客气地询问对方："对不起，您是哪一位？"

（八）礼貌地挂断电话

挂电话一般由上级、长辈先挂，双方职级相当时，一般由主叫方先挂。挂断电话前的礼貌不可忽视，要确定对方已经挂断电话，才能轻轻挂上电话。

四、使工作顺利的电话术

第一，迟到、请假由自己打电话；
第二，外出办事随时与单位联系；
第三，外出办事应告知去处及电话；
第四，延误拜访时间应事先与对方联络；
第五，用传真机传送文件后，以电话联络；
第六，同事家中电话不要轻易告诉别人；
第七，借用他人单位电话应注意，一般借用他人单位电话，一般不要超过十分钟。遇特殊情况，非得长时间接打电话时，应先征求对方的同意和谅解。

五、移动电话礼仪

在现代社会，人们总是风尘仆仆，来去匆匆。近年来，世界各国的移动通讯业务都获得了长足的发展，其中，移动式电话更是独领风骚，成为人们不可缺少的、使用最为频繁的一种通讯工具。因此，礼仪对它们也有一定的规范。

电话礼仪规定：在正式场合，手机的使用者，不可有意识地将自己的手机展示于人。随身携带手机的人，应当将手机置放在不易为人觉察的适当之处。携带个头较小的折叠式手机的人，可以把它放在西装上衣内侧的胸袋里，或是放入公文包内，在穿长袖衬衫与长裤时，也可以把它别在腰带上。

对使用者来说，手机的使用应注意两点：一是不应有意识地炫耀、招摇；二是在使用手机时不可以"骚扰"别人。商务礼仪规定，商务人员在商务交往中，尤其是在庄严而隆重的场合，如会晤、谈判、举行会议、参加仪式、出席宴会或舞会、观看文艺或体育表演等，不允许当众使用手机，以防干扰或影响他人，或破坏当时的气氛。万一需要通话，也要暂时告退，去找一处无人的场所。参加正式活动时，最好不要带手机，既使带也要关机或置于"静音"状态，以防发出"噪声"。如果担心这样做会耽误要事，则可委托他人暂时代管自己的手机。在海外，商务人员在进入会议室、谈判室之前，均应将各自的手机暂时交给专门指定的人员"照看"。这种做法，可供国内的商界人士参考。

第六节 馈赠礼仪

馈赠作为社交活动的重要手段之一，受到古今中外人士的普遍肯定。馈赠作为一种非语言的重要交际方式，是以物的形式出现的，以物表情，礼载于物，起到寄情言意的"无声胜有声"的作用。

一、馈赠原则

得体的馈赠，恰似无声的使者，给交际活动锦上添花，给人们之间的感情和友谊注入新的活力。然而送给谁（Who）、为什么送（Why）、送什么（What）、何时送（When）、在什么场合送（Where）、如何送（How）等却是一个既古老又新奇的问题，因此，我们只有在明确馈赠目的和遵循馈赠基本原则的前提下，在明确弄清以上5W1H的基础上，才能真正发挥馈赠在交际中的重要作用。

（一）馈赠的目的

任何馈赠都是有目的的，或为交结友谊，或为祝颂庆贺，或为酬宾谢客，或为其他。

1. 以交际为目的的馈赠

这是一种为达到交际目的而进行的馈赠，有以下两个特点：

（1）送礼的目的与交际的目的直接一致 无论是个人还是组织机构，在社交中为达到一定目的，针对交往中的关键人物和部门，通过赠送一定礼品，以促使交际目的的实现。

（2）礼品的内容与送礼者的形象一致 礼品的选择，一个非常重要的原则就是要使礼品能反映送礼者的寓意和思想感情的倾向，并使寓意和思想倾向与送礼者的形象有机地结合起来。

2. 以巩固和维系人际关系为目的的馈赠

这类馈赠，即为人们常说的"人情礼"。在人际交往过程中，无论是个人间的抑或是组织机构间的，必然产生各类关系和各种感情。人与生俱来的社会性，又要求人们必须重视这些关系和感情。因而，围绕着如何巩固和维系人际关系和感情，人们采取了许多办法，其中之一就是馈赠。这类馈赠，强调礼尚往来，以"来而不往非礼也"为基本行为准则。因此，这类馈赠，无论从礼品的种类、价值的轻重、档次的高低、包装的精美、蕴含的情义等方面都呈现多样性和复杂性。这在民间交际中尤其具有重要的特殊作用。

3. 以酬谢为目的的馈赠

这类馈赠是为答谢他人的帮助而进行的，所以在礼品的选择上十分强调其物质价值。礼品的贵贱厚薄，首先取决于他人帮助的性质。帮助的性质分为物质的和精神的两类。一般来说，物质的帮助往往是有形的、能估量的，而精神的帮助则是无形的、难以估量的，然而其作用又是相当大的。其次取决于帮助的目的。是慷慨无私、另有所图，还是公私兼顾。只有那种真正无私的帮助，才是值得真心酬谢的；最后取决于帮助的时机。一般情况下，危难之中见真情。因此，得到帮助的时机是日后酬谢他人的最重要的衡量标准。

4. 以公关为目的的馈赠

这种馈赠，表面上看来不求回报，而实质上其索取的回报往往更深地隐藏在其后的交往中，或是金钱，或是权势，或是其他功利，是一种为达到某种目的而用礼品的形式进行的活动。多发生在对经济、政治利益的追求和其他利益的追逐活动中。

（二）馈赠的基本原则

馈赠作为社交活动的重要手段之一，为古今中外人士普遍肯定。大凡送礼之人，都希望自己所送礼品能寄托和表达对受礼者的敬意和祝贺，并使交往锦上添花。然而，有时所赠礼品非但达不到这种目的，反而会事与愿违造成不良后果，"赔了夫人又折兵"。因此，认真研究和把握馈赠的基本原则，是馈赠活动得以顺利进行的重要前提条件。

1. 轻重原则——轻重得当，以轻礼寓重情

通常情况下，礼品的贵贱厚薄，往往是衡量交往人的诚意和情感浓烈程度的重要标志。然而，礼品的贵贱厚薄与其物质的价值含量并不总成正比。因为礼物是言情寄意表礼的，它仅仅是人们情感的寄托物，人情无价而物有价，有价的物只能寓情于其身，而无法等同于情。也就是说，就礼品的价值含量而言，礼品既有其物质的价值含量，也有其精神的价值含量。"千里送鹅毛"的故事，在我国妇孺皆知，是礼轻情意重的楷模和学习典范。"折柳相送"也常为文人津津乐道，因为柳的寓意有三：一为表示挽"留"；二为柳枝在风中飘动的样子如人惜别的心绪；三为祝愿友人如柳能随遇而安。在这里，如果仅就这些礼物本身的物质价值而言，的确是很轻的，对于受礼人来说甚至是微乎其微的，然而它所寄寓的情意则是浓重的。我们提倡"君子之交淡如水"，提倡"礼轻情意重"。但是，当我们因种种原因陷入"人情债务链"时，则不妨既要注意以轻礼寓重情，又要入乡随俗地根据馈赠目的和自己的经济实力，择定不同轻重的礼物。对于那些人情礼轻重的把握尺度，目前国内常以个人收入的三分之一为最上限，下限则酌情而定。总之，除非是有特殊目的的馈赠，其他馈赠礼物的贵贱厚薄都应以对方能愉快接受为尺度。

2. 时机原则——选时择机，时不我待

就馈赠的时机而言，及时适宜是最重要的。中国人很讲究"雨中送伞"、"雪中送炭"，即十分注重送礼的时效性，因为只有在最需要时得到的才是最珍贵的，才是最难忘的。因此，要注意把握好馈赠的时机，包括时间的选择和机会的择定。一般来说，时间贵在及时，超前滞后都达不到馈赠的目的；机会贵在事由和情感及其他需要的程度，"门可罗雀"时和"门庭若市"时，人们对馈赠的感受会有天壤之别。所以，对于处境困难者的馈赠，其所表达的情感就更显真挚和高尚。有一篇《影星与狗》的文章，记载了这样一件感人的事：

国际著名影星奥黛丽·赫本十分爱狗。多年来一直饲养着一只叫杰西的长耳罗塞尔种的小猎犬。白天，杰西那无忧无虑和温柔的品性，令赫本感到平和亲情，夜晚杰西暖融融地依偎在赫本的脚旁，伴她入睡。然而，有一天，杰西误吃了毒药，很快就死了，赫本爱犬心切，竟无法控制自己，一连数日，终因悲伤过度而一病不起。这时，她的朋友克里斯多夫·格里文森托人给她送来了又一只长耳罗塞尔狗，它叫彭妮，小巧玲珑，毛色白亮，十分可爱。彭妮给了赫本无限的慰藉，赫本说："彭妮不仅使我恢复了健康，也赐给我无限的幸福，它真是来自天堂的宝贝。"

3. 效用性原则

同一切物品一样，当以礼物的形式出现时，礼物本身也就具有了价值和实用价值。就礼品本身的实用价值而言，人们经济状况不同、文化程度不同、追求不同，对于礼品的实用性要求也就不同。一般来说，物质生活水平的高低，决定了人们精神追求的不同。在物质生活较为贫寒时，人们多倾向选择实用性的礼品，如食品、水果、衣料、现金等；在生活水平较高时，人们则倾向于选择艺术欣赏价值较高、趣味性较强和具有思想性、纪念性的物品为礼品。因此，应视受礼者的物质生活水平，有针对性地选择礼品。美国作家欧·亨利在其著名的小说《麦琪的礼物》里讲了这样一个故事：

一位妻子十分想在圣诞节来临时送给丈夫一份礼物，她盼望能买得起一条表链，以匹配丈夫祖上留下的一只表。因为没有钱，于是她把自己秀丽的长发剪下来卖了。圣诞之夜，妻子对丈夫献上了自己的礼物——一条精美的表链。丈夫也在惊愕之中拿出了他献给妻子的礼物，竟是一枚精致的发卡。原来，丈夫为给妻子买礼物把自己的表卖了。这时，他们紧紧地拥抱在一起，彼此的爱成为这圣诞之夜惟一的却是最珍贵的礼物。

这对夫妻献给对方的礼物，在此时似乎已毫无效用，然而并非如此，它们不仅升华了他们之间的爱，使他们得到了最大的精神满足，而且更激发了他们战胜生活困难、追求幸福生活的决心和意志。有这样的情和爱，世上还有不可克服的困难和不可逾越的生活难关吗？

4. 投好避忌原则

就礼品本身所引发的直接后果而言，由于民族、生活习惯、生活经历、宗教信仰以及性格、爱好的不同，不同的人对同一礼品的态度是不同的，或喜爱或忌讳或厌恶等。因此，我们要把握住投其所好、避其禁忌的原则，在这里尤其强调要避其禁忌。禁忌是一种不系统的、非理性的、作用极大的心理和精神倾向，对人的活动影响强烈。当自己的禁忌被冒犯时，无论是有意的还是无意的，心中的不快、不满，甚至愤恨是不言而喻的。当我们冒犯了别人对，就会引起纠纷，甚至冲突。所以，馈赠前一定要了解受礼者的喜好，尤其是禁忌。例如，中国人普遍有"好事成双"的说法，因而凡是大贺大喜之事，所送之礼，均好双忌单，但广东人则忌讳"4"这个偶数，因为在广东话中，"4"听起来就像是"死"，是不吉利的。再如，白色虽有纯洁无瑕之意，但中国人比较忌讳，因为在中国，白色常是悲哀之色和贫穷之色；同样，黑色也被视为不吉利，是凶灾之色、哀丧之色；而红色，则是喜庆、祥和、欢庆的象征，受到人们的普遍喜爱。此外，中国人还常常讲究给老人不能送"钟"，给夫妻或情人不能送"梨"，因为"送钟"与"送终"、"梨"与"离"谐音，是不吉利的。这类禁忌，还有许多需要我们去遵循，这里就不一一列举了。

二、馈赠礼仪

要使交往对象愉快地接受馈赠，并不是件容易的事情。因为即便是你在馈赠原则指导之下选择了礼品，如果不讲究赠礼的艺术和礼仪，也很难使馈赠成为社会交往的有效手段，甚至会适得其反。那么，馈赠时应注意哪些艺术和礼仪呢？

（一）注意礼品的包装

精美的包装不仅使礼品的外观更具艺术性和高雅的情调，并显现出赠礼人的文化和艺术品位，而且还可以使礼品产生和保持一种神秘感，既有利于交往，又能引起受礼人的兴趣和探究心理及好奇心理，从而令双方愉快。好的礼品若不讲究包装，不仅会使礼品逊色，使其内在价值大打折扣，使人产生"人参变萝卜"的缺憾感，而且还易使受礼人轻视礼品的内在价值，而无谓地折损了由礼品所寄托的情谊。

（二）注意赠礼的场合

赠礼场合的选择，是十分重要的，尤其那些出于酬谢、应酬或有特殊目的的馈赠，更应注意赠礼场合的选择。通常情况下，当众只给一群人中的某一个人赠礼是不合适的，因为那会使受礼人有受贿和受愚弄之感，而且会使没有受礼的人有受冷落和受轻视之感。给关系密切的人送礼也不宜在公开场合进行，只有礼轻情重的特殊礼物才适宜在大庭广众面前赠送。既然关系密切，送礼的场合就应避开公众而在私下进行，以免给公众留下你们关系密切完全是靠物质的东西支撑的感觉。只有那些能表达特殊情感的特殊礼品，方才在公众面前赠予，因为这时公众已变成你们真挚友情的见证人。如一本特别的书、一份特别的纪念品等。最好当着受礼人的面赠礼。赠礼是为巩固和维持双方的关系，也必须是有针对对象的。因此，赠礼时应当着受礼人的面，以便于观察受礼人对礼品的感受，并适时解答和说明礼品的功能、特性等，还可有意识地向受礼人传递你选择礼品时独具匠心的考虑，从而激发受礼人对你一片真情的感激和喜悦之情。

（三）注意赠礼时的态度、动作和言语表达

只有那种平和友善的态度和落落大方的动作并伴有礼节性的语言表达，才是令赠受礼双方均能接受的。那种做贼似地悄悄将礼品置于桌下或房中某个角落的做法，不仅达不到馈赠的目的，甚至会适得其反。

（四）注意赠礼的具体时间

一般来说，应在相见或道别时赠送礼物。但在涉外交往中要注意，与有些国家的人初次见面是不宜赠礼的，或一见面就奉上自己的礼品也是很不礼貌的，甚至会使交往难以为继。

三、受礼礼仪

（一）收礼致谢

受礼者应在赞美和夸奖声中收下礼品，并表示感谢。一般应赞美礼品的精致、优雅或实用，夸奖赠礼者的周到和细致，并伴有感谢之词（按中国传统习惯，是伴有谦恭态度的感谢之词）。譬如，"太漂亮了，我正准备买一个呢！谢谢您！"

（二）当面拆封

视具体情况或拆看或只看外包装，还可伴有请赠礼人介绍礼品功能、特性、使用方法等的邀请，以示对礼品的喜爱。

（三）拒礼有方

只要不是贿赂性礼品，一般最好不要拒收，那会很驳赠礼人面子的，从而影响到双方的正常交往，可以考虑寻找机会回赠。如果对方所赠礼品超出正常交往范围，或过于贵重，或有悖习俗，应找一个合适的理由，礼貌地拒绝对方。

四、礼品的选择

因人因事因地施礼，是社交礼仪的规范之一，对于礼品的选择，也应符合这一规范要求。

（一）礼品选择要则

礼品的选择，要针对不同的受礼对象区别对待。一般来说：

（1）对家贫者，以实惠为佳。

（2）对富裕者，以精巧为佳。

（3）对恋人、爱人、情人，以纪念性为佳。

（4）对朋友，以趣味性为佳。

（5）对老人，以实用性为佳。

（6）对孩子，以启智、新颖性为佳。

（7）对外宾，以特色为佳。

（二）对外宾赠礼"五不送"

（1）不送触及外宾习俗的礼品。

（2）不送过于昂贵或过于廉价的物品。

（3）不送印有广告的物品。

（4）不送药品与补品。

（5）不送使异性产生误会的物品。

五、国际交往中的馈赠常识

世界各国，由于文化上的差异以及不同历史、民族、社会、宗教的影响，在馈赠问题上的观念、喜好和禁忌有所不同。只有把握好这些特点，在交往活动中馈赠才能发挥其应有的作用。

（一）亚洲国家的馈赠

亚洲国家虽然因社会的、民族的、宗教的情况有很大不同，但却在馈赠方面有很多相似之处。

① 形式重于内容。对亚洲国家人士的馈赠，名牌商品或具有民族特色的手工艺品是上好的礼品。至于礼品的实用性，则屈居知识性和艺术性之后，尤其是日本人和阿拉伯人，非常重视礼品的牌子和外在形式。对日本人而言，越是形式美观而又无实际用途的礼品，越受欢迎，因为日本人有送礼的癖好，送他这样的礼品，他好再转送他人。

② 崇尚礼尚往来，而且更愿意以自己的慷慨大方表示对他人的恭敬。在亚洲，无论何地，人们都认为来而不往是有失尊严的，这涉及自身形象。因此，一般人都倾向于先送礼品

予他人。而且，收到礼品，在回礼时则常在礼品的内在价值、外在包装上更下工夫，以呈现自己的慷慨和对他人的恭敬。

③ 讲究馈赠对象的具体指向性。选择和馈赠礼品时十分注意馈赠对象的具体指向性，这是亚洲人的特点。一般来说，送给老人和孩子礼品常常是令人高兴的，无论送什么，人们都乐于接受。但若是送他人妻子礼品，则需考虑交往双方的关系及对方的忌讳。如阿拉伯人最忌讳对其妻子赠送礼品，这被认为是对其隐私的侵犯和对其人格的侮辱。

④ 忌讳颇多。不同国家对礼品数字、颜色、图案等有诸多忌讳，如日本、朝鲜等对"4"字有忌，把"4"视为预示厄运的数字；而对 9、7、5、3 等奇数和 108 等数颇为青睐，对"9"及"9"的倍数尤其偏爱（但日本人不喜欢 9）。阿拉伯人忌讳动物图案，特别是猪等图案的物品，而日本人则忌讳狐狸和獾等图案。

（二）西方国家的馈赠

西方国家与东方国家不同，在礼品的选择喜好等方面没有太多讲究，其礼品多姿多彩。

① 实用的内容加漂亮的形式。西方人赠送礼品更倾向于实用，一束鲜花、一瓶好酒、一盒巧克力、一块手表，甚至一同游览、参观等，都是上佳的礼品。当然，如果再讲究礼品的牌子和包装，效果更佳。

② 赠受双方喜欢共享礼品带来的欢快。西方人馈赠时，受赠人常常当着赠礼人的面打开包装并表赞美后，邀赠礼人一同享受或欣赏礼品。

③ 讲究赠礼的时机。一般情况下，西方人赠礼常在社交活动即将结束时，即在社交已有成果时方才赠礼，以避免受贿之嫌。

④ 忌讳较少。除忌讳"13"和"星期五"这两个灾难数和对一些特殊场合（如葬礼）礼品的种类颜色等有一定讲究外，大多数西方国家在礼品上的忌讳是较少的。

（三）国际交往中馈赠

由于各国文化的差异，社会、宗教的影响和忌讳，送礼成了一种复杂的礼仪。如果运用得当，送礼能巩固双方之间的业务关系；运用不当则会有碍于业务联系。选择适当的礼物、赠送礼物的时机以及让收礼人作出适当的反应，都是送礼时要注意的关键问题。

1. 亚洲国家

日本：日本人有送礼的癖好，因此给日本人送礼，往往采取这样的做法，即送对其本人毫无用途的物品以便收礼的人可以再转送给别人。日本人对装饰着狐狸和獾的图案的东西甚为反感。狐狸是贪婪的象征，獾则代表狡诈。到日本人家里作客，携带的菊花只能有 15 片花瓣，因为只有皇室徽章上才有 16 瓣的菊花。此外，选择礼物时，要选购"名牌"礼物，日本人认为礼品的包装同礼品本身一样重要，因此要让懂行的人把礼物包装好。

韩国：韩国的商人对初次来访的客人常常会送当地出产的手工艺品，要等客人先拿出礼物来，然后再回赠他们本国产的礼品。

阿拉伯国家：切勿把用旧的物品赠送他人；不能把酒作为礼品；要送在办公室里可以用得上的东西。盯住阿拉伯主人的某件物品看个不停是很失礼的举动，因为这位阿拉伯人一定会认为你喜欢它，并一定会要你收下这件东西。阿拉伯商人一般都是赠送给他人贵重礼物，同时也希望收到同样贵重的回礼。因为阿拉伯人认为来而不往是有失尊严的问题，不让他们表示自己的慷慨大方是不恭的，也会危害到双方的关系。他们喜欢丰富多彩的礼物，喜欢"名牌"货，而不喜欢不起眼的古董；喜欢知识性和艺术性的礼品，不喜欢纯实用性的东西。

他们忌讳烈性酒和带有动物图案的礼品（因为这些动物可能代表着不吉祥）。送礼物给阿拉伯人的妻子被认为是对其隐私的侵犯，然而送给孩子则总是受欢迎的。

2. 欧美国家

欧洲国家一般只有在双方关系确立后才互赠礼物。赠送礼物通常是此次交往即将结束时才进行，同时表达的方式要恰如其分。高级巧克力、一瓶特别好的葡萄酒在欧洲也都是很好的礼物。登门拜访前则应送去鲜花（花要提前一天送去，以便主人把花布置好），而且要送单数的花，同时附上一张手写的名片，不要用商业名片。

英国：在这里应尽量避免感情的外露。因此，应送较轻的礼品，由于花费不多就不会被误认为是一种贿赂。合宜的送礼时机应定在晚上，请人在上等饭馆用完晚餐或在剧院看完戏之后。英国人也像其他大多数欧洲人一样喜欢高级巧克力、名酒和鲜花。对于饰有客人所属公司标记的礼品，他们大多数并不欣赏，除非主人对这种礼品事前有周密的考虑。

法国：初次结识一个法国人时就送礼是很不恰当的，应该等到下次相逢时再送。礼品应该表达出对他的智慧的赞美，但不要显得过于亲密。法国人很浪漫，喜欢知识性、艺术性的礼物，如画片、艺术相册或小工艺品等。应邀到法国人家里用餐时，应带上几支不加捆扎的鲜花。但菊花是不能随便赠送的，在法国只有在葬礼上才用菊花。

德国："礼貌是至关重要的"，故赠送礼品的适当与否要悉心注意，包装更要尽善尽美。玫瑰是为情人准备的，绝不能送给主顾。德国人喜欢应邀郊游，但主人在出发前必须做好细致周密的安排。

美国：美国人很讲究实用，故一瓶上好葡萄酒或烈性酒、一件高雅的名牌礼物、一起在城里共度良宵，都是合适的。与其他欧洲国家一样，给美国人送礼应在此次交往结束时进行。

3. 拉丁美洲国家

黑和紫是忌讳的颜色，这两种颜色使人联想到四句斋。刀剑应排除在礼品之外，因为它们暗示友情的完结。手帕也不能作为礼品，因为它与眼泪是联系在一起的。可送些小型家用电器，例如一只小小的烤面包炉。在拉美国家，征税很高的物品极受欢迎，只要不是奢侈品。

第七节　拜访与接待礼仪

拜访、待客是最常见的社交活动，掌握其中的礼仪规范，能够融洽感情。增进了解，提高交往的效果。

一、拜访

中国人素来重人情，走亲访友是人们维系感情的必不可少的方式。要想做一个受欢迎的客人，应注意以下几点。

（一）拜访准备

1. 事先预约，守时守约

拜访最好选对象需要之时，尤其是有情感需求时。如红白之事、特殊纪念日、生病之时。

拜访要做到有约在先。不约而至，是对主人的不尊重，常常会令人难堪，使人不快。预约的方式很多，电话是最常用、方便的预约方式，也可写信。若是初次公务拜访，最好带上介绍信。约定拜访时间和地点，应客随主便。若是家中拜访，不要约在吃饭和休息时间，最好安排在节假日下午和晚上；若是办公场所拜访，一般不要约在上班后半小时和下班前半小时内；若去异性朋友处做客，尤其要注意时间安排，以对方方便的时间为宜。约好时间、地点后，就不可轻易变动。因特殊原因不能如期赴约，务必尽快打电话通知对方，说明情况并诚恳致歉，待见面时，应再次致歉。拜访时应准时到达，提早和推迟都不宜。考虑到交通拥挤或其他影响因素，可约定一个较为灵活的拜访时间，如"我在七点半到八点之间到达"，以免自己给人留下不守时、不守信的印象。

2. 悉心准备，以示尊重

为了以示对主人的尊重，在拜访之前应做好相应的准备和安排。尤其是一些重要的拜访，事先应考虑需要商量哪些事宜、如何与对方交谈、是否与他人一块前往、是否需要准备资料或名片等。出发前要修饰好自己的仪表，服饰要整洁、得体大方；还要检查一下你该带的资料、礼物之类的东西。准备充分了，就会有好的拜访效果。

（二）上门做客，礼不可疏

1. 进门有礼，不可冒失

无论到他人家中或办公场所拜访，都不可破门而入。有门铃的首先按门铃，时间两秒左右即可，若间隔十几秒未见反应，可按第2~3次，切忌长时间连续不断按铃，吵得主人心烦；没有门铃的，先敲门。敲门时用中指与食指的指关节有节奏地轻叩房门2~3下，不可用整个手掌，更不能用拳头擂或用脚踢。在炎热的夏季，有的人习惯敞开着门，若在这时拜访，也应敲门或告知主人，征得主人应允后方可进门。

进门后随手将门带上。如果带着雨具，应放在门口或主人指定的地方，应避免把水滴在房间。在寒冷的冬季，进入主人家后，应在主人示意下脱下外套，摘下帽子、手套等随身带的物品，一起放在主人指定的地方。如果主人没有示意，则表示无意让你进屋，这时不可急匆匆地脱下衣帽。需要脱鞋时，应将鞋脱在门外，穿拖鞋后进屋。若无须脱鞋，则应先将鞋在门外的擦鞋毡上擦净泥土后方可进屋。

2. 言谈有度，举止得体

进屋后随主人在指定的座位坐下。如果主人家中有长辈，应先与主人家长辈打招呼。若有其他客人，也不能视而不见，应礼貌寒暄，但也不要随意攀谈或乱插话。没有得到主人示意不能随意走动，特别是不能随意进入主人卧室，也不要乱动主人家的物品。主人端茶送果食，应欠身致谢，并双手捧接。上门做客最好不抽烟，非抽不可，也要征得主人同意；主人递烟时，可接过并主动为主人点烟。坐姿要端正，不要东倒西歪，不能把整个身体陷在沙发内，也不要双手抱膝，更不要跷二郎腿。若觉疲劳，可变换坐姿，但不能抖动两腿。女士应注意两膝要靠拢。

拜访交谈，要做到心中有数。适当的寒暄后，应尽快切入主题，不要东拉西扯，浪费时间，更不可过多询问主人家的生活和家庭情况。交谈时，要尊重主人，不可反客为主，口若悬河，喋喋不休。忽视交谈对象的反应，是谈话技巧之大忌，也是失礼的表现。

3. 善解人意，适时告辞

拜访交谈时要注意掌握时间，要知道客走主人安的道理。一般拜访不要超过一个小时，初次拜访不要超过二十分钟。如果主人心神不定，不停地看钟、看表或接听电话，面露难色，欲言又止，说明主人已无心留客，这时就应主动提出告辞。即便主人有意挽留，也不要犹豫不决。告辞前要向主人道别，如果带有礼物，可以在进门时交给主人，也可在告辞时请主人收下。出门时，应与主人握手告辞，并说"请留步"，出门后，还应转身行礼再次道别。回到家后最好给主人打个电话，既让主人放心，又表达感谢之意。

二、待客

我国素有热情好客的传统，"有朋自远方来，不亦乐乎？"招待客人应做到热情诚恳，礼貌周全。

（一）准备

1. 准时候客

与客人约好见面的时间后，一定要守约，不要让客人扑空。如果有急事，应与客人取得联系，并告之缘由。

2. 布置整理

首先要尽力设置一个令人愉悦的待客环境，整洁有序是最基本的要求；其次，备好烟、茶、果、点，以让客人感受到主人热情；最后，不要忽视了待客的仪表仪容，着装要整齐得体，女主人还可略施淡妆，这也是对客人的礼貌。穿睡衣待客或衣着不整、蓬头垢面都是一种失礼的表现。若是外地来客，可能还有膳食、住宿等需要，异地他乡，实有不便，应热情相助。

（二）待客

待客最重要的是要热情、周到。

1. 迎接

得知客人将要抵达，可根据具体情况迎接客人。对重要客人或初次来访的客人，应到大门口或下楼迎接；若是外地客，需要时还要到车站、码头、机场迎接。当客人来访，听到敲门声或电铃声，应立即起身开门迎接。客人进门后，主人应接过客人的鞋帽、雨具或示意其放置地点，但不要去接客人的手提包。将客人请入客厅在上座就坐后，自己方可落座。如果此时你正在收听收音机或看电视，应立即把它们关掉，不要一边接待客人一边听收音机或看电视，那样极不礼貌。

2. 介绍

应把家人或在场的其他客人，向来客一一介绍。

3. 敬茶点

按中国人待客的习惯，在客人落座后，应先送上一杯醇香扑鼻的茶水，最好再准备些果点，事先去皮切块，并备好牙签，以便客人食用。

4. 交谈

在与客人交谈中，多把说话的机会留给客人。表情要专注，不要不停地看表，或不停地起身，或一边看电视一边与客人交谈，这些漫不经心的举动等于是在给客人下逐客令，是极不礼貌的。若确有急事，应坦诚地向客人说明，取得客人理解。

（三）送客

送客是待客过程的最后一个环节。当客人要告辞时，主人应盛情挽留，但不可勉强，主随客便。主人应待客人起身后方可起身相送，并在客人伸手后方可伸手与之握别。送客应送至室外，且应目送客人背影消失后，方可回身关门。重要的客人还应送至电梯口、楼下、大门口，甚至车站、码头、机场。

第八节 公共场所礼仪

公共场所礼仪，是指在现代日常的社会生活中，人们出入公共场所频繁出现的、人们相互依从的、逐渐形成的一定的习惯做法与行为规范。

人们在社会交往中，人人都需要有一个友好、祥和的气氛。如果每个人都能够注重公共场所礼仪、讲究规矩，将会使人们的日常生活和社会交往产生巨大的凝聚力。公共场所礼仪可以起到协调人们之间的关系，形成融洽和谐气氛的作用。而标准的礼仪规范，适度的礼仪分寸，则是在日常社会生活中长期形成的。在日常交往中，公共场所礼仪与人们的生活息息相关，是每一个人立于社会所不可缺少的重要礼仪规范，它可以陶冶人们的情操，沟通人们的思想感情，缩短人们之间的距离。

一、行走、进出电梯礼仪

（一）行走礼仪

在日常生活中，上学、放学、假日休息、上街购物总要行走。在公共场所步行时，需自尊自爱，以礼待人。每个人在行走时不但要自觉遵守交通规则，还要遵守一些行路的基本礼仪。

1. 步行

步行要走人行道。无人行道时，应尽量选走路边。在公路上行走时，按惯例应自觉走在右侧。过马路要走人行道、天桥或地下通道，要看红绿灯或听从交通警察的指挥。这样不仅可以保证交通的畅通，使大家能顺利的通过，同时也保证了自身安全。

多人一起步行，尤其是与尊长、异性一起，在较为正式的场合行走时，一定注意位置的具体排列应符合礼仪。多人并排行走，其规则是：两人时，以右为尊，以内侧为尊；并行者多于三人时，以居中者为尊；多人单行行走时，以前为尊。所以，要尽量让尊长者与女性走中间和内侧。

与恋人一起走路时，不应有勾肩搭背、搂搂抱抱等不雅举止，不能表现得过分亲密。因为这种行为极不自重，而且令旁人鄙视。

街头发生冲突时，应劝阻，切莫围观、起哄。对于陌生的异性，不要频频回首顾盼，更不能尾随其后进行骚扰。

保持道路环境卫生是人类健康生活的需要，也是每一个人应当具备的起码公德。不要在道路上随地吐痰，乱抛杂物，更不应乱扔瓜皮果核。要自觉尊重环卫工人的辛勤劳动，养成注意公共卫生的文明美德。

在路上，与老年人相遇，要主动让路；遇到妇女儿童不要拥挤；遇到路人摔倒，要上前扶一扶；看到别人掉了东西，应招呼提醒一下；在人多拥挤的地方，要自觉依次而过；三人以上同行，不要并行，不要嬉戏打闹；碰了别人或踩了别人要及时说声"对不起"，别人碰了自己、踩了自己不必过分计较。走路时遇到了亲朋好友或相熟的人，应主动打招呼，不要视而不见。如交谈较久，应选择路边人少的地方站立，不要站在路中间或人多拥挤的地方，以免妨碍交通。

2. 问路

走路有时难免要问路。问路礼仪是必须讲究的。需要问路时先要选择好询问对象。询问对象一般应找当地人，最好是找交警或交通协管员等社会服务人员。对于正埋头工作或学习的、与人谈兴正浓的、匆匆赶路的人都不适宜去询问。一旦确认询问对象后，就应及时、巧妙地接近对方。最忌讳未接近对方就冲对方高声大叫或召唤对方来到你身边。接近对方的总原则是不要使对方产生任何不适感和威胁感。要做到这一点，接近时就必须采用适当的身体语言和积极的面部表情。比如，对方离你较远时，可用正面的目光与对方接触，并面带微笑走近，对方若正朝你方向走来，可以在一旁稍候。问路时应先热情有礼地向对方打招呼，可根据对方的性别年龄选择适当的称呼，如"老先生"、"老伯伯"、"老妈妈"、"先生"、"同志"、"小姐"、"小朋友"等。打招呼宜采用称呼语加问候语形式，如"同志，您好"等。绝不要用"哎"、"喂"之类不礼貌的呼叫。对对方的回答，要保持积极的反馈。为了使对方轻松地描述线路，在整个过程中，目光都应平视对方，表示期待对方的回答，而不应上下不停地打量对方。当对方说话时，可以用"嗯"、"喔"等发声词伴以点头、微笑。若对方的话你未听懂或未听清时，可等其一句话结束后，请对方加以解释或予以重复。问完之后，勿忘表示感谢，对耽搁了对方的时间表示歉意，做到从始至终举止得体，文明有礼。若对方回答不了你的问题，或者语气有点犹豫，你也一样要表示感谢，不要显出不快甚至责怪的神情和目光，这是不礼貌的。

（二）进出电梯礼仪

进出电梯时首先要注意安全。当电梯关门时，不要扒门，不要强行挤入。如果电梯内的人较多或超载时，可再等一会儿，不要非进去不可。进入电梯后男士要尽量站在靠近门口处，首先保证女士的安全。其次是注意出入顺序。等候电梯时，不要站在电梯门口正前方，以免挡住别人的出路。电梯门开时，应等里面的人出来后才可以进入，即便有急事，也不应争先恐后。

进入电梯后，要看清楚外面确实没有人，才可以开动电梯，否则会显示你的自私与缺乏修养，并且可能因此导致别人发生意外。

遇有残疾人同时搭乘电梯，应给予帮助，让他们先上。上电梯后，为你后面的人按住开门按钮或扶着门。如果有人为你扶门，要说"谢谢"。上电梯后，如果你后下，则站在靠后一点的地方比较合适，先上的人可靠边站在电梯门的两侧，最后上的人站在中间。

与熟人同乘电梯，尤其是与尊长、女士、客人同乘电梯时，应视电梯类别而定：进入有人管理的电梯，应主动后进后出；进入无人管理的电梯时，则应当先进后出，先进是为了控制电梯，后出也是为了控制电梯。如果你快到想要去的楼层时，应跟站在你前面的人说："对不起，我要下了。"再请别人让你过去。在电梯到达你要去的楼层之前打招呼，能节约别人的时间，是考虑周到的做法。

另外，在电梯里尽量不要攀谈，因为这也是公共场所，可能因此会打扰别人。如果碰到熟人，打个招呼就可以了。若有人和你聊天，应使用适中的音量。由于电梯空间狭小，为避免污染空气，在电梯内不要吸烟。电梯内乘客特别拥挤时，仍应与他人保持少许距离，如果在无意中碰撞别人应向对方致歉。再有，在电梯里凝视他人是很不礼貌的。

二、乘车、船、机、地铁礼仪

（一）乘车礼仪

1. 乘坐公共汽车礼仪

乘坐公共汽车必须注意文明，做一个有礼貌的乘客，要注意自觉遵守乘车秩序。在站台候车时依次排好队。车停站时，按顺序上车，不要依仗年轻力壮就争先恐后，乱挤乱撞抢座位。

上车后应主动购票，或出示月票，尤其是无人售票车，更应自觉投币，不能逃票。

我们不但要在车辆正常营运的情况下做到文明乘车，而且在车辆出现异常情况时也要做到这一点。遇上雨天、雾天，特别是下雪天，车辆行驶不正常，常常误点、脱班，而站台上等车的乘客越积越多，这时更要自觉做到文明乘车。不要见来了一辆车就一哄而上，拼命往车厢里挤，以至使人无法下车。也不要挤不上去就吊在车上，这样不仅不安全、不文明，而且对恢复车辆的正常运行也不利，结果只会耽误了自己和全车乘客的时间。

文明乘车，还表现在乘客之间要讲究礼让，相互照顾。自己上了车，应主动往车厢中部移动，以免堵塞车门，妨碍车下的乘客上车。进入车厢不要争抢座位。自己如果有座位，要看一下车里有无年老体弱的乘客、孕妇及怀抱婴儿的乘客。如果有，请给他们让座，当对方表示感谢时，也要以礼相待，说"不用谢"，或者说"不客气"。有的车上设有"老弱病残孕"专座，上车后，不要冲向这些位置。

公共汽车的乘客众多，要时时想到别人。如果自己正在伤风感冒，咳嗽、打喷嚏时要用手帕捂住，防止传染给别人。在车厢里要保持车辆整洁，不要随地吐痰，乱抛果皮。坐着的时候，不要把脚搁在前面人的位置上。如果随身带有湿的或比较脏的东西，如鱼类、蔬菜等，要包好，放在车上不易被别人碰到的地方，以免弄脏其他乘客的衣物。下雨天上车后，雨伞的尖顶部分应朝下，以免戳伤别人；穿雨衣时，上车后应迅速把雨衣脱下来，以免雨水粘湿周围的乘客。切忌把危险物品带上车，危害自己与乘客的生命安全。

在双休日、节假日，或上、下班及客运高峰时间里，车上人多，相互间难免拥挤或踩脚，对此不要计较。不小心踩了别人，应及时道歉，说声"对不起"，被踩的一方也要显示出宽容的态度，不要张口骂人，要有涵养。如果被别人碰了一下，则要谅解他人，不要出言不逊。车辆到站，应该等车子停稳后，有秩序地快速下车。对行动不便的老人，或者身带许多行李的乘客，应该主动扶助，不能漠然视之。

此外，夏天乘车时，不应穿背心、三角裤和拖鞋，这样显得不庄重、不文明。下车后不要从车前或车后突然走出或猛跑过马路。

2. 乘坐轿车礼仪

乘坐轿车时，应当注意的礼仪问题主要为座次的尊卑。

有专职司机驾驶轿车时，以后排右侧为首位，左侧次之，中间座位再次之，前座右侧殿后。

由主人亲自驾驶轿车时，一般前排座为上，后排座为下；以右为尊，以左为卑。主人亲自驾车，乘客只有一人，应坐在主人旁边。由先生驾驶自己的轿车时，其夫人一般应坐在副驾驶座上。同行者中，如有女性或年长者，无论其地位尊卑，均应安排在副驾驶座后面座位。女性乘客，除非她自愿，一般不宜安排在前排位就座，也不应安排后排中间位就座，否则是极大的失礼。

在正式场合乘坐轿车时，应引导尊长、女士、来宾坐上座。但是，更重要的是要尊重嘉宾本人的意愿和选择。嘉宾坐在哪里，哪里就是上座。即便嘉宾不明白座次，坐错了位置，也不要纠正。

与别人一同坐轿车时，应将轿车视为公共场所，有必要对个人的行为举止进行规范。

上下轿车时，要井然有序，相互礼让。不要推推搡搡，拉拉扯扯，尤其是不要争抢座位，更不要为自己的同行之人抢占座位。

动作要雅观，不要对异性表示过分亲昵，更不要东倒西歪靠在别人身上。穿短裙的女士上车时，应双腿并拢，背对车座坐下后，再收入双腿；下车时正面面对车门，双脚着地后，再移身车外。不要在车上脱鞋、脱袜、换衣服，或是用脚蹬踩座位。

要讲究卫生，不要在车上吸烟，或是连吃带喝，随手乱扔。不要往车外丢东西、吐痰或擤鼻涕。

要注意安全，不要将手或腿、脚伸出车窗之外，不要与驾驶者交谈，以防其走神。不要让驾驶者听移动电话或看书刊。协助尊长、女士、来宾上车时，可为之开门、关门、护顶。在开、关车门时，不要弄出声响，或用力过大，以免夹伤人。在护顶时，应一手拉开车门，一手挡住车门门框上端，以防止其碰头。自己上下车、开关门时，要先看看前后，切勿疏忽大意，伤及他人。

上下轿车的先后顺序也有礼可循，当主人驾驶轿车时，如有可能，均应后上车，先下车，以便照顾客人上下车；由专职司机驾驶的轿车时，坐于前排者大都应后上车，先下车，以便照顾坐于后排者。

(二) 乘坐火车礼仪

乘坐火车，应预先购票，持票上车。人多时不要拥挤，更不要从车窗上车，或是从车厢下穿行。按规定携带物品，当工作人员检查行李时，应主动予以配合。

上火车后，应按指定座位就座。身边有空位时，则应主动请无位者就座，不要占座或对他人的询问不理不睬。发现有老人、孩子、病人、孕妇或残疾人无座时，应尽量挤出地方请其就座。

火车上座位的尊卑是：靠窗为上，靠边为下；靠右为尊，靠左为卑。面向前方为上，背向前方为下。

在火车上，应当注意以下礼仪：

① 着装文明。在卧铺车厢不可脱衣休息。不可打赤膊，下装也不可太短小。不可当众更换衣服，或袒露胸怀，撩衣撩裙。

② 姿势优雅。在坐席车上休息，不可东倒西歪，卧倒于坐席上、坐席下、茶几上、行李架上或过道上。不可靠在他人身上，或把脚跷到对面的坐席之上。在卧铺车上休息，不可与恋人、配偶共享一张铺位。不可注视他人的睡相和睡前准备。

③ 交谈适度。在火车上与他人交谈时，要注意分寸，不要神吹乱侃。当他人兴致不高或准备休息时，应话到为止。有人跟你交谈，不要置之不理，与异性交谈，不要涉及个人情况。

④ 注意卫生。在公用茶几上，不要过多堆放自己的食物。吃剩的东西不要扔到过道上或投出窗外。

下车时，大家要彼此关心，相互照顾。别人拿不动行李，应援之以手。他人帮助了自己，要多加感谢。遇上乘务员，应主动说一声"再见"。

（三）乘坐地铁礼仪

地铁是大中城市内现代化的交通设施，它一般与火车站、机场、繁华地区相连，十分方便。

乘客可由站厅层的人行扶梯或自动扶梯进入站台层候车。乘自动扶梯时，应紧握扶手、靠右站稳，照顾好儿童和老人，不要多人挤占在同一级扶梯或在扶梯上打闹、奔跑。进入地下要遵守地铁公司站台所发布的一切公告及指示。

到达站厅层后，乘客按指示方向购车票乘坐列车，不要损坏车票，损坏车票和遗失车票都很麻烦，甚至给自己带来损失。爱护并正确使用地铁车站的自动售票机、出入口闸机。

为保证安全，乘客应做到互相礼让，不要拥挤。乘客候车时应站在站台的安全线内，不得超越该线，不要在站台边缘与安全线间行走、坐卧、放置物品。当地铁列车进站时，待列车安全停稳妥、车内乘客下车后，候车乘客方可登车。上下车时，要留意站台与列车间的空隙。当列车关门的提示警铃鸣响时，不要抢上抢下，防止夹伤。上车后不要手扶车门或紧靠车门。

为了安全，千万不要进入地铁铁轨线路。如果有物件掉落在轨道线路上，千万不要跳下站台试图取回，可立即通知车站工作人员帮助处理。

不要误用车厢内的紧急停车手柄，特别是不能随意玩、按车厢内的警报器，以免造成全车混乱。

不要把自己的脚放在座位上或妨碍其他乘客乘车。

（四）乘船礼仪

客船既是一种交通工具，又是一种特殊的公共场所。乘坐客轮时，作为一名现代文明人，应该处处以礼仪规范和公共道德来约束自己，这样才能保持良好的社交形象。

上船时，要按先后次序排队。与长者、女士、孩子一起上船时，应请其走在前面，或者以手相扶。不要硬插到前面的队伍中或乱挤，以免产生危害安全的诸多问题。

在一般情况下，乘船是要对号入座的。国内客轮的舱位，大体上被分为头等舱、一等舱、二等舱、三等舱、四等舱、五等舱等几种。它们大都提前售票，票价各异，对号入座，一人一座或一人一铺。所以，买到有座号、铺号的船票的乘客，要对号入座。若是不对号的散席船票，要听从服务员的安排，前往指定之处休息。

在乘船的自始至终，都要自觉地维护环境卫生，保持环境整洁。

与他人同住一个客舱时，不可吸烟。尤其是与不吸烟者同住时，更不能吸烟。

如果因晕船而发生呕吐，千万不要直接吐在地上，而应当去洗手间进行处理，或是吐在呕吐袋里。万一不小心吐在地上，应立即将其扫扫干净。

下船要提前做好准备工作，与其他乘客要相互礼让，依次而下。与长辈、女士、孩子一起下船时，可以手相扶，或是请其走在自己身后。若不是通过舷梯，而是通过跳板或借助于小船，则切勿充英雄，装好汉，乱蹦乱跳。

（五）乘坐飞机礼仪

在现代生活中，飞机已成为普通的交通工具。乘坐飞机，要了解和掌握乘飞机的礼仪。购买机票，必须出示居民身份证或其他有效证件。提前一段时间去机场，这是乘坐飞机的基本要求。民航规定：旅客必须在机票上列明的航班规定离港前九十分钟到达指定机场，办理登机手续。在航班规定离港前三十分钟，登机手续停止办理。

乘飞机的行李尽可能轻便些。在国际航班上，对行李的重量有严格限制。一般为 32～64 千克（不同航线有不同的规定）。如果多带行李，则超重的部分按一定的比价收钱。国内航班的行李如果不超过两件，则对重量没有限制。

上下飞机时，均有空中小姐站立在机舱门口迎送乘客。她们会向每一位通过舱门的乘客热情地问候。此时，作为乘客应有礼貌地点头致意或问好。默默无语、毫无表示都是失礼的。

飞机座位主要分为两个主要等级，也就是有头等舱和经济舱。经济舱的座位设在靠中间到机尾的地方，占机身的四分之三空间或更多一些，座位安排较紧；头等舱的座位设在靠机头部分，服务较经济舱好，但票价较高。

登机后，不要在通道停留，以免影响他人通行。要根据飞机上座位的标号按秩序对号入座。

乘务员通常给旅客示范表演如何使用降落伞和氧气面具等，以防意外。飞机起飞或降落时要系好安全带。在飞机上要遵守"请勿吸烟"的信号，同时禁止使用移动电话、收音机、手提电脑和游戏机等。

在机舱内，乘客可看书看报或与邻座交谈，谈话声音不要过高，更不可大声喧哗。飞机上的座椅可调整，但应考虑前后座的人，不要突然放下座椅靠背，或突然推回原位，或跷起二郎腿摇摆颤动，这些做法都会引起他人的反感。

飞行中，空中小姐会为乘客提供服务，不时地送上饮料、食物、报刊等。对空中小姐的热情周到服务要表示感谢，并要认真听从她们的各项建议。在飞行期间，要按空中小姐的指点，系好安全带，收起小板桌等。空中小姐们年轻、漂亮、亲切、大方，这是她们的职业特点。对她们讲话要文明，不要缠住她们聊个没完，没有特别的需要，不要乱按座位旁边的按钮去呼叫空中小姐。

在飞机上使用盥洗室和卫生间要注意按次序等候，注意保持其清洁。同时不要在供应饮食时到厕所去，因为有餐车放于通道中，其他人无法穿过。如果晕机，可想办法分散注意力，如若呕吐，要吐在清洁袋内。如有问题，可打开头顶上方的呼唤信号，求得乘务员的帮助。停机后，乘客要带好随身携带的物品，按次序下飞机，不要抢先出门。在下飞机时，空中小姐会对每位旅客都道声"请走好"、"再见"之类的礼貌语，此时，旅客应对空中小姐的热情服务表示感谢。

三、吸烟礼仪

在国外，在公共场合吸烟是最容易招惹是非的一件"琐碎小事"。现在，有许多国家是明令禁止在商店、机场、博物馆、教室及出租汽车内吸烟的。由于专家们不断提出忠告，有许多人相信吸烟有碍身体健康，特别是被动吸烟危害更大。所以，与外国人打交道时，既不要让烟，也不要我行我素。最要紧的是明白：吸烟并不纯粹是个人的私事，它也与周围的人有关。

懂礼貌的人在吸烟之前总是先看看自己所处的场所能不能吸烟。如果在车厢、休息厅、剧院或者其他什么场所挂着"请勿吸烟"的小牌子，那么无论是公开地还是偷偷地吸烟，都是不允许的。咖啡馆和餐馆虽不禁止吸烟，但懂礼貌的人在吸烟之前先征得同桌的人的同意。一般情况下，若未得到应允或默认，在结束用餐之前是绝对不可抽烟的。

在别人家里用餐，吸烟的人一定要征得主人的同意才能在餐桌上吸烟。当主人不在餐桌上放置烟灰缸，就是告示吸烟者在餐桌上吸烟是不受欢迎的。在宴会上，你想吸烟，只能在吃过了饭菜开始喝咖啡之后。

不要在桌上顿烟头，烟灰要弹在烟灰缸里。丢烟头时要熄灭，不让其在烟缸中继续冒烟。同样不好的态度就是根本不注意你手中的香烟的烟是否正吹到某位可能不吸烟的人的脸上去。

吸烟的人，不论男女，都应该自己带烟和火。如果别人没有请你抽烟，而你自己也要遵守这样一条规矩：在抽烟之前，应先敬左右。当你敬烟时，要把整包递过去，等别人取出烟后就用打火机或火柴为其点燃，然后自己再取烟点火，而且，每次点烟不要超过两人。不要只从口袋中掏出一支，还问别人抽不抽。擦火柴时，不要朝着别人，也最好不要耍花式，那样未免有点轻佻。

现在越来越多的调查证明吸烟有碍健康，所以戒烟或禁烟之风在许多国家越刮越猛。不言而喻，相互握手时决不能嘴叼着香烟，同一位女士谈话叼着香烟也是无礼的。这不是潇洒，而是傲慢。在同别人谈话或在街上行礼时，都要取下烟卷或烟斗。你应该留心自己的所作所为，只要听到有人咳嗽或有人因烟味而感到不舒服时，都该有礼貌地问一声："是不是我的烟熏了你？"只要对方有这样的暗示，就应该即刻把烟熄掉。

特别值得提醒的是：作为一名在校就读的青少年学生，无论是在校内还是在校外吸烟，都是违反学生守则的行为。

四、购物礼仪

到商店购买物品，如何做一个有礼貌的顾客，也能反映出你的礼仪修养。

在挑选商品的过程中，想了解或咨询有关商品的功用和性能等问题，应礼貌招呼服务员。当服务员正在为别的顾客服务时，应在旁稍等片刻。有的商店声音嘈杂，服务员没有听见你的招呼。这时千万不要用手敲击柜台和橱窗，应耐心等待或继续招呼。

在挑选商品的时候，应事先考虑好购买的型号、色彩、样式等。在挑选某些易损、易碎、易污的商品时，应谨慎小心，不要损坏。如果不慎损坏了商品，又没有什么补救的办法，应主动赔偿损失或者把损坏的商品买下来，不要强词夺理不认账。

有时商店里顾客特别多，如双休日、节假日、展销会或出售紧俏商品时，人多必然更拥挤，这时我们应注意礼貌，自觉遵守秩序，排队购物，不要装着不懂规矩，争先恐后，乱挤插队。如果遇到外宾、老弱病残购物者，或有急事的顾客时，应该主动让他们先买。

在付款过程中，收银员有时难免发生一些差错，如输入错误，找错零钱等。作为顾客，我们应给予理解，耐心指出，善意提醒，帮助收银员及时纠正。如果收银员不虚心接受，也不要争吵，可以找相关负责人或商店领导人说明情况，要求解决。如果是收银员在找零钱时，多给了你钱，应主动退还，不要贪小便宜，据为己有。

有时购买了某种商品，由于事先没有考虑周全或其他原因需要调换商品，要耐心到服务台说明原因。当工作人员根据商场规定向你说明，你所购的商品不能调换的时候，不要争论，更不能因为不能调换而大吵大闹。这样，既影响商店的营业秩序，又影响你的个人形象。

购物时，若遇到态度不好的收银员，要耐心说明，也可提出意见，或反映给商店的领导，千万不要以牙还牙，发生争吵。如果是你自己违反了商店规定，或影响了他人，要主动道歉，接受批评。

五、观看演出和比赛礼仪

（一）影剧院礼仪规范

影剧院在每个国家都是社会文化交往的重要场所。去影剧院看电影或演出是人们生活中一种高雅的娱乐活动。人们都不仅仅把这看做是娱乐消遣，而且当做是一种艺术享受。因此，出入这些公共场所更应讲究文明礼貌，共同维护影剧院中典雅、和谐的气氛，体现当代人的素质与礼仪修养。

1. 提前入场

去影剧院看电影、看戏或听歌剧时，应提前入场，尽早就座，以免干扰他人。如果自己的座位在中间，应当有礼貌的向已就座者示意，请其让自己通过。通过让座者时要与之正面相对，切勿让自己的臀部正对着人家的脸，这是很失礼的。女士应走在前面，男士随后。如果是几个男士和几个女士一起进场，首先穿过就座观众的应是男士，接着是女士，最后是男士。坐下后不要将双手占住两边的扶手，因为邻座的人也有权力使用。

2. 保持安静

开演后，应马上停止聊天，全神贯注于舞台或银幕。需要跟身边的朋友说话时，一定要尽量压低声音。即使自己已了解剧情，也不可喋喋不休地向别人宣讲道出结局。除了因剧情有趣引起的笑声外，剧场里需要绝对的安静。手机最好关闭，勿让铃声扰人。如果必须知道来电，建议利用秘书台或其他留言服务。即使将手机设置为震动，也不宜在电影院或者剧院中接听。即使到门外接听，也会因为起身离座走动和发出响声而影响别人。

3. 不吃东西

有些人喜欢边看边吃零食，如糖果、瓜子之类的食物，或在"禁止吸烟"的提示下，大口大口地吐着烟雾。这些行为不仅是不文明的举止，而且污染环境，同样有损自我形象。

4. 举止庄重

如果在演出中遇到故障或特殊情况，应予以谅解，作为观众不要喝倒彩、吹口哨、鼓倒掌，这样不仅失礼，也是缺乏教养的表现。恋人之间不要过分亲昵，行为不雅，不仅污人耳目，还会遭人非议。在观看中，应自觉摘下帽子，以免影响后排观众的视线。坐姿要稳，不要左右晃动，不要把脚伸到前排座位上，也不要脱鞋脱袜，污染空气。不要乱扔杂物，不要随地吐痰，要讲究卫生。

5. 仪表端庄

在国内，观看演出虽说不用穿晚礼服那么夸张，但应穿着比较正式的服装，注意衣着整洁。男士穿西服、系领带，女士穿典雅含蓄的套装为宜。即使天气炎热，也不可袒胸露腹或穿短裤、背心、拖鞋前往，那是很不雅观的。

6. 学会鼓掌

观看演出，要尊重演员的劳动，一个节目终了或全场演出结束，应报以掌声。这既是对演出表示赞许，又是对演员辛勤劳动表示致意慰问。一般来说，为演出所打动，不要在演出过程中叫好或鼓掌。如果你观看的是歌剧，那么通常在一首唱完时鼓掌；在音乐会上，则是在乐队指挥站到乐谱架后时鼓掌。有时候主要演员在演出之前走上舞台时，也应报以掌声。如果你对演奏的乐曲不大熟悉，最好勿为人先，等大家掌声响起之后，再跟着鼓掌，否则会孤掌独鸣，也会分散演员的注意力，有碍其他观众的欣赏，引起别人的反感。

7. 有序离场

观看中，一般不要中途退场，确因特殊情况需退场，应轻声离座，走姿要低，速度要快，以免影响他人，最好在演出间隙时退出。电影或演出结束时，为避免出口处拥挤，可稍坐片刻，退场时应有秩序，不要推搡。男士要为女士开道或让路。

（二）体育场馆礼仪规范

体育场馆既是文化活动场所，又是人际交往场所。人们在这里进行着有意无意的情感交流和社会交往。现在，体育已成为人们生活的一个重要组成部分，越来越受到人们的重视。它反映了时代的文明和进步。在观看体育比赛时，应对各队的运动员表示热情友好，要服从裁判的裁决。

1. 体现公平原则

体育竞争的一条原则就是公平，赛场上应遵循这条原则，看台上也应遵循这条原则。因为人们容易带着情感倾向，特别是在观看有本国、本省市、本地区、本单位的运动员参加的比赛更加明显。往往会出现本地的观众一边倒，成为主队的拉拉队，向客队一方喝倒彩、吹口哨、发怪声或喊出不文明的语言，这些都是严重的失礼。礼仪修养好的观众，必须抹掉感情色彩，对各队的运动员都表示热情友好，只为比赛中的精彩之处鼓掌呐喊，而不管是哪一方的精彩之处。

2. 维护观看秩序

观看比赛时，要自觉维护看台秩序，看到激动时，不要得意忘形，站起身来挥舞手臂，狂呼乱叫，妨碍他人观看。看到不尽如人意之处也不要愤愤不平，怨艾难抑。尽可能不要破坏别人观看的兴致，更不要品头论足、眉飞色舞地向别人介绍评说场上的运动员或裁判员的轶闻和隐私等，这样显得自己太轻浮无知。比赛进行得紧张激烈，对运动员的表演要持鼓励和友好的态度。对运动员竞技水平出现反常、失误现象要给予谅解，不可发出嘘声、怪声或讥笑声。要激励他们发挥出最佳的水平，而不可以失礼行为来影响运动员的情绪。对于竞技水平发挥出色的运动员，可鼓励和赞扬，但不可发展为狂热，应把握分寸，合乎正常的礼仪，不要有过激的行为。

3. 注意场内卫生

体育场馆容纳的人员较多，维护场内公共卫生是每个人的职责，不可随地吐痰，乱丢瓜皮果壳、碎纸片、汽水瓶、饮料罐等。室内体育场馆不许吸烟，不可乱踩座位或翻越栏杆。

4. 有秩序地退场

比赛结束后，应按秩序退场，不要争先恐后，推挤碰撞，潮涌而去。也不要在出场口围堵体育明星和运动员，或拦截他们的车辆。要做一名文明知礼的体育爱好者。

六、沙龙聚会礼仪

沙龙，是法语之中"客厅"或"会客室"一词的音译。

在实际生活中，时下最流行、同时也是对各界人士的实际工作最有影响、最有帮助的，则当属交际沙龙、联谊沙龙和休闲沙龙。其中，交际沙龙与联谊沙龙的区别，主要在于其参加者有所不同，前者一般是老友聚会，后者往往是新朋居多。除此之外，在具体活动内容与活动形式方面，交际沙龙、联谊沙龙和休闲沙龙三者之间大体相似。

（一）交际、联谊性沙龙

交际、联谊性沙龙，主要的目的是使参加者之间保持接触，进行交流。因此，它的具体活动形式可以灵活多样。平日，人们经常有机会参加的座谈会、校友会、同乡会、聚餐会、庆祝会、联欢会、生日派对、节日晚会、家庭舞会等，实际上大都属于交际性沙龙。

1. 举办交际、联谊性沙龙的礼仪

在通常情况下，交际性沙龙的地点、形式、时间、主人和参加者，均应事先议定。它可以由一人发起、提议，也可以由全体参与者群策群力，共同讨论决定。

2. 参加交际、联谊性沙龙基本的礼仪

（1）恪守规定　所谓恪守规定，就是要求人们在参加沙龙时，遵守时间、按时赴约，不得无故迟到、早退或是违约。

参加交际、联谊性沙龙，通常不宜早到。准时到场或迟到5分钟，是比较规范的。万一临时有事难以准点到达，或不能前往，需提前通知主人，并向大家表示歉意。迟到太久了，一定要向主人或大家说声："对不起"。

（2）尊重妇女和长者　人们在包括交际、联谊性沙龙在内的一切场合，都要主动自觉地尊重、照顾、体谅、帮助、保护妇女和长者，并积极地为其排忧解难。

（3）体谅主人　所谓体谅主人，就是要求人们在参加沙龙活动时，应设身处地地多为主人着想，并尽可能地对其进行帮助。至少应该做到不为主人忙中添乱。

参加沙龙之初，不要忘了去问候主人。在沙龙举办期间，可以找机会向主人询问一下"能做些什么？"在沙龙结束时，在向主人道别之后，方可告辞。

在沙龙举办期间，即使有些事情不一定尽如人意，也要保持克制，别说怪话。不要对主人所作的安排，品头论足，说三道四。

在主人家中参加沙龙时，不要自以为与主人交往甚密，便可以不讲公德。比方说，不管主人有无要求，都不可吸烟、随地吐痰或乱扔东西。不允许擅自闯入非活动区域，乱拿或乱动主人的物品。

在非专题型的交际、联谊性沙龙上，即在无讨论主题的交际联谊性沙龙上，自己的表现相对而言要更自由一些。然而，不与任何人交谈，有意显得与众不同，也未必合适。

参加这种沙龙时，同样需要自己主动与他人进行交流。可以主动地与身边的人进行攀谈，可以旁听他人的交谈，也可以加入他人的交谈。在同他人交谈时，应当表现出诚恳虚心。同时，有可能的话，还应扩大一下自己的交际范围。除了与老朋友交谈之外，还应尽量借此良机，去认识更多的新朋友。介入异性的交际圈时，一般不应不邀而至。

参加专题性交际、联谊沙龙，即有既定的中心或主题的交际、联谊沙龙时，既要真实地发表自己的见解与主张，又要宽容大度，善于向他人学习和请教。在旅游界和商贸界，专题性交际沙龙最受欢迎。人们参加它，不仅是为了就某一问题进行座谈、讨论，以期明辨是非，更重要的，是为了集思广益，取长补短，开阔视野，增长知识。

参加专题性交际、联谊沙龙时，应当记住两条规则：一是应当以学习取经为主要目的。参与者应当多记、多听、多向别人请教。有不懂之处，能够提出来由大家争议一番，也称的上是自己的一种贡献。二是应当避免争强好胜。与他人交谈、交流、发言时，应当三思而行，出言谨慎。不要发言时条理不清，言不及义，故弄玄虚，更不要唯我独尊。在发言讨论时，为了取胜而"泄私愤，图报复"，胡搅蛮缠，强词夺理，是会大煞风景的。

（二）休闲沙龙

参加休闲性沙龙，应当以玩为主，具体而言，可轻装上阵地去玩，投入地去玩。

【知识链接】

舞会礼仪

舞会是一种无声的世界语言，是不同国度、不同民族、不同肤色的人进行交流沟通的一种有益工具。在舞会上，人人是演员，又是观众，既充分展示才华，得到心理满足，又可自由地尽情饱览他人优美的舞姿，聆听演奏，陶冶艺术情操。人们愉快的心情和高昂的情绪，是促使人与人之间交际活动走向成功的重要条件。因为舞会除休闲娱乐外，还是培养感情、交流信息的极好场所。

组织舞会，目的在于联谊或招待客人等，它一般是由单位或团体举办。现代城市中文化气氛浓郁且富有的家庭，也经常组织家庭舞会。

单位或团体举办的舞会的显著特色是简单、轻松、方便，在一个会议室或一个食堂的饭厅，有录音带伴奏就可举行。

单位或团体举办的舞会气氛轻松，往来方便。参加舞会的人都是熟人，可以不必特邀舞伴，提前做一番准备；没有主持人，熟人在一起说说笑笑，不需过于拘泥于礼节；乐曲大都是现成的，放什么音乐，大家就跳什么，可以随时进入；可以自由退场，出去一阵再来也未尝不可。

如果是家庭组织的舞会，气氛则更为轻松热烈，时间一般也比通常的舞会长一点，可以尽兴而归。

第九节　交谈礼仪

语言是内心世界的表现，一个人的教养和为人在交谈中会自然流露出来。因此，掌握交谈中的一些基本规则和技巧，是社交场合中拉近宾主间距离的良方。有人认为能言善辩就等于善于交谈，其实，这并不完全正确。善于交谈的关键除了要会说之外，更重要的还要学会听。

一、学会说

1. 动听的声音，柔和的音调

（1）控制声调。不少中国人在说话时不大注意控制音调，尤其当众讲话时声音尖而响。如果在与人交谈时试着把自己的声音降低，会收到意想不到的效果，一个低沉的声音更能吸引人们的注意力并博得信任和尊敬。抑扬顿挫比单调平板使人感兴趣。

（2）口齿清楚。说话时思路要清晰，口齿要清楚，表达要顺畅，说的话要明白易懂。

（3）语速适中。慢条斯理让人着急，没有停顿的机关枪似的快嘴又让人听得吃力。

（4）亲切热情。自然亲切热情是发自内心的，只有心里"热"才有嘴上的"热"。

2. 文明的用语，恰当的表达

（1）选择合适的话题。　一般来说，在陌生人或是不太熟悉的人之间应选择比较简单却又基本上永远适宜的话题。例如天气、环境、新闻等这些话题较安全，不容易引起误会或不快。有人可能会觉得这些话题太陈词滥调了，其实，正是这些简单的话题可能引出非常有意义的，甚至是精彩的谈话。在与熟人、朋友交谈时，几乎所有的话题都可以作为谈资。当然最好是投其所好选择话题。

（2）掌握说的分寸，切忌喋喋不休。谈话是两个或两个以上的人互相交流思想、意见，因此，既不能默不做声，毫无反应，也不能口若悬河，滔滔不绝。一个真正善于交谈的人总是会在适当的时候，把发言权交给他人，譬如"你以为如何"、"你知道还有没有更合适的办法"。

（3）不要厚此薄彼。同时与几个人谈话，不要把注意力集中在一两个人身上，要照顾到在场的每一个人，不要冷落了任何一个人。可以选择大家都感兴趣的话题；可以用眼神与大家交流；可以不时与在场的每个人攀谈。

（4）交谈以对方为取向。在交谈内容的选择上以对方感兴趣的话题或者对方的思想、感受和经历为主要谈话内容。在语言使用上尽量避免讲"我"，多讲"你"，在一般情况下，"我"字可以省略不讲，在无法省略的地方，可以用"我们"代替"我"，而在用"我们"代替可能会引起误解时，则"我"字应讲得又轻又快。在交谈过程中适当称呼对方名字，也会让对方感到自然亲切、受尊重和重视。

（5）要学会赞美他人。我们很多时候似乎不知道怎样去赞美，该赞美什么。可当你仔细留意，就会发现许多事情，比如同事的领带、围巾的花色、小孩的容貌、桌上的摆设等都是你赞美的对象。一旦看到不妨说出来，将使受到赞美的人精神愉快，情绪高涨。要注意赞美要用简洁、明了的语言；语言要平和、朴实，不要过于夸张；不要当着众人的面赞美其中某个人，很可能你会伤害到在场的其他人。

（6）巧用幽默。幽默是一种艺术，更是一种智慧的结晶，可以缓解紧张的气氛。比如，在电影院散场的人流中，一位姑娘不小心踩了一个小伙子一脚，姑娘十分紧张，连忙道歉。小伙子不但没发火，还幽默了一把："没关系，都怪我不好，我的脚自由散漫了点，放错了地方。"大家一笑而过。

3. 自然的表情，文雅的举止

（1）谈话者应保持一定距离。每个人都会下意识地为自己划定一个私人的空间距离，如果他人无意识地闯进自己的私人领域，一般都会感到紧张和不安。因此，交谈时，要注意使双方都处在私人的空间领域之外。私人的空间距离随着双方关系密切程度的不同而不同。原则是：双方关系越密切，私人的空间距离就越小；双方关系越疏远，私人的空间距离就越大。一般来说，私人的空间距离的半径在 50～100 厘米，只有双方关系特别密切才可以在50 厘米以内，而情人或恋人的空间距离可以是 0。

（2）善于利用表情和手势。表情和手势可以使谈话更富有生气，有助于表情达意。但并非所有的表情和手势都会使你的谈话增色，有时会起反效果。恰当的表情和手势应该是：自然大方，任何做作的表情和手势都是让人讨厌的；表情和手势应该适可而止，不可幅度过大，不可太频繁；表情、手势与谈话内容应该一致；注意手势的使用要正确，不同地区和国度，手势的使用是有差别的。

二、学会听

卡耐基曾说过："交往中并没有什么特别成功的秘诀，最重要的就是倾听对方的说话，这比任何阿谀奉承都有效。"

1. 注意力集中

用心去体验对方谈话所体现的情景和思想，这是倾听的基本礼貌。谈话时，兼做其他事情，或是东张西望，或做小动作都是注意力不集中、心不在焉的表现；而打哈欠、伸懒腰、看手表则往往是不耐烦和厌倦的表示。这些都是不礼貌的，应该避免。

2. 学会运用沉默，耐心倾听

适当的倾听，要有效地运用沉默，不要匆忙做结论或打断对方的谈话。要知道，对方发泄得越干净，越有利于倾听者了解对方的心理，能听到想听的内容。一个善于交谈的人，应学会努力弄懂对方的谈话内容和心境，而不是贸然提什么建议，这样才能完全把握对方的意思。

3. 要把握主要内容

一个好的听众，要注意听清楚对方语言的内在含义和主要思想观点，而不应过多注意对方谈话的技巧和语言表达水平，不要被细枝末节的问题所缠绕。

4. 注意非语言信息，听懂弦外之音

要注意说话者的神态、表情、姿势及语气、语调等非语言符号的变化，准确把握对方的真实意思。

5. 以客观公正的态度倾听

当碰到意见不一致时，应保持冷静，或以豁达的胸怀包容异己，或回避话题，忌在公众场合为非原则性问题大声喧哗、争执打闹。

6. 积极反应

可以在对方讲到兴奋之处，用"太有意思了"、"真有趣"等语言来呼应。当对方讲到伤心之处用同情的语言加以呼应，如"真是太难为你了"、"你真是不容易啊"等。最为积极的反应应是对对方的谈话表示肯定和赞同（点头或是用表示赞同的语言，如"是"、"对"、"你说得没错"等）。还可以适时提出一个小问题或插入双方所关心的内容。

【案例分析】

1. 一天，参加工作不久的杨小姐被派到外地出差。在卧铺车厢里，碰到一位来华旅游的美国姑娘。美国姑娘热情地向杨小姐打招呼，使杨小姐觉得不与人家寒暄几句实在显得不够友善，便操着一口流利的英语，大大方方地与对方聊了起来。

交谈中，杨小姐有点没话找话地询问对方："你今年多大岁数呢？"美国姑娘所答非所问地说："你猜猜看。"杨小姐自觉没趣，又问道："你这个岁数，一定结婚了吧？"更令杨小姐吃惊的是，对方居然转过头去，再也不理她了。一直到分手，两个人再也没说一句话。

要知道，冒昧地询问别人的年龄、婚姻状况是令西方人反感的。

2. 小刘和几个外国朋友相约周末一起聚会娱乐，为了表示对朋友的尊重，星期天一大早，小刘就西服革履地打扮好，对照镜子摆正漂亮的领结前去赴约。北京的8月天气酷热，他们来到一家酒店就餐，边吃边聊，大家好不开心快乐！可是不一会儿，小刘已是汗流浃背，不住地用手帕擦汗。饭后，大家到娱乐厅打保龄球，在球场上，小刘不断为朋友鼓掌叫好，在朋友的强烈要求下，小刘勉强站起来整理好服装，拿起球做好投球准备，当他摆好姿势用力把球投出去时，只听到"嚓"的一声，上衣的袖子扯开了一个大口子，弄得小刘十分尴尬。

你知道使小刘尴尬的主要原因是什么吗？

第十节　宴请礼仪

宴请是指人们为了社交的需要，按一定规格用菜点酒水招待宾客的一种形式。恰到好处的宴请，会为双方的友谊增添许多色彩。在商务活动中，宴请是与合作伙伴联络和增进感情的重要途径。在社交活动中，迎来送往，拜贺致意，也常常离不开各种宴请。许多重大的喜庆、婚丧、应酬等，通常都安排成宴会形式，在饮食之中进行交流沟通，这也是中国传统文化的重要特点。

无论是宴请活动的组织者还是宴请活动的参与者，都应该对宴请礼仪有所了解，只有这样才能应付自如。

一、宴请的种类

宴请的种类复杂，名目繁多。按规格分，有国宴、正式宴会、便宴和家宴。按餐型分，有中餐宴会、西餐宴会和中西合餐宴会。按用途分，有欢迎宴会、答谢宴会、国庆宴会、告别宴会和招待宴会。按时间分，有早宴、午宴和晚宴。其他还有鸡尾酒会、冷餐会、茶会和工作餐等。

二、宴请的准备

由于宴请的种类不同，宴请的准备及组织安排工作也有所不同。工作餐比较简单，而正式的宴请就有严格的礼仪要求，所以主办单位或主人一定要认真、周到地做好各种准备工作。

1. 确定宴请对象

宴会之前，应按照宴请所要达到的目的，认真列出被邀请宾客的名单。谁是主宾，谁是次主宾，谁作陪客都要一一列清。做到该请的请，不该请的不请。一般每次宴请的客人，都是为了一个目的，或洽谈业务，或签订合同，或接风迎客，或饯行话别等。按照常规，不宜把毫不相干的两批客人合在一起宴请，更不得把平时有芥蒂的客人请到一起吃饭、饮酒，以免出现不愉快的尴尬场面。

2. 确定宴请时间

宴请时间的确定，可以按照主办方的实际需要而定，如企业开张、朋友聚会等；也可以按照客人的活动安排而定，如接风送行；还可以按照事情的进展情况而定，如谈判成功。如果条件允许，时间确定之前，可以先征求一下主宾的意见，原则上要考虑客人方便，以多数宾客能来参加宴会为准则。

3. 确定宴请地点

选择宴请地点，应依据交通、宴会规格和主宾喜好等情况而定。有时为显示主客之间亲密无间的情谊，可选择在家中进行；有时为表现对客人的敬重，则宜在星级宾馆中宴请。总之，要选择那些交通方便、环境幽雅、食品卫生、菜肴精美、价格合理、服务优良的饭店作为宴请场所。

4. 拟订菜单和酒水

菜单的确定，总的原则应考虑宴请的规格、客人的身份以及宴请的目的，做到丰俭得当。整桌菜应有冷有热，荤素搭配。一桌菜要有主菜，以显示菜的规格，也要有一般的菜，以调剂客人的口味。具体菜肴的确定，还应以适合多数客人的口味爱好为前提，尤其是要特别照顾主宾的饮食习惯、口味好恶、宗教禁忌和健康状况等具体情况。规模较大的宴请，酒水最好准备 3 种以上。

5. 安排桌次和座次

宴会通常是一桌 8~12 人，人数多时则平均分为几桌。桌次有主次之分，主桌的确定应以"面门、面南、观重点"为原则，其中"观重点"最主要，即将主桌安排在餐厅的重要位置。其他桌次按照离主桌近为主、远为次、右为主、左为次的原则安排，各桌的主位可以与主桌主位的方向相同，也可以方向相对。

在同一桌上，座位有主次之分。一般情况下，对着门口的座位是主位，离门口最近的为次位。其他位以离主位的远近而定主次，右主左次，也可以穿插安排，即主人的对面安排第二主人，其余的座位分别以离主人和第二主人远近而定主次，右主左次。

按照我国习惯，公务宴请一般以职务高低安排座次。如果夫人出席通常把女方排在一起，即主宾坐在男主人右上方，其夫人坐在女主人右上方。家庭宴请则是按照"先朋友，后亲戚，再宗族"的原则安排，这其中又以年龄的长幼为序。

三、宴请时主人的礼仪

1. 迎宾引座

宴会开始前，主人应站在大门口迎接客人。主人要对所有的客人表示热烈欢迎，不能冷落任何一位客人。如果客人相互间有不熟悉的，主人需要逐一介绍，使彼此有所了解，以增进宴会的友好气氛。然后按预先安排好的座位，依次引客入座。如果客人有坐错位置的，一般应"将错就错"，或很巧妙地加以换座，以不挫伤客人的自尊心为宜。

2. 按时开席

客人入座后，主人要按时开席。不能因个别客人误时而影响整个宴会的进行。如是主要客人或是主宾，到开席时尚未到达，应尽快取得联系，在弄清楚原因后，根据情况采取应急措施，并向其他客人表示歉意。一般来说，宴会开席延误 10~15 分钟是允许的，万不得已时最多不能超过三十分钟，否则将冲淡宾客的兴致，影响宴会的气氛。

3. 致词敬酒

宴会开始时，主人应起立向全体宾客敬酒，并致以简短的祝酒词。致词内容随宴会的性质而定。在宴会进行过程中，主人一般要按桌依次向所有宾客敬酒，不能顾此失彼，冷落一方。为客人斟酒只需至酒杯三分之二即可。

4. 亲切交谈

在宴会进行过程中，主人要不时寻找彼此都感兴趣的话题亲切交谈。从增进友谊来考虑，对一方避讳的事情，特别是涉及个人隐私的，切不可在席间谈起。对一些要达到一定目的的宴会，不宜深入谈判具体、实质性的问题。一般宴会要做到只叙友情，不谈工作，切不可把餐桌变成谈判桌，以免陷入僵局，使双方不快。

5. 话别送客

在宴会结束前，主人要征求多数客人的意见，适时结束。话别时，主人要真诚感谢众宾客的光临。若有礼物相赠，应统一规格，以免产生误会。

四、出席宴请的礼仪

1. 应邀

无论接到任何方式的邀请，都应尽快明确地表明自己是否应邀，以便主人掌握出席人数。宴请时间临近还未通知主人自己是否出席是不符合礼仪要求的。是否接受邀请的态度要明确，不能态度暧昧、语意含糊。接受邀请后，不要随意变动，确有意外不能前往，要提前解释，并深致歉意。作为主宾不能如约的，更应郑重其事，甚至登门解释致歉。决不能在同一天里拒绝一个后又赶赴另一个邀请，这会使人产生厚此薄彼的感觉。

2. 修饰

出席比较正式的宴会都应精神饱满、容光焕发，提前适度修饰自己的仪表。男士要修整须发，女士要美容化妆。无论男女，都要换好既符合自己在宴请场合的身份，又突出自身气质的衣服。一般认为穿背心和西装短裤、宽松式上衣配健美裤赴宴都是不妥当的。另外，对皮鞋和袜子的搭配协调也要给予足够的重视，因为宴会上这些部位常常被人关注。

3. 守时

赴宴既不要迟到，又不要过早抵达。到场太早，主人尚未做好接待准备，容易为主人添麻烦；过迟，则会使宴会受到影响，不仅会给主人带来不便，还会使其他宾客感到不悦。出席宴请，迟到、早退或逗留时间过短，会被认为是有意冷落，都是失礼的，要尽量避免。到达后，应先到休息室等候，在主人引导下与其他宾客一起入席。如没有休息室，可直接进入宴会厅，但切忌提前到餐桌旁落座。

除此之外，在宴会上，还要注意以下几点：

（1）礼貌出席　当主人邀请宾客入席时，首先入席的应该是主人夫妇与主宾夫妇，依次为其他宾客及陪客人员。当长辈、女性入座时，晚辈、男性应走上前去将他们的座椅稍向后撤，待他们坐下时，轻轻将椅子向前推一点，待其坐稳后，离开。一般应从自己行进方向的左侧入座，在同桌的女士、长者、位高者落座后，与其他客人一起就座。落座后椅子与餐桌之间不要过近或过远，保持20厘米左右的距离最好，双腿靠拢，双脚平放在地上，坐端正。双手不宜放在邻座的椅背或餐桌上，更不要用两肘撑在餐桌上。

（2）举止文雅　入座后，不要东张西望，也不要急于翻动菜单或摆弄餐巾、餐具。不要在众目睽睽下补妆或梳理头发，尤其是在进餐过程中宽衣解带、挽袖口、松领带都是不礼貌的。在用餐过程中，主人与客人、客人与主人、客人与客人之间为了表示各自的热情和关爱，通常会彼此劝酒让菜，但停留在口头上即可，或用公筷，千万不要用自己的筷子夹菜，这会在客观上造成自己餐具上的唾液与他人共享的事实，让被敬者为难。

（3）礼貌交谈　边吃边谈是宴会的重要形式，而且是一种重要的交往手段，所以静食不语是不礼貌的。应当主动与同桌人交谈，交谈的对象要尽量广泛，特别注意同主人方面的人交谈，不要总是和自己熟悉的人说话，而对其他宾客不理不睬。交谈的内容应轻松、高雅、有趣，不要涉及对方敏感、不快的问题，也不要对餐馆的服务和饭菜的质量妄加评论。在餐桌上谈论令人厌恶的动物或在感官上让人恶心的东西，或取笑他人甚至与别人发生争执等都会影响交谈气氛，是最为失礼的。交谈的音量要适中，餐桌上高音大嗓地说话是很不文雅的，但也不要太小，近似耳语会给人以说悄悄话的感觉，也是不礼貌的，若的确有话不便公开讲，则应另找适宜的场合交谈。与人交谈时应放下手中餐具，暂停进食。挥舞着筷子、刀叉，一边咀嚼食物一边高谈阔论都是不得体的。

（4）注意小节　在等待就餐时，不能用筷子敲打任何餐具，席间临时离开餐桌时，不能把筷子插在饭碗中，而应将其放在桌子上、餐碟或筷架上。

不小心打翻酒水溅到邻座的客人身上，应表示歉意并帮助擦干，如对方是女性应把干净的餐巾递过去，由其自己擦。

当主人宣布宴会开始并致辞后，方可用食，决不可抢在主人致辞之前就吃。

餐巾应摊放在自己并拢的大腿上。中途退席时，可以把餐巾放在椅子上，而不应放在桌子上，进餐时，餐巾可以用来擦嘴，而不应用其擦汗、擦眼镜或擦拭餐具。用餐结束后，餐巾不能揉作一团，也不要乱丢乱扔。

席间，第一道菜上来主人向客人敬酒时，客人必须马上站起来回敬，喝过酒后才可以用菜。站起来用筷夹菜是极不礼貌的，向主人主动要酒也是没有风度的。进餐时不要老是拿着筷子或其他餐具，手中拿着吐出的骨头也是不雅观的。

用餐时，要注意吃相，夹菜要少夹，且不要撒在桌上。品味时应细嚼慢咽，绝不可狼吞虎咽，不要专吃一道菜，喝汤时要避免发出"呼噜"的声音。

在互相碰杯时，自己酒杯较低于对方为示敬，近距离碰杯要轻，远距离碰杯杯底碰桌为过桥，这样做等同于碰杯。

在宴会上最好不要边喝酒边吸烟。不要用手指或筷子剔牙，剔牙时要用餐巾或手将嘴部遮住。

（5）礼貌告别　如果主人将餐巾放在餐桌上，则意味着宴会结束，主人从座位站起，客人们应随之起立。在主人和主宾离开坐席后，其他宾客才能离席。如果是家宴，至少要在饭后停留15分钟左右告辞，吃完饭马上离开是不礼貌的。一般情况下，道别的顺序是男宾先向男主人道别，女宾先向女主人道别。客人应向主人致谢，感谢主人的盛情款待，称赞主人的周到安排和精美佳肴。无论你参加的宴请多么乏味，道别时都不要向主人流露出厌倦或不悦，否则是失礼的。

【知识链接】

电视台曾讲述过一个高中生的故事：故事的主人公名叫小蒋，母亲患了不治之症，在父亲寸步不离地守候在病床前陪伴了16个月后，终于还是匆匆而去了。母亲的死，给年仅42岁的父亲打击过于沉重了，父亲由过去有说有笑的一个人成了极其沉默的人，身体也一天天消瘦。

这一切，儿子小蒋看得再清楚不过，他知道，父亲是一位有情有义的丈夫，父亲对母亲已竭尽了全力。小蒋失去了母亲，眼看巨大的哀痛正在吞噬着父亲的健康，他心急如焚，不能不为父亲的命运而担忧。

母亲离去，转眼又是几年。一个男子汉操持着残缺的家，实属不易。父亲虽然有儿子相伴，懂事的儿子也私下劝过父亲，再组建一个新家，可父亲一再婉拒。但父亲的孤独逃不过小蒋的眼睛，在一次日记中，小蒋写了《爸爸需要一位新妈妈》，文中把父亲疼妻爱子的深情厚谊写得感人至深。老师把这篇打动人心的文章寄到某报社，不久就全文刊登出来。没料到文章一发表，就先后收到许多单身阿姨的回信。小蒋和父亲一起，认认真真地从中选择了一位下过乡、插过队、吃过苦的吴阿姨。父亲在小蒋的劝说和催促下，终于拿起笔，给吴阿姨回了信。

在父亲与吴阿姨的感情日益成熟的时刻，小蒋在日记中写道："我庆幸父亲终于不再孤独，我深为父亲重新获得幸福而喜悦，我希望自己不会成为父亲与吴阿姨之间的多余，即便有一天成了多余，我也会照顾自己了。"

拥有这样的儿子，是父亲最大的幸事。

在现实生活中，要求每个人都能像小蒋一样，为父母分忧解愁，是不客观的。但最起码的要求应是不让父母再为自己操心费力，做到这一点，也并不是很容易的。

【复习思考题】

1. 简述自我介绍与为他人介绍的礼仪要点。

2. 简述名片的作用与礼仪要求。

3. 简述商务电话礼仪要点。

4. 商务活动中馈赠礼品有何注意事项？

5. 待客有哪三个环节？

实训题一

背景资料：

2004 年 12 月 8 日，宇宙公司江苏分公司李经理在乌鲁木齐出差，办公室章秘书留守并处理一些日常事务，下午 2 时接到总部办公室成主任打来的电话。电话内容大致如下：12 月 29 日上午 9 时在总部（哈尔滨）行政楼第二会议室召开分公司经理会议，共商公司 2005 年发展大计。

实训要求：

1. 模拟该电话的通话过程。

2. 分别说出两个角色在通话过程中的礼仪要求。

实训题二

背景资料：

2005 年 6 月 4 日上午 8：40，××商学院贸易经济系专业建设研讨会还有 20 分钟就要正式开始了，会议接待人员徐老师与前来参会的中央商场总经理胡先生坐在会议桌边的沙发上正热烈地交谈着，双环集团销售公司副总经理海女士款款而入。

实训要求：

1. 请代徐老师介绍胡、海双方。

2. 简述胡、海双方见面时的礼仪要求并模拟其过程。

第四章　高职院校校园礼仪规范

【学习目标】

　　理解在校生的基本素质要求；掌握职业学校学生的素质要求，并且能在今后的言谈举止中贯穿这些素质要求；掌握校园内的仪容仪表礼仪以及言行举止礼仪，做到尊敬师长、友爱同学；熟悉学校的主要活动礼仪、用餐礼仪、宿舍礼仪和阅览礼仪。

　　一位母亲正骑自行车带着年幼的女儿。孩子一不小心，手中的饼干掉在地上。母亲马上停下车，轻声对女儿说："来，咱们把它扔到垃圾桶里去。"说着便把孩子抱下来，两人弯腰一起去捡地上的碎饼干。

　　就是这一普通的一幕，不由让人想起一句话：素质，是一种习惯。仔细想想，不是吗？这位母亲和孩子文明素质如何，在这一细节中已有了答案。

第一节　职业学校学生的素质要求

　　学校对于每个人来说，就像自己的父母一样是不可缺少的。而学校是一个既严肃又活泼，既庄严又亲切，既紧张又文明的地方。在学校的集体生活中，师生间、同学间要互相尊重、互相关心、互相爱护，见面相处时要有礼貌。这就要求有合适的学校礼仪来规范学生的行为，使学生在学校期间都能受到良好的礼仪训练。

　　"不学礼，无以立。"（《论语·季氏》）所以，在学校这个特殊的社会环境里，加强礼仪教育、重视礼仪实践，是具有重要意义的。

一、在校学生的基本素质要求

　　教育是一种社会现象。任何社会的教育都有其自身的目的，即都规定着通过教育活动，要把受教育者培养成何种规格和质量的人。这实际上就是社会对受教育者所提出的素质要求。在人类历史上，因为不同的社会制度和不同的社会发展水平，对人的素质结构有着不同的规定，而且对"德、智、体"各方面也有着不同的要求和不同的侧重。那么，一个受教育者应该具备哪些素质要求才能适应社会的发展呢？

　　《中共中央关于教育体制改革的决定》指出："我国教育所培养的人都应该有理想、有道德、有文化、有纪律、热爱社会主义祖国和社会主义事业。"根据上述立法精神，我国在校学生接受素质教育的内容应包含以下几个方面：

（一）思想政治素质

　　思想政治素质包括政治素质和思想素质两个方面。

1. 政治素质

政治素质方面的要求包括热爱祖国，具有民族自尊心、自信心、自豪感；不做损害国家和民族气节的事；关心世界时局的变化；懂得国家和党的命运是相连的，能自觉维护和坚持四项基本原则，响应党的号召。

2. 思想素质

思想素质方面的要求包括具有为祖国的社会主义现代化努力学习的目标，能够较好地处理升学与就业之间的关系；初步懂得个人理想与共同理想的关系；能正确处理个人、集体、国家这三者的关系；初步具有认识客观事物的科学的思想方法。

（二）道德素质

道德素质是指应具有良好的品德素养、健康的思想情操、正确的政治方向、远大的理想抱负等。主要包括以下几方面：

① 要有爱国主义情操、民族自尊心、自豪感，同时还要热爱人民、热爱劳动、热爱科学和爱护公共财物。

② 大公无私、热爱集体、正确处理个人利益和集体、国家利益之间的关系，做到个人利益服从集体利益和国家利益。

③ 忠诚老实、谦虚谨慎，对人民事业忠心耿耿和对人诚实不欺等。

（三）文化素质

1. 基本知识素质

主要是通过教学活动和课外活动掌握各种基础科学知识，以形成良好的基本知识结构，并在此基础上发展自己的认知兴趣和认识能力。

2. 基本技能素质

在老师的指导下，通过学习和训练，形成一定的操作技巧和心智活动技巧。

3. 基本学习方法素质

主要是能够掌握科学的学习方法。

4. 基本智力素质

在形成一定知识结构和技能的基础上，在老师的帮助下，要自觉地发展自身的智力，培养自身学习能力、适应能力、创造能力、动手操作能力和独立制作能力。

（四）身体素质

身体素质要求指学生不仅要有一个健康的身体，还要有健康的心理。具体来说，一方面要有健康的体魄，积极参加各项体育活动，养成良好的锻炼习惯，体育达标；另一方面，要有较强的承受能力和心理调试能力，兴趣广泛，能够积极、乐观、稳定地进行学习和生活。

（五）交往素质

交往素质包括参与社会政治生活、人际交往和群体合作等方面所要求的素质。人都是在一定的社会关系中从事各种活动的。"他们相互间不是作为纯粹的我，而是作为处在生产力和需要的一定发展阶段上的个人而发生交往的"。而在交往中获得的大量间接经验，又促进个体心理的成熟和素质的发展。在当今我国社会中，个人与他人、个人与社会的物质、政治、思想、文化等方面的联系越来越密切，人与人之间的交往越来越频繁、广泛、深入，一定要克服那种只埋头读书、独善其身的孤僻性格，要养成乐于合作、热心参与、善于交往、善于应变的性格，为将来更好地适应新时代的社会生活和社会生产劳动打下基础。

（六）外在素质

外在素质包括一个人的衣着整洁、仪表端庄、举止安详、谈吐文雅等。

人的外在素质是内在素质的外部表现。一个人的仪表美、语言美和行为美通常是心灵美的自然流露，而良好的仪表又对人的言行有正向约束作用。提高自身的外在素质水平，既是全面发展教育的一项重要内容，也是社会主义精神文明建设的一个重要方面。

以上素质目标是构成人的个体素质的主要要素，包括了在校学生将来认识环境、改造环境及发展自身所需素质结构中的主要方面，它们每一项都很重要，并且缺一不可、相互联系，构成了一个比较完整的体系。

二、职业学校学生的素质要求

20 世纪 80 年代以来，为了适应市场经济和社会发展对职业型、应用型和技术型人才的要求，我国职业教育从无到有，从小到大，取得了长足的发展。进入 20 世纪 90 年代末期，职业教育成为社会关注的热点，社会为职业教育提供了前所未有的发展机遇，招生人数逐年上升。

但是，大多数职业学校学生存在这样的心理：普遍对自己所受教育的特点与目的还不十分清楚，有的学生对上职业学校有自卑心理，认为职业学校学生比普通中学学生低一等，因而自己看不起自己，给学习和培养工作造成了一定的障碍。

那么，怎样才能成为"拥护党的基本路线，具有必要的理论知识和较强实践能力，适应生产、建设、管理，服务第一线和农村急需的德、智、体、美等方面全面发展的技术应用型专门人才"呢？归纳起来要做到以下几方面。

（一）思想政治素质

思想政治素质包括：热爱祖国，热爱社会主义；具有为国家、为社会勤奋工作、勇于奉献的精神；实事求是、勤于思考、勇于创造；树立科学的世界观、人生观和价值观；具有良好的职业道德、职业纪律，认真的工作态度和高度的责任感；诚实守信、实事求是；遵纪守法、文明礼貌；热爱集体，团结合作；学会自我管理、自我服务和自我教育，具有开拓、创新、积极进取的精神。

（二）道德素质

在校园里形成一种追求真、善、美，讲文明，懂礼貌的风气，才不负我们中华民族"礼仪之邦"的美誉。学生要学会讲究礼节礼貌，保持高雅的言行举止，并将其化为自觉的行动。因为礼节礼貌是一个人内心世界的外在表现和真情实感的自然流露。学生只有用现代社会道德和文明不断自律、完善、净化自我，才能使自身的思想和行为与现代校园文明相和谐，与未来建设者的素质要求相适应。不难看出，礼仪对个人的成长、民族的存亡和国家的兴衰无疑起着举足轻重的作用。因为社会是人的社会，人是社会的人，一名学生倘若满腹经纶，技术熟练，却不懂怎样尊重自己，怎样尊重别人，又怎样去尊重社会呢？这样的人，即使掌握再高深的知识、再娴熟的技术，对社会、对人类又有何益？正像俄国哲学家赫尔岑所说："生活中最重要的是有礼貌，它比最高智慧、比一切学识都重要。"

古希腊的"博雅教育"也很值得我们借鉴，它所培养的"公正善良的人"必须具备的 17 种美德中，除了其中 5 种是智能方面的，其他 12 种均是品德方面的，如正义、节制、宽容、勇气、有抱负、稳重、自尊、诚实、进取心等。我国古代大教育家孔子也说："不学礼，无以立"。可见，古人早已把品德看作是做人的根本，把品德看作是一种精神宝藏。品德教育也是目前我国职业学校学生素质教育中一个刻不容缓的问题，它是校园文明的标志。

（三）专业技术素质

专业技术素质包括：掌握专业基础知识，奠定扎实、广泛的专业理论基础；具有一定的观察、分析、解决问题的实践能力；专业操作技能达到职业岗位各项要求，取得国家承认的职业资格证书。

（四）社会能力素质

社会能力素质包括：具备自立、自控能力，有强烈的进取心和求知欲；具有主动获取和处理信息的能力；具有公共关系意识和一定的人际交往合作能力，能够适应环境需要；具有创新意识、竞争意识；有较强的表达能力，在书面和语言方面能够达到应用的标准；有较强的应变能力，能适应岗位的变化对能力不断提升的需求。

（五）创新能力

创新是一个民族进步的灵魂，是国家兴旺发达的不竭动力。技术创新是推动科技进步和经济发展的源泉和动力；科学创造是构建人类智慧宝库的基石。尤其 21 世纪是我国民族复兴的世纪，又是一个高科技突飞猛进的世纪。民族的复兴靠的是全民族素质的提高，科技的发展靠的是高素质的创新人才。只有不断地创造出新的技术，走在世界的前列，民族才能立于不败之地，国家才能真正富强。对职业学校学生来说，有创造发明的意识和能力是很重要的，这是因为职业学校学生毕业后是第一线生产的组织者与参与者，对生产每个环节都很熟悉，如果有心，将会有许多新工艺、新设备和新方法出于他们之手。因此，培养自身掌握造性思维方法，对于国家的建设、民族的振兴、经济的发展、科技的崛起和社会的进步，都具有极其重要的意义。

（六）心理素质

随着市场经济体制的建立和社会竞争机制的逐步形成，人们的生活、工作节奏加快，人们的心理压力也越来越大。人们也越来越认识到社会心理因素对人的健康和成长的重要意义。在中国召开的"21 世纪人才素质理论"研讨会上，世界 21 世纪教育委员会曾提出了新世纪人才素质的 7 条标准，其中就有 3 条与这方面有关；在急剧变化的竞争中，有较强的适应能力和创造能力；有丰富多彩的健康个性；具有与他人协调和进行人际交往的能力。良好的心理素质不仅可以促进身体健康，而且可以消除不良情绪，预防心理刺激，对自身的成才有不可低估的积极作用。

人的一生不可能没有不顺心、不尽如人意的情况，只有心理健康的人才能面对这些现实。正确对待和处理学习、生活中的各种矛盾和冲突，提高对社会环境的适应能力，预防心理刺激作用的增强和激化，在不如意的情况下，仍然保持良好的心境，避免心理疾病的发生。目前，在多数学生中，成绩优秀、创造性思维能力强、独立发现问题和解决问题能力强的人，都是心理素质水平较高的学生。只有心理健康的人才能正确面对和迎接生活中的各种挑战，不畏艰险，知难而进，才能正确对待人生道路上的挫折，不屈不挠地生活。有资料表明，在其他各项智能水平相同的条件下，心理健康的人成才的可能性较有心理有障碍的人要高得多。所以，要想使自己成才，首要的一条就是要保持心理健康。

第二节　校园课堂礼仪

课堂是老师传授知识、学生接受知识的地方，课堂纪律的好坏会直接影响到教学效果。当一位老师在上课时，如果学生课堂纪律很好，这会使老师感到自己的劳动得到了应有的尊重，于是内心会产生欣慰和亲切之感，思路会越讲越顺，教学水平会发挥到最佳状态。反之，当一个老师在上课时课堂纪律不好，会使他感到自己的辛勤劳动没有得到尊重，于是内心会有一种沮丧、失落之感，思路会被打乱，教学效果就会受到很大影响。所以，一堂课下来，每位老师的脸上有着各种不同的表情，有的情绪很好，余兴犹酣；有的情绪很坏，余怒未息。这种种的表情与课堂纪律的好坏有着直接的关系。韩愈说过："人非生而知之者，孰能无惑？惑而不从师，其为惑也，终不解矣！"这里提醒我们，学生到课堂的主要目的，就是为了从师而解惑。一个学生不遵守课堂纪律，也就是对老师不尊重，其为惑也，怎能解呢？同时，这又是对其他同学的不尊重，会影响别人的解惑。正因为课堂是学生从师解惑的主要场所，所以每个学生都应遵守课堂纪律，这既是对老师辛勤劳动的尊重，也是一种基本的礼貌。

一、学校礼仪

（一）学生仪容、仪表礼仪

学生的仪表应以朴素大方、活泼整洁为原则。学生的仪容应以端庄、自然、质朴为好。

（1）发式　女同学梳辫子或理短发为宜，这样可给人一种清晰、活泼、纯真和稚气之感。不要烫发、染发，烫发显得老气和成人化。男同学最好是理学生头，它显得整洁、干净、富有朝气，给人阳刚之感。

（2）面容　女同学不要涂口红、胭脂、指甲油，画眉毛，而应该突出自然美。男同学应剃须，不要在身上抹香粉、洒香水。

（3）校徽的佩戴　学生上学应每天佩戴校徽或胸卡，根据学校要求佩戴在左胸口或挂在脖子上，使其正面显示在外，不要在胸卡上贴上各种明星照，在校园内应诚恳地接受门卫和值勤同学的监督检查。

（4）个人卫生　卫生是文明礼貌的标志，良好的卫生习惯应做到"六勤"，即勤洗澡、勤换衣裤、勤修面、勤理发、勤洗手、勤剪指甲。在公共场所，应避免当着他人的面擤鼻涕、掏鼻孔、揩眼屎、打哈欠、修指甲、剔牙齿、挖耳朵、搔痒；还要做到不随地吐痰，不乱抛纸屑、废物；防止在大庭广众中发出体内各种不同的声响。

（5）服装　学生的服饰应以色彩鲜明、线条流畅、明快简洁为好，这样可充分显示出朝气蓬勃的精神面貌，不要穿奇装异服。同时也不要戴金银首饰。

在校内，学生不宜穿高跟皮鞋，而应穿运动鞋，这样既便于运动，又显示出青少年健美的身姿。

不要穿背心打赤膊，不能赤脚穿拖鞋，不穿短裤，不要歪戴帽子，不袒胸露背在校内外走动，否则会给人轻浮之感。

（6）穿统一的校服　穿统一的校服可以培养学生的集体观念和遵守纪律的精神；可使学校显示出和谐的校风、校貌，使学生焕发出勃勃生气，显示良好的精神状态。中专、技校和职校的学生穿上与本专业有关的校服，会使自己产生一种自豪感和光荣感。

（二）课堂礼仪

1. 衣着礼仪

在课堂上，学生要衣着整洁，姿势端正。夏天听讲时不能扇扇子；冬天课堂上不应戴帽子、手套、口罩，不能围围巾。

2. 上课不迟到

预备铃响后，每一个学生都应做到：

① 迅速、安静地进入教室。

② 准备好与本节课有关的书本、文具。

③ 端坐恭候。

若是两分钟预备铃已响，学生还在跑进跑出，教室喧杂不宁，这会使老师在讲台上情绪不安，甚至可能会使师生关系对立，从而影响教学的效果。

另外，对学生本身来说，两分钟准备是从上一堂课转向下一堂课、从室外活动转入室内活动的一种过渡，它能帮助学生使自己的思想尽快地集中起来。每位同学作好上课准备，既是尊重别人，也是尊重整个集体的表现。

学生如果遇到特殊情况，上课后才进入教室的，应该特别注意举止的文明和礼仪的周到。应轻声走到教室门口后停下脚步，首先喊"报告"，如果教室门关着，应先轻轻敲门，得到老师允许后方可进入。

如果老师问及迟到的原因，要诚实答话，老师同意后，方可入座。

在走向自己座位时，速度要快，脚步要轻，动作幅度要小，然后迅速入座。在拿书本时，尽量不要发出太大的响声，更不能有任何滑稽可笑的举止。

入座后，应立即将注意力集中起来，端坐静听老师讲课。

总之，迟到学生要把由于自己迟到而对课堂秩序造成的影响，减小到最低程度。

3. 上课认真听讲

认真听讲无疑是尊重老师的一种表现，同时也是学生获得知识的必要途径之一。认真听讲，包括精力要集中，不要做小动作，不随便和周围的同学讲话，不能随便下位子走动，也不能吃东西、喝水、嚼口香糖、听音乐。

整堂课要跟着老师的思路走，俗话说："好记性不如烂笔头。"我们应该承认一个人的记忆力是有限的，所以遇到重要的内容要做好笔记，有不明白的地方，可以先在自己本子上记下来，等到下课的时候请教老师，也可以请教同学。

4. 回答问题的礼仪

课堂上老师的提问，是老师检验自己教学效果最迅捷和最直接的方法。老师通过提问，一方面可以了解学生对自己执教的内容是否理解和接受；同时，又可以启发学生积极思考，使学生的注意力集中。而学生的答话，反过来又能启发老师的思维活动，达到教学相长的目的。因此，老师提问是一种正当和必要的教学手段。正因为如此，每个学生都应懂得老师提问的积极意义，并要正确、礼貌地对待教师的提问。

学生在回答老师的提问时应注意以下几点：

① 学生准备要回答老师的提问时，应先举手示意老师，老师点到自己的名字时，方可站起来回答问题。切不可坐在座位上，就七嘴八舌地发言。

② 在起立回答问题时，表情、站姿要大方，不要搔首弄姿或故意做出滑稽的举止哗众取宠。答题时要使用普通话，吐字清晰、声音响亮。

③ 如果对老师的提问答不出来，也应该站起来，以抱歉的语调向老师实事求是地表明，这个问题自己答不出来。

④ 在别人回答问题时，不要随便插话。如别人一时答不上来或答错了，切不可在旁边讥笑或嘲笑，而应该静静地坐着。等到老师示意让其他同学回答时，自己可以再举手，得到老师的允许后再站起来回答问题。

5. 讨论问题的礼仪

课堂讨论是老师用来启发学生思维的一种非常好的教学手段，而学生在讨论问题的时候，既要做到尊重同学、老师，也要把问题弄清楚。

亚里士多德曾经说过："我爱老师，但是我更爱真理。"这句话体现了一种追求智慧的执着。我们同学在课堂上讨论问题的时候也免不了智慧的交锋、思想的碰撞。这样很好，真理越辩越明。但是，我们在讨论问题的时候，一定要保持规范的礼仪。不能因为彼此意见的分歧，导致同学关系、师生关系的紧张。彼此在争论的时候，应该互相尊重，不能互相进行人身攻击。规范的课堂礼仪要求我们做到有理、有利、有节地讨论。

6. 课堂上要尊重老师

有时候，老师在上课时讲错了话、写错了字，学生发现后也应该指出来，但绝不可以坐在位子上大喊大叫："老师，你讲错了!"、"老师，你写错了!"这样会弄得老师很尴尬，教室里也会乱糟糟的无法上课。古人云"人非圣贤，孰能无过。"老师出现错误是难免的，你可以举手，得到允许后站起来说："老师，你刚才说的话我认为不大正确，是不是口误呢?"、"老师，你在黑板上写的字，是不是笔误呢?"这样做可以让老师有个思考的余地，有个台阶下。当然，也可以课后向老师提出，让老师自己予以修正，这才符合礼貌。

7. 按时下课的礼仪

作为一名学生，应该遵守规范的课堂礼仪。下课时，应该听从老师的指令，而不是下课铃声。切记，不能在铃声响起之时就自行收拾书包或离开教室，因为下课的铃声只是起到提醒老师的作用，只有当老师宣布下课以后，学生才能开始收拾自己的书包，并请老师先行离开教室，然后自己才能离开。

韩愈说过："师者，所以传道授业解惑也。"可见，老师的责任是极重的，老师的劳动是很高尚的，所以理应得到人们的尊重。

（三）学生进出老师办公室的礼仪

学生进出老师办公室应做到以下几点。

1. 学生进入办公室应先征得老师同意

进入老师办公室或居室喊"报告"或敲门，声音以室内人听见为适度，征得老师同意后方可进入，并向老师道谢，进门后记得要把门关上，未经允许不得擅自入内。如发现老师办公室或居室无人，学生也不得入内；如与异性老师单独相处，则应将门打开。

2. 学生不能乱翻老师的东西

在老师的办公室，学生不能随意乱翻老师办公桌上的东西，更加不能乱翻老师的抽屉。

3. 学生不宜在办公室逗留过久

若找老师有事，先立正，以诚恳的态度，简明扼要地向老师说明来意；与老师交谈时，应面对老师，认真倾听。

4. 学生离开办公室时应向老师道谢并告别

先起立把凳子放回原处，再向老师微微鞠躬，道声"再见"，然后离去。走出办公室时，记得帮老师把门关上。

（四）校内公共场所礼仪

在校内，应该自觉保持校园整洁，不在教室、楼道、操场乱扔纸屑、果皮，不随地吐痰，不乱倒垃圾；不在黑板、墙壁和课桌椅上乱涂、乱画、乱抹、乱刻；爱护学校公共财物、花草树木，节约用水用电；自觉将自行车存放在指定的车棚或地点，不乱停乱放，不在校内骑车。

（五）与老师谈话的礼仪

① 选择好有利于双方交换意见的地点和场合。

② 和老师说话时，学生应主动请老师坐。只有等老师坐下，并请学生坐，学生才可以和老师坐着说话。

③ 姿态端正，认真倾听。不可东张西望，不可抓耳挠腮，不可抖腿翘脚。

④ 不理解老师说的话，或无法接受，并有不同看法，可不必隐瞒，应谦虚而诚恳地向老师请教，直到弄明白为止。

⑤ 愉快、谦虚地接受老师的规劝和正确的批评。即使老师态度比较生硬、急躁，也不应计较，更不能嫌烦抵触，而要想到这是老师在关心帮助自己。与老师发生矛盾，学生不要顶撞老师，更不要在课后发泄对老师的不满情绪。

（六）与老师打招呼的礼仪

进校见到老师，不管是否给自己任课，均应主动向老师行礼并问好。平日在校园内与老师、家长、来宾相遇，亦应主动打招呼问好，如环境狭窄（楼道、走廊）应向旁边跨开一步，给老师让道。一般称老师，或姓加上老师，如"张老师"、"王老师"。

（七）老师家访和拜访老师的礼仪

老师进行家访时，学生应很礼貌地将老师请进家里，将家长介绍给老师，热情地请老师坐下，沏茶倒水。老师和家长交谈时，学生可根据情况，决定是陪坐还是回避。老师告别时，要将老师送出门，向老师致谢，与老师道别，目送老师远去。

节假日到老师家去拜访，要掌握好时间，既要慰问老师，又不要过分打扰老师的工作和休息。遇到老师生病或家中有事，前去看望的人不宜过多，应选派代表去看望，并酌情帮助老师做些力所能及的事情。

二、尊敬师长

中华民族自古就有尊敬师长的优良传统。在我国历史上，最早开创私人讲学的孔子，据说有弟子三千，学有所成的有"七十二贤"。古人把老师与知识紧密相连，无不把尊敬老师放在首位。秦始皇拜荆条、张良桥头真诚拜师……无不出于这样真挚的情感。

教育事业是神圣的事业，教师理应受到全社会的尊重。那么，尊敬教师应该采取哪些礼仪形式呢？

（一）尊重老师的人格

尊重老师的首要方面就是尊重老师的人格。学生对老师应有一种较为客观的认识，老师也是人，是人必食人间烟火，必有七情六欲，自然也就有缺点和毛病。学生在心中设计理想老师的形象并无不对，但不能以之作为评判老师现实形象的唯一尺度，更不能简单化地进行情感上的褒贬。自然，校园中也确实存在部分教学能力低、师德水准不尽如人意的老师，但绝大部分老师在专业上都比学生懂得多、钻得深，都有可学习的地方。因此，一旦发现老师的不足，并不需要大惊小怪，也不用失望埋怨，更不应随便给老师取个不雅的绰号，而应以谅解的态度与人为善。千万不要在课堂内外以不恭的言行损害老师的人格。当然，在机会、场合适当的情况下，可以向老师委婉指出。尊重每位老师应是不变的前提，否则，易于造成对老师人格的伤害。

（二）尊重老师的劳动

老师的劳动是一种复杂的脑力劳动，其劳动对象是人，劳动工具是人，劳动"产品"也是人。抛开其劳动的目的、劳动的对象、劳动的手段不说，光其劳动过程就异常艰巨。从老师劳动过程的强度看，没有时间与场所的限制。在老师的作息时间表上，没有"八小时以外"或"上班"、"下班"的概念，八小时以内是教育培养学生，八小时以外还得从事教育培养学生的工作。

在黎明的操场上，在深夜的灯光下，老师总是直接或间接地从事着培养学生的工作。即使是单纯的过程：备课一上课一批改作业，也需付出艰辛的劳动。培养一个人的成长，需要一个漫长的劳动周期。俗话说"十年树木，百年树人"，老师的劳动需要经历一个较长的周期，才能看到"劳动产品"的大致情况。把一个人培养成为社会所需要的人，高中毕业需12年，大学毕业至少得16年。这需要花费老师多少劳动啊！从学生某一知识的掌握、品行的形成过程看，也往往要经历一个长期反复的艰巨过程，特别是对那些适应不良的学生，老师的反复劳动、超额劳动，更是难于找到一种计算劳动量的精确办法。教育家赞可夫说："老师的劳动非常复杂，要求付出巨大的精力。"作为学生，不尊重老师的这种劳动，无论如何都是说不过去的。

老师的工作是一种非常繁重复杂的工作，教育观点不正确当然不能达到教学目的，教学方法不当也很难取得好效果。在思想教育工作中，学生和老师顶牛的情况常有发生。从老师方面看，其原因有时是老师的观点不对，有时是方法有误。但正确观点和方法的获得需要有一个学习、检验和校正的过程，即使是有经验、负责的老师也难免在工作中出现失误。做学生的应该尊重老师的劳动，自觉汲取老师教育中的正确部分，对老师不正确的部分采取谅解的态度。老师有错误当然也可以指出，但也要分场合，讲方法。不合我意就无礼顶撞的做法是不对的。看不到老师的辛勤劳动，把好心看作恶意，还谈得上什么关心他人呢？

教学工作也是这样，一堂课虽然只有40或45分钟，但老师为了充分利用这宝贵的上课时间，不知花费了多少堂课的时间去备课。有一所学校举办了一次别开生面的展览会，展出老师为讲好一堂课所看的参考材料、所准备的教具、所安排的活动、所设计的教案、所批改的作业……展览原本是供老师互相观摩的，但在学生强烈要求下也对学生开放了。当学生看到老师从报刊上剪下的那一本本资料时，看到教师为教学精心制作的教具和工作笔绘制的幻灯片时，同学们为教师讲课花费的辛勤劳动惊呆了。在留言簿上，一位初中同学不无自责地写道："老师这样辛苦准备一堂课，有时却被我们一时的'天真'而搅得乱七八糟，我们完成学习任务的责任心在哪里？我们尊重老师辛勤劳动的表现在哪里？"展览会以后，课堂纪律和完成作业情况有很大的改善，许多学生表示，我们要关心老师、尊重老师的劳动！

（三）协助老师的工作

老师的工作是教育学生。学生在汲取知识、提高能力、锻炼身体、培养良好思想品德中发挥主动精神就是对老师工作最有力的支持。学习方面的主动精神表现在积极的钻研、提出问题、广泛涉猎上。有的老师赞扬某一班学生"好教"，好教在哪里呢？在于学生自觉、认真地预习，有发现问题、解决问题的强烈愿望和实际行动，学习兴趣强，不管课内课外的知识都想了解，都想掌握，就像蜜蜂采蜜、海绵吸水，这样的学生自然"好教"。也许有同学会问，学生要这么"好教"，那老师的教学工作岂不是太简单了吗？调动学生的积极性是老师的事，干吗让学生"协助"呀？也许正因为有这么一种想法，所以处处都等着老师去调动，而自己有时还有意调而不动，结果老师、学生都累，学习质量受到很大影响。不错，调动学生积极性是教师应该做的，但学好却是学生应负的责任。教学是师生双方的事，学生为什么非得等老师"调"才能"动"呢？主动学能使老师觉得"好教"，也就是协助老师教好，同时也是自己好的保证。何况关心他人、协助老师本来就是一个学生应具有的优秀品质呢！

对学生的管理也是这样。老师要讲方法，学生要有主动精神。听说过自学《中学生守则》的故事吗？有人也许会认为《中学生守则》条文列得明明白白，有什么好学的？有一个高一班却不这看。他们认为：高中学生对守则的文字当然都懂，但到底这些条文的意义在哪里？执行起来的主要障碍是什么？自己执行得怎么样？作为高中生执行守则和初中生相比应该有什么不同？对这些问题，他们还不是很清楚的。因此，他们自己提出来要学习守则。他们的建议被班主任列入班级教育计划之中，活动时间也有保证。不过，全部活动都是学生自己组织的。在学习过程中，他们主动协助老师做好个别学生的工作，从中也提高了觉悟，培养了主动精神。

发挥创造性也是对老师工作的协助。所有的老师都希望学生掌握效果最好的学习方法，而最适合学生的学习方法往往在学生自己的实践中产生。一位外语老师组织学生交流学习外语的经验，学生结合自己的实际总结了许多行之有效的办法。同学们对这次交流活动很满意，觉得有收获。老师在这次活动以后，连连说："大开眼界，大开眼界，没想到学生有这么多好方法，对我的帮助太大了。"

反映情况，提出意见也是关心老师、协助老师工作的一个重要方面，有的同学不愿意提意见，觉得不同意见会使老师不高兴，也有的同学不善于提意见，原本是好心，但态度和用语不恰当，令人很难接受。其实，同学不满意的所在，往往正是老师工作的难点。只要注意方法，不同意见也会受到老师的欢迎。老师最苦恼的是知道学生不满意，又弄不清为什么不满意，找不到使学生满意的办法。这时候提出意见正是老师求之不得的，怎么会不高兴呢？有许多问题只有集中群众的智慧才能解决，如果大家都抱着负责任的态度提出自己的主张，教育工作就会由于得到学生的协助而得到更好的效果。

（四）关心老师的健康

在学校里，除了同学以外，师生关系可以说是最密切了。对于师生关系有两个误区不要进入。一是把教和被教、管理和被管理的关系看成是对立的关系，对老师有戒意，和老师保持距离；二是只看到老师关心学生的一方面，而忽视老师也需要关心。其实老师也是需要关心的，特别在老师的健康方面，更需要多加关心。有些细心的同学在秋冬开窗流通空气时，注意提前把讲台一侧的窗户先关上，免得冷风使老师着凉，有的老师病刚好便来上课，同学们就特别为他准备椅子并且倒上一杯开水……这些看起来是小事，但带来的热情却能使老师感到暖融融的。

为老师创造良好的生活条件和工作环境，是学生关心老师的具体表现。学生对老师健康的关心，哪怕是最微小的表现，也能给老师极大的鼓励。不论生活上有多少困难，无论工作上有多大压力，只要老师能从学生那里得到关心、得到温暖，便能坚持下来，战胜一切艰难险阻。学生要懂得尊师重教的道理。在现代社会里，每个人的成长都离不开学校，离不开老师。正在学校学习的学生要关心他人，首先便应该关心自己的老师。

（五）体谅老师的困难

小学生或中学低年级学生常常会想：老师还有困难？年岁大些了，可能对老师的困难会多一些理解。

如有一个学校高一年级是两个班，他们年龄差不多，入学考试成绩也大致相同，但在对人对事的态度上却表现出明显的差别。开学第三周，师范院校的学生来校作教学实习，他们要教课，还要做班主任，一班的学生看到这些小老师岁数不大，就成心出一些难题考考他们。看到老师答不出来的窘相，就觉得好玩，有几位同学还毫不掩饰地哈哈大笑。有几位同学还成心在上课时出洋相，偏要闹点纪律问题，考验考验小老师处理问题的能力。由于这几个学生的胡闹，有的实习老师忍不住了，就发脾气，那几位同学就合起来和老师争辩，弄得老师下不来台，直到年级组长赶来才打破了僵局。一个月的实习把这几位老师弄得是狼狈不堪，连领导实习的高校老师也对这些中学生的调皮摇头叹气。同学呢，先是觉得好玩，接着便有些生气，关系弄僵了，以后课也听不进去，一个月下来，学习上进步很少。二班对待小老师的教学实习，想的可就比一班细多了。他们想，小老师年轻，大学还没毕业便实习，老师工作有多不容易呢，他们想到老师第一次进教室，第一次登讲台，一定很紧张，就相约着创造一个良好气氛，让老师能够顺利地通过实习。他们在黑板上写上欢迎的字样，实习老师一进教室，迎面便是热烈的掌声和甜美的笑脸。实习老师讲课时，大家格外守纪律，连平时在课堂上打闹的同学都一声不吭了。有时实习老师备课不足，还不到下课时间便把授课内容都讲完了。于是，课堂上出现冷场，这时同学比老师更着急，就千方百计地提些问题，请老师解答。同学的支持和关心，实习老师都深深感受到了。一堂课圆满结束后，大家觉得这课上得很开心。二班同学也想考考小老师，他们也找出难题来问，但当老师答不出时，他们不是不负责的嘲笑，而是实实在在地说自己是从哪儿找的难题来考老师的。小老师也就高兴地说："我现在真的答不出来，让我回去查查再告诉你们吧。"班级有什么问题，有什么活动，

102 他们都及时和实习老师商量，但他们总是考虑到老师的时间和精力，从来不让他们为难。一

个月的实习转眼就结束了，实习老师和同学结下了深厚友谊，特别是将来准备学师范的同学和实习老师关系更加密切。实习老师因为心情愉快，在教学上有很多体会。学生能积极配合实习工作，不但学业没受影响，而且自学、自治能力都有很大提高。指导实习的高校老师认为两个班级相比，二班同学更为成熟，更能体现高一同学应有的觉悟。

二班的成熟表现在哪里呢？他们的觉悟主要是什么呢？年级组长组织两个班深入地讨论。一班同学经过反复的讨论和冷静的思考，他们认识到：成熟主要表现在他们知道关心他人，觉悟表现在他们懂得为什么要尊重老师。

对实习老师是这样，对初参加工作的年轻教师也应这样。要体谅教师的困难，为他们做好工作尽可能地提供条件，这是学生应尽的义务。学生要学会生活，要想很好地生活，就要学会关心他人，在学校里学会关心老师。

老教师年纪大，一般体质较弱，精力不济，但他们学识渊博，经验丰富，责任心强，越到晚年越希望把教学工作做好。关心老教师就要体谅他们的困难，创造一切条件让老教师能发挥他们的特长。这样，老师可集中更多的精力用在课业指导上。学生通过这些工作可以学到如何关心老师。这样做的结果是，老师可以比较充分地发挥自己的特长，学生在学业、品德上都能得到提高。

三、友爱同学

如何在学生时代处理好同学之间的关系，为日后的人生酿造一杯回味无穷的甘醇美酒呢？其中，最为关键的一点是，要时时处处事事以礼相待。具体地说，要注意以下礼仪的养成。

（一）在校园内的礼仪

每天早晨同学相见时，应互相致意，问早问好。同学间可彼此直呼其名，但不能用"喂"、"哎"等不礼貌用语称呼同学。在有求于同学时，须用"请"、"谢谢"、"麻烦你"等礼貌用语。借用学习和生活用品时，应先征得同意后再拿，用后及时归还，并要致谢。

在教室里要随时保持安静、整洁，维护教室良好的学习环境。课间不要追跑打闹，以免教室桌椅歪斜，尘土飞扬，影响同学的学习休息及身心健康。

课间休息时，在楼道内行走要靠右慢行，不要快速奔跑猛拐，遇到同学时放慢脚步慢行礼让。

对于同学遭遇的不幸、偶尔的失败和学习上暂时的落后等，不仅不应嘲笑、冷落、歧视，而且应该热情帮助。既可帮助对方分析原因，总结经验教训，也可用安慰、同情、鼓励的话语去抚平对方心灵的皱折，有时，即使是一句话也不说，陪对方散步、打球也不失为友爱的方式。

对同学的相貌、体态、衣着不能品头论足，也不能给同学起带侮辱性的绰号，绝对不能嘲笑同学的生理缺陷。在这些事关自尊的问题上一定要细心加尊重，同学忌讳的话题不要去谈，同学讨厌的事不要去做，不要"哪壶不开提哪壶"。

古人说："慧于心而秀于言。"与同学说话，能使心灵的聪慧得到交流，能使同学之间增加了解、增进情谊和相互增长知识。但要起到这样的作用，就要注意与同学说话的礼仪。往往因此也能推断出这位同学的品性教养、思想面貌和文化水平。那么，与同学说话具体应注意哪些礼仪呢？下面分成态度和内容两个方面来讲。

1. 说话态度

听同学说话时，态度要认真，不可做其他事，不可表示倦怠、打哈欠或焦急地看钟表；不要轻易打断别人的话，要插话或提问一定要先打招呼；若同学说得欠妥或说错了，应在不伤害同学自尊心的情况下，恳切、委婉地指出。与同学说话要态度诚恳、谦虚；要语调平和，不可装腔作势；还要关心听自己说话同学的兴趣和情绪。

2. 说话内容

与同学说话的内容要真诚实在，要实事求是地谈出自己对事物的看法。不说胡乱恭维别人的话，也不说使别人感到伤心、羞愧的事，更不说不文明的污言秽语。

古人说："言，心声也。"一个学生说话的态度和内容若是美的，那么，他的心灵也必然是美的。

（二）在学习生活中的礼仪

在学习上，同学之间要互相帮助。学习好的同学在保持谦虚、戒骄戒躁的同时要主动真诚地帮助学习差的同学；学习较差的同学应虚心求教，独立思考，不能抄作业或偷看答案：

在日常生活中，同学之间天天相处，难免会有一些磕磕撞撞的事或意见上的分歧。这时，要克制自己、尊重别人，要破除身上的"骄"、"娇"二气，心平气和地讲道理，不能使气任性，也不能用不文明的语言辱骂同学，更不能粗暴地动手打架。对同学如果有意见发表，应以委婉口气为宜，不要随便在大庭广众之下议论同学的不是。

向同学询问事情，实际上是麻烦别人对自己进行帮助和指导，因而，要注意如下几方面的礼貌：

① 应选择能答复自己问题的同学，作为被询问的对象。

② 要选择被询问同学有空或方便的时间去询问，不可打扰或影响同学的学习。

③ 开始询问之前，一定要先说："同学，对不起，打扰您一下，向您请教一个问题。"在被询问的同学同意后，再询问。

④ 若被询问的同学一时回答不上，自己应尽快为其解除尴尬，说："不要紧，这个问题是比较难回答，耽搁了您的时间，谢谢。"

⑤ 被询问的同学若把答案告诉了自己，应该在向他道谢之后，再离去。

男女同学在校园内共同学习，朝夕相见，为了大家相处得更好，双方也都应该注意如下几点基本礼仪：

① 异性同学之间，应特别以礼相待，要相互平等、相互尊重、相互帮助。

② 男同学应彬彬有礼，女同学应文雅大方。异性同学之间的接触，事前应得到女同学的许可，接触的地点要公开，举止言谈要大方，要高雅，要有礼貌，谈话的时间要短，相互不要靠得太近。在校外偶尔相遇，或久别重逢，在一般情况下，男生不宜先伸手要求握手。

③ 异性同学之间，不能互起绰号，不能讲粗话、脏话和庸俗的传闻，不能久久凝视对方，不能打打闹闹。对异性同学的容貌、身材和衣着，也不应品头论足，不应伤害对方的自尊心。

④ 对异性同学的弱点、缺点或残疾，不可进行嘲讽，而应热心帮助。

⑤ 在体力劳动等方面，男同学应该主动关心、帮助和照顾女同学。

⑥ 在娱乐场所，与异性同学接触的面不可太窄，不可总是盯住某某人。

⑦ 对异性中容貌较好的同学，不可庸俗化地赞美和恭维。

⑧ 在学校里拒绝异性同学的追求，所采取的措施要文明，要有分寸，不可讥笑对方，

不可公开异性的求爱信函，更不可伤害对方。

⑨ 到异性同学的住宿处串门，一定要注意时间。不可选择在多数同学要处理生活问题的时候，更不可选择在夜间已经熄灯之后。

战国时孟子曾说："爱人者，人恒爱之。敬人者，人恒敬之"。我们的祖国素以"礼仪之邦"享誉世界。作为中华民族的后代，我们有义务、有责任弘扬我国优良的礼仪风范，为"礼仪之邦"再添光彩。

【知识链接】

1. 程门立雪

我国宋代有位学者叫杨时。一天，他和另一位学者游酢冒着严寒同去向老师程颐求教。到了那里，见老师坐着睡着了。为了不打扰老师，他们恭恭敬敬地站在门外等着。过了很久老师醒来看见杨时、游酢正静悄悄、毕恭毕敬地侍立在外面，连忙说："你们二位有什么事？快请进来吧。"老师醒了并请他们了，他们才进门。此时，门外漫天大雪，地上积雪已有一尺多厚，杨时、游酢全身都白了。从此，"程门立雪"就成为尊敬老师的一个故事而流传下来。

2. 秦始皇尊师

秦始皇焚书坑儒，为此而落得个骂名千古。可他尊敬老师的故事却鲜为人知。那是秦始皇统一中国6年后，即公元前215年的秋天，他第4次出巡时发生的事。当时，秦始皇在文武群臣的护卫下，乘着车辇，从碣石向东北的仙岛前进。随着均匀的马蹄声，秦始皇不觉沉入对往事的追忆中：回想起自己幼年的老师，仿佛他就在眼前，虽说严厉，可令人钦敬难忘。他想：我赢政能有今日，其中也有他的一份功劳呢。那位威严的老人，第一次授课讲的就是舜爷赐给我们家的姓。他先分别讲了"亡、口、月、女、凡"，然后再合成一个"赢"字。第二天就要背写。"老师，这字太难写了。"、"什么？一个赢字就难住了？将来秦国要你去治理，难事多着哩，能知难而不进吗？"说着就举起了荆条棍……可惜自己已多年没见过这位老师，听说他老人家已经去世了。突然，车停了。前卫奏道：仙岛离此不远，请万岁乘马。于是，秦始皇换乘了心爱的大白马。过不多时，便到了岛上。始皇环视渤海，胸襟万里，豪气昂然，更加思绪万千。待到他低头察看眼前，却忽然下马，撩衣跪拜起来。随从的大臣们见此情景，莫名其妙，也只好跟着参拜。等皇帝站起身来，大臣李斯才问他为何参拜。秦始皇深情地说："众位卿家，此岛所生荆条，正是朕幼年在邯郸时老师所用的荆条，朕见荆条，如见恩师，怎能不拜？"后来，人们就把这个岛称为秦皇岛。传说岛上的荆条为秦始皇敬师的精神所感动，皆垂首向下，如叩头答谢状。

3. 教师节：美国孩子送给老师什么礼物？

美国孩子送给老师的礼物，都不会是什么昂贵的东西，通常只是一枚自制的贺卡、一张写有感谢话语的照片，或是自制的小点心，最多也不过是几美元的小纪念品。因为美国人普遍鼓励孩子动手动脑，所以很多礼品都是由孩子自己亲手制作的。

按美国学校的规章制度，老师不能接受学生的礼物、吃请，否则一经曝光，就面临被辞退的命运。然而，即使是再廉价的礼物，老师看到学生的一片心意都会很感动。据说一位小孩从中国回来，送给他的美国老师一个有中国结的钥匙扣，也就值一两元人民币，老师却被感动得热泪盈眶。有的老师还将学生赠送的照片、贺卡贴满自己的办公室。

在美国，尽管礼物本身的价钱不贵，但小朋友在赠送之前都会仔细包装一番。里面的内容也许就是几块自己妈妈烘烤的饼干，外面用彩色玻璃纸包出的漂亮造型却几乎让人以为是什么价值连城的珍宝。其实这也是美国社会赠送礼物的普遍风格，由此，美国商店的礼品盒、礼品纸以及缎带生意都十分火爆。

第三节 校园其他礼仪

学校礼仪，除了课堂礼仪、进出老师办公室的礼仪以及校园内公共场所的礼仪之外，本模块主要从校园活动礼仪、用餐礼仪、宿舍礼仪及阅览礼仪等方面详细介绍在校学生应遵守的礼仪规范。在校生应严格遵守学生不同场合的礼仪要求，做一个文明的职业学校学生。

一、校园活动礼仪

校园活动礼仪是学校礼仪的一个重要组成部分。它主要包括以下几方面内容。

（一）升、降国旗

学校里的升国旗仪式在每周一早晨举行（假期或天气不好除外），重大节日也应举行。举行仪式时，在校师生都要参加。学生一般以班级为单位，统一着装，列队集合在操场，面向国旗，肃立致敬。具体应做到以下几点：

1. 要肃立端庄

当主持人宣布："升国旗，奏国歌"时，要立正、脱帽、行注目礼。少先队员应行队礼，直至升旗完毕。如果学生路过其他单位，恰逢升旗和奏国歌时，也应立即停止走路，并立正，要等升旗完毕后方可继续行走。

2. 神态要庄严

当五星红旗徐徐升起时，象征着我们祖国蒸蒸日上，欣欣向荣，所以，在场的人应该仰视，并产生一种"以天下为己任"的使命感。

3. 要保持安静

在升降国旗时，所有人都要保持安静，切忌自由走动、打闹和东张西望。

降旗一般在傍晚放学前进行，不再举行仪式，由旗手和护旗手直接将旗降下来。降旗时态度要认真恭敬，将旗仔细卷好，交给负责保管的老师。不可将国旗弄脏弄破或随手乱扔。

（二）开学、毕业或校庆典礼礼仪

举行开学、毕业或一些校庆典礼时，全体与会人员准时入场，在规定的地方就座，遵守会场秩序，不得讲话和随便走动，不做与大会无关的事情。坐姿要端正，必要时统一着装。

上台发言、领奖或表演时，走路要稳重，从规定的台口上台。站在台上要双手自然下垂，站姿端正。接受奖品、奖状时要用双手去接，行鞠躬礼，然后转过身来，面向台下，将奖状高举过头向大家展示后，双手拿好贴放胸前。下台时也要脚步稳重，从指定台口退下。

台下同学要遵守会场秩序，注意听讲，适时报以掌声，不要交头接耳、随意谈笑，更不要起哄、喊叫。

二、用餐礼仪

食堂是校园里一道独特的风景线，每天这里人来人往，饭香四溢。一个学生的文明程度，用不着笔试或口试，只需让他到学生食堂去买买饭，便一目了然。

很多学校，由于生员多，就餐拥挤早已不是"今日"话题。虽然校方采取了种种行之有效的方法、扩大食堂、延长开饭时间、分两批吃饭，甚至在一些学校的食堂里，为制止学生插队，派学生、老师轮流戴红袖标值勤，让"一小撮"去监管"一大群"，从而构成校园中的一大风景，但效果并不理想。因此，校园食堂中少不了必要的礼仪来规范大家的就餐行为，确保有序的食堂秩序。具体应注意以下几方面：

（一）自觉排队买饭

自觉排队买饭，这应该成为学生在食堂就餐时必须遵守的头一条纪律，相信每个人都有一种急切的心情，但是这种急切的心情并不能成为自己插队的理由，如果谁见到熟人便要插队先买，就势必破坏了规矩，引起秩序混乱，就不能确保大家就餐氛围的舒适。如果牺牲别人的利益，自己获取的只是暂时的私利，失去的却是长远的集体利益。

一支代表中国参加国际奥林匹克竞赛的代表队曾经遇到过这样一道致命题：如何才能在最短的时间内把10个连着线绳的小球从细口瓶中取出？最后，中国队的答案是：每个同学负责一个小球，分好次序，并按照次序依次将小球拉出细口瓶。这个答案是正确的，而这个命题恰恰说明了如何达到分散个体的最大效率的问题。这给我们的启示就是秩序往往能确保有限条件下的效率最大化，而有效的秩序被破坏，则意味着效率的丧失。所以，在食堂中一定要遵守秩序、一定要维护秩序。

从另一方面来说，凡事得讲个先来后到，先来者排了半天队仍买不到饭，谁都不会愉快的，如果此时先来的与插队的人真要"理论"一番，弄不好拳脚相见，顷刻间，会把食堂变成"斗殴场"。

（二）不要大声喧哗，举止要得当

① 用餐时，不要在食堂内大声喧哗。几个同学一起吃饭，说话声音不要过大。餐厅在就餐时间里人山人海，如果每一个人都大声讲话，那么食堂就会显得十分喧闹，显然不适合进餐。

② 有些同学喜欢在排队的时候敲击碗筷，甚至唱歌助兴，这种行为实在算不上雅致，从规范的就餐礼仪来看，是一种失礼的行为。

③ 在餐厅，同学之间不要互相打闹，食堂的地面可能湿滑，打闹不慎会摔倒、跌伤；而且食堂中人来人往，也容易将饭菜弄洒、衣服弄脏。

④ 学生食堂人多，所以端碗行走时要小心，不要将菜汤洒在别人身上。万一不小心弄脏了别人的衣服，要礼貌地道歉。别人无意弄脏了自己的衣服，应该多给予谅解。

（三）找位子要谦虚礼让

在就餐高峰时，食堂往往是人满为患，去得稍微晚一些，要找到空位子的确很难。而在找空位子的过程中，应该遵循谦虚礼让的原则。

如果餐桌上已经有了就餐的同学，还有一个空位的时候，我们应该礼貌地先问："同学，请问这里可以坐吗？"在得到肯定的回答后方可入座。入座的时候，动作要轻，不要影响正在就餐的同学，还要注意在自己的座位和邻桌的座位之间留出空道。

如果就餐人多座少，我们随身携带的书包就不要放到空位上，这样可以让更多的人找位子。如果两个人同时找到同一个位子，那么大家就应该表现出谦谦君子之风。

（四）勤俭就餐

要爱惜工人师傅的劳动成果。"锄禾日当午，汗滴禾下土。谁知盘中餐，粒粒皆辛苦。"这首耳熟能详的诗，从小就教育我们要勤俭节约，但是浪费的现象每天都在发生。所以，同学们在点菜时，千万不要"眼大口小"，要按自己的饭量买饭点菜，不要点得太多，也不要点得太少。尤其是点菜的时候，不能有攀比之风，不能为了所谓的"面子"来点菜。丰俭由人，吃饱、吃好才是我们就餐的最终目的。而一旦饭菜吃不完，不能把它倒在洗碗池中，而应该倒在指定的桶或缸内。

（五）就餐时要注意自己的举止

学生时代正是培养自己良好行为举止的时期，在吃饭时，每个同学都应该培养自己端庄的礼仪。

① 吃饭时，要细嚼慢咽，狼吞虎咽不雅观。

② 在咀嚼的时候，嘴里不要发出声音，一次不要放太多的食物进口，以免食相不雅，更不要往地上吐东西。

③ 口含食物时，最好不要与别人交谈，如遇到旁人向你提问，要咽下口中食物后再回答。

④ 进食期间开玩笑要有节制，以免发笑把食物喷到别人碗中，引人不快。

⑤ 如果牙齿里塞有东西，可以到洗漱间漱口，不能当着别人的面剔牙，如果非剔不可，要用一只手挡嘴，另一只手剔牙。

⑥ 用餐时要吐痰、抹鼻涕须离开餐桌进行，遇上打饱嗝、打喷嚏、咳嗽，最好用手帕捂住嘴并赶紧把头转向后方。

⑦ 如果有人想和自己同桌用餐，应该表示欢迎，同时不妨酌情移动一下座位，让就餐者宽敞入座。

（六）自觉维护食堂的清洁卫生

每个人都希望食堂的就餐环境清洁、卫生，保持食堂的清洁不仅是食堂工作人员的工作，广大的同学也应该自觉地维护就餐环境。

维护食堂的卫生状况主要应该注意两点：其一，在吃饭的过程中，注意不要把饭菜洒到桌面上，如果有鱼刺、鸡骨之类的东西，要暂时把它们放到一边，不要放到别人的眼前而影响别人就餐；其二，在就餐结束的时候，将自己桌面上的垃圾收拾干净，可以暂且放到自己的碗碟中，然后将盛有垃圾的碗碟送到工作人员那里。

其实，这些不过是举手之劳罢了。"勿以善小而不为"，从点滴小事上往往能看出一个学校学生素养的高低，而且这种举手之劳对于食堂卫生状况的维护有着非常明显的效果，同时也尊重了食堂工作人员的劳动。

（七）不可在食堂拿走公用餐具

有些同学在食堂就餐后，喜欢从食堂里拿走一些就餐用具，如筷子、勺子、碗碟之类的。也许大家以为既然这些物品在食堂中是公用的，也就可以为自己所用。其实，这种想法是错误的。如果仔细追究起来，这种行为算得上是一种违纪行为。所以，希望同学们提高自己的认识，提高自觉意识，严于律己，不能在原则问题上犯错误。

三、宿舍礼仪

宿舍是在校生在学校学习期间临时的家，大家生活在一个大家庭里，学习、生活及其他活动都是集体进行的。因而，为了保证在校学生有一个整洁、宁静、心情舒畅的学习与生活的环境，要求学生除了自觉遵守学校规定的住校守则以外，还应特别注意如下一些礼仪。

（一）严格遵守作息时间

起床、就寝、自修、用餐、熄灯等，都应严格按照学校规定的作息时间进行。夜间就寝后上下床动作要轻；听音乐时尽量使用耳机，或尽量把音量调小，以免影响别人休息。

（二）尊重集体生活秩序

① 贵重物品不能乱丢乱放，要安全可靠地放在自己带锁的书桌内或壁橱里，如遗失物品，不要胡乱猜疑别人。

② 不随便使用、翻弄或移动别人的东西。

③ 平时在宿舍里不高声谈笑，并尽可能使用微型手电照明，以免影响别人。

④ 借用他人的东西，虽是同室，也必须得到物主的同意，用后要及时归还。东西若有损坏，应照价赔偿。

⑤ 在寝室内，应与在别的地方一样，不可乱叫其他同学的绰号，不可讲粗话和下流的话。

（三）重视公共安全

去他人寝室串门，应在有同学相邀的情况下进行，一般不随便去其他宿舍串门，更加不可有事没事到处乱窜。进他人寝室后，应主动向其他同学打招呼，并只能坐在邀你的同学的铺位上，不能随处乱坐，若邀请你的同学睡的是上铺，一定要在得到下铺同学的许可后，方可坐其铺位。未经同意，不能动用别人的茶具和毛巾等物。谈话声音要轻，谈话时间要短，不能坐得太久，以免影响其他同学处理生活上的事；若是去异性同学的寝室串门，要注意在室内其他同学方便的情况下才能进入，尤其是夏天穿着单薄。在异性寝室，谈吐要文雅，逗留时间要短暂。不要随便把外人带进学校，要随时注意用电、用火的安全。

（四）亲友来访，勿碍他人

在寝室接待亲友或外人来访，入寝室之前，自己应先向在寝室里的同学说明情况，在他们有所准备后，方可让来访者进入。进入寝室后，自己应主动为同学介绍来访者。和来访者谈话声音要轻，时间不能过久，以免影响其他同学的学习和休息。如果涉及的事情比较多，则应与来访者一道离开寝室，另找地方交谈。

（五）厉行节约，爱惜公物

在宿舍，要随手关灯，节约用水，不损坏集体宿舍的各种设备。如无意中损坏了公物，要主动承认并自觉赔偿。

（六）公共卫生

对住校的学生来说，正因为寝室是他们的主要生活环境之一。它的面貌，在一定程度上也能体现和反映出这些学生的文化修养和思想修养。所以，在寝室里要注意如下礼仪：

① 要保持寝室整洁，定期擦洗地板、桌子、橱柜和门窗，定期打扫寝室。

② 床上的被褥要折叠地整齐美观，衣服、鞋帽、毛巾、脸盆和其他洗漱用具等个人物品要按照学校的规定摆放在指定的地点。

③ 换下的脏衣服、脏鞋袜要及时清洗和晾干，未洗之前不可乱丢，要放置在隐蔽的地方。

④ 毛巾、脚布都要挂整齐，并且不与别人的靠叠在一起，以避免互相感染。脸盆等其他洗漱用具应有规律地安放在一定的地方。

⑤ 点心、食品和碗筷等，不仅要安放整齐，还要注意密封、遮蔽和加罩，以确保卫生。对已变质的食物，要及时处理掉。

⑥ 寝室内畚箕、扫帚等公用物品，用后要及时放回原处，不随便乱放。开门、关窗要轻，并注意随手关灯。若寝室内有花，要注意爱护。

总之，大家生活在同一宿舍，应该始终保持一种友好团结的气氛，这样有利于大家保持心情愉快，休息充分。当然，同学之间有时免不了发生一些摩擦，但也要抱着互谅互让的原则，通过诚恳地交换意见来加以解决，互相辱骂或拳脚相加，既失礼貌、伤和气，又于事无补。

四、阅览礼仪

图书馆是人类知识的宝库，是知识的海洋，是人类的良师益友，是人们终身学习的场所。图书馆和阅览室都是学校公共的学习场所，需要靠全校同学的共同努力才能创造一个良好的环境。这就要求每个阅览者遵守公德，讲究文明礼貌。

（一）要注意整洁，遵守秩序

去图书馆或阅览室都要衣着整洁，不能穿着背心和拖鞋入内。进入图书馆或阅览室时，要按先后次序排队，依次进入，不可争先恐后，后来居上。就座时，最好不要为自己的朋友预占位置，也不要去抢占暂时离开的读者的座位。

（二）要保持环境的安静

到图书馆或阅览室看书时，特别要注意保持室内的安静和整洁。走动时脚步要轻，不要高声谈话，不要吸烟或吃带有果壳的食物，也不要利用室内的座位休息和睡觉。

如果在图书馆中遇到问题，可以轻声请教图书管理员；如果想和同学分享阅读的快乐，不用说话，一个眼神、一张纸条完全可以达到同样的目的；如果你真要说话，可以和同学一起走出图书馆，到外边的走廊中交谈，这都是符合礼仪规范的行为。

当我们进图书馆的时候，一定要将自己的手机等通信工具关闭，或调到振动模式。在图书馆中大声接听手机的行为是非常不文明的，而且还会影响他人看书，破坏图书馆的氛围。但是，这种现象在图书馆中越来越多，问题越来越突出，所以同学们一定要提高自己的素养，提高自己的意识水平，严格要求自己，遵守校园礼仪。

（三）要爱护图书

图书是公共财产，不能为了个人或小集体的需要而损坏属于大众的图书。此外，图书也是我们的良师益友，从书中我们学习知识，积累经验，让我们看见了大千世界、芸芸众生。所以，我们要像爱护自己的眼睛一样爱护图书。

古人对图书的爱护是十分重视的。据记载，司马光藏文史书籍万余卷，常常整日整夜地翻阅浏览，数十年从不中断，但书籍却完好如新，好像从未被翻动过一样。他曾多次教导儿了：做生意的人聚集钱财，有学问的人则收藏图书，应当懂得爱惜图书。他要求儿子在天气晴朗之日读书时，必须于避开日光照射的地方看书，看书前必须先将书案整理干净，然后才能翻阅；如果旅行途中需要看书，必须用方板衬托，不能用手持书阅览，更不可用汗渍的手去触摸图书，以免污损图书；看完一页，要轻轻用右手拇指与食指沿书边轻轻翻过，绝不可以揉皱纸张。

在看书的过程中，不要在书上乱涂乱画。如果遇到喜欢的字句，应该马上抄在自己的笔记本上，以备日后研读。如果对某句话或某段、章、节有兴趣，可以通过复印、摘抄等形式记录下来，同时附上自己的想法。历史学家顾颉刚先生的身上总是离不开纸笔。无论是在图书馆，还是在朋友家中，他总是能抽出时间将自己喜欢的东西从书中摘录下来。这样的笔记顾颉刚先生积累非常多，而能将所有的书完璧归赵。

在看书的过程中，不要折页。这种折页对图书的损害特别大。其实，一个书签、一片枯叶，甚至一张白纸都会达到目的。大家又何必将图书弄得遍体鳞伤呢？

所以，我们说吃透书中的内容，并不是把这本书吃掉！学习书本上的精神，并能使书保持原来的风貌，而不影响其他同学的阅读和学习，这样才是我们应该遵循的礼仪规范。

（四）要文明看书

在图书馆查阅目录卡片时，也不可把卡片翻乱或撕坏，或用笔在卡片上涂抹画线；对于书架上的书刊，应一本本地取下来看，不要同时占用几份书刊。书刊阅读完后，应该立即放回原处，以免影响他人阅读。对图书馆和阅览室内的桌椅板凳也应注意爱护，在桌子上不要随意刻字画画，坐着时不要摇摆凳椅等。

（五）图书要及时归还

"图书的价值在流动之中。"每一个求知者都应自觉地使它发挥最大的效益。所以，我们应该在规定的时间期限内归还从图书馆借的图书；如需要续借，则应该在网络上或亲自到图书馆办理续借手续。虽然各个图书馆都有相应的处罚措施，以防备各种延期的情况发生但是我们认为按时还书是一种礼仪，会加快图书流动的速度，让更多读者省去苦等的麻烦，提高图书的使用效率。

当自己借到一本急需的书时，应抓紧时间看完。特别对一些"热门书"，更应该速看速还，以免影响他人借阅。借到好书就想占为己有，迟迟不还，这是缺乏社会公德的表现。

（六）借书要遵循适量原则

每个人的阅读速度、阅读时间、阅读效率和阅读的目的决定了他在一定时间内阅读的数量。对自己在一段时间内的阅读数量应该有一个估计，这种估计决定了我们大体上应该从图书馆借取多少图书。如果图书借多了，无法在有限的时间内看完所借的图书，那么图书实际上是"沉睡"在自己的书橱里，无人问津。所以，一次性借大量的图书，以至于无法完成阅读，并没有充分利用图书馆的资源，而是对资源的浪费。

掌握适量的借书原则是一个过程，每个人读书的速度、读书的效率和读书的时间都是变化的，所以对自己阅读能力的掌握需要时间的积累。这并不是一个硬性的标准，适量的原则更大程度上是一种自律、一种自己把握的节奏。

（七）电子阅览室规则

在电子阅览室中，学生应该严格遵守国家的有关规定。现在，学校图书馆已经发生了翻天覆地的变化，电子图书馆和电子阅览室就是其中最为显著的变化之一。《中华人民共和国计算机信息网络国际互联网管理暂行规定》中，明确要求：不看和输入有损于国家尊严、有悖于四项基本原则、黄色淫秽的网页。同时，也不能任意删改和安装计算机系统配置和任何文件、软件，以此来确保图书馆的计算机正常运行。在电子阅览室中，为了确保计算机网络的畅通，防止病毒的入侵，禁用个人光盘和软盘。如果确实需要录用有用的信息时，可以向工作人员申请，得到允许后方可使用。

高尔基说过："书籍是人类进步的阶梯。"对于我们来说，如何运用浩如烟海的书籍，如何在图书馆中如鱼得水，关键就是遵守图书馆的相关礼仪，就是要遵守图书馆的相关规定。只有这样，才能达到图书馆"为我所用"、"为人所用"的目的。

【知识链接】

马克思于 1818 年诞生于普鲁士莱茵省特利尔城一个律师的家里，青年的马克思就有着改造社会的强烈愿望并付诸行动，因而他受到反动政府的迫害，长期流亡在外。1844 年，马克思在巴黎认识了恩格斯，共同的信仰使彼此把对方看得比自己都重要，马克思长期流亡，生活很苦，常常靠典当生活，有时竟然连买邮票的钱都没有，但他仍然顽强地进行研究工作和革命活动。为了维持马克思的生活，恩格斯宁愿经营自己十分厌恶的商业，把挣来的钱寄给马克思。他不但在生活上帮助马克思，在事业上，他们更是互相关怀，互相帮助，亲密地合作。他们在伦敦时，每天下午，恩格斯总到马克思家里去，一连几个钟头，讨论各种问题；分开后，几乎每天通信，彼此交换对政治事件的意见和研究工作的成果。他们之间的关怀还表现在时时刻刻设法给予对方以帮助，都为对方在事业上的成就感到骄傲。马克思答应给一家英文报纸写通讯稿时，还没有精通英文，恩格斯就帮他翻译，必要时甚至代他写。恩格斯从事著作的时候，马克思也往往放下自己的工作，编写其中的某些部分。马克思和恩格斯合作了 40 年，建立起了伟大的友谊，共同创造了伟大的马克思主义。正如列宁所说"古老的传说中有各种各样非常动人的友谊故事，后来的欧洲无产阶级可以说，它的科学是由两位学者和战友创造的。他们的关系超过了古人关于人类友谊的一切最动人的传说。"

学生时代，是人生最宝贵的时代；同学关系，是人生最宝贵的人际关系。同学间的交际具有平等性和非功利性的特点，在这一基础上建立起来的友谊，最纯洁、最稳定、最长久。经历过学生时代的人，大凡都有这样的感觉：平时最贴心的朋友，往往是小学、中学或大学时代的同学。

【复习思考题】

1. 在校生在文化素质方面要达到哪些要求？
2. 试述成为一个合格的职业学校的学生要达到哪些素质要求。
3. 学生如何做到"六勤"？
4. 学生进出老师办公室要注意哪些礼仪？
5. 如何做到尊敬师长？
6. 试述学校的用餐礼仪。
7. 试述学校的宿舍礼仪。
8. 阅读下列案例，说说它能给你带来什么启示？你愿意做年轻时的"陈蕃"吗？为什么？

东汉时期，有个叫陈蕃的人，他年轻时很想干一番大事业，立志要"扫除天下"。可是，他却从来不肯动手把自己家里的环境打扫干净。有一天，他父亲的朋友薛勤来拜访他，对他说："小伙子你为什么不整理打扫房间后来迎接客人呢？"陈蕃说："大丈夫应当以扫除天下的大事为己任，怎么能只做打扫一厅一室的事呢？"当时薛勤就批评他说："一屋不扫，何以扫天下？"

第五章 求职应聘礼仪

了解求职应聘的相关知识；掌握求职应聘中常用的基本礼节及礼貌行为规范。

2006 年 6 月 28 日，一场大学生暑期打工专场招聘会在××市×××劳动力市场举行，个别学生因行为举止"失礼"遭拒。招聘会刚开始，××招聘单位被围得水泄不通，现场有些混乱。一名投递简历的男生，拥挤中随口来了句脏话，招聘人员立即退回了他的简历。另一家电脑公司招聘台前，一名女大学生涂着鲜红的口红，上身穿着吊带衫，光脚踩着凉鞋，脚趾上的指甲油鲜艳夺目，很快，她的简历也被打了"回票"。该市场负责人说，此类现象在招聘会上已屡见不鲜。当前一些大学生亟须加强求职应聘礼仪学习，提高个人修养，为自己赢得良好的"印象分"。

一、求职应聘的内容与形式

现在用人单位通常采用的是个体面试和群体面试两种。所谓个体面试，指主考官只面对一个求职者；而群体面试则是在会议室或是接待室，主考官面对多个面试者。

在求职应聘时，除了要了解应聘面试的形式外，还要知道主考官一般提问的方式。

1. 标准提问式

按照事先拟订好的程序提问，这种提问方式逻辑性、连贯性较强。

2. 自由提问式

根据考官的兴致和对回答的满意程度来提问，这种提问方式跳跃性较大，随意性较强。

3. 压迫提问式

这种提问比较常用。它是指考官对应聘者提出一系列很难回答的问题，考察应聘者在强大压力下的反应能力。

二、求职应聘前的准备工作

（一）服饰准备

在求职中仅靠专业知识和热情是不够的，与招聘单位接触时还应有礼貌、讲仪表。首先，必须具备"求"的心态，无论自身条件多么好，人才市场的供求状况对自己多么有利，都不能摆出一副"舍我其谁"的架势。在求职的整个过程中要始终尊重他人，注重礼貌修养。此外，还应注意个人的外在仪表和自我形象。服饰仪容既是一个人审美观的表现，也是文化素养的具体反映。求职面试时，仪表服饰一定要力争给人以整洁、美观、大方、雅致、端庄、明快的感觉。一些看来毫不起眼的小小"失误"，常会令求职者功败垂成。请记住，用自己举止和形象，向招聘者表明"我是最适合的人选"。

在这里分别介绍一下男士和女士在求职面试时在服饰方面应该如何准备。

1. 男性在应试时应注意的事项

① 注意头发修整，如果稍嫌过长，应修剪一下。

② 避免穿着过于老旧的西装，颜色以素净为佳。

③ 正式面试时，以长裤并熨烫笔挺为好。

④ 衬衫以白色比较为好。

⑤ 尽量选择颜色明亮的领带。选购时可以征询太太或女友的意见，太过鲜艳显得花哨，以能带给他人明朗良好印象较为适宜。

⑥ 领带不平整给人一种衣冠不整的感觉，尽可能别上领带夹。

⑦ 西装胸袋里放一条装饰手帕看起来颇为别致。

⑧ 西装和皮鞋的颜色以保守为原则，面谈时最好避免选择过分怪异的颜色穿着。

⑨ 戴眼镜的朋友，镜框的佩戴最好能使人感觉稳重、和谐。

2. 女性在应试时应注意的事项

① 穿着应有上班女郎的气息，裙装、套装是最合时宜的装扮，勿穿长裤应试。裙装长度应在膝盖左右或以下，太短有失庄重。

② 面谈时应穿高跟鞋，最好避免穿平底鞋。

③ 服装颜色以淡雅或同色系的搭配为宜，颜色勿过于花哨，形式亦不宜暴露。

④ 头发梳理整齐，勿顶着一头蓬松乱发应试。

⑤ 应略施脂粉，但勿浓妆艳抹。

⑥ 不宜擦拭过多的香水。

总之，穿着打扮应谨守给人"信得过"的印象。

（二）心理准备

面对择业，大学生的心理是复杂而多变的。一方面为自己即将走向社会，将自己所学的知识和本领奉献给人民，实现自己的人生价值而感到由衷的高兴；另一方面也常常表现出矛盾的心理。所以调整好择业心态，做好充分的心理准备，积极参与竞争，勇敢地迎接挑战，在择业过程中是非常重要的。

大学生择业要知己知彼。知彼就是要了解择业的社会环境和工作单位，正确认识面临的就业形势，了解社会需要什么样的大学毕业生。知己就是实事求是地评价自己，对自己有正确的认识。要客观、正确地认识自己在德、智、体诸方面的情况，自己的优点和长处，缺点和短处，自己的性格、兴趣、特长。要明了自己想做什么和能做什么，社会又允许你做什么。只有这样才能保持良好的择业心态。

良好的择业心态主要有哪些表现呢？一般来说应包括以下几个方面。

① 选择适当的就业目标。一个人的择业目标应和本人具备的实力相当或接近。

② 避免理想主义，及时调整就业期望值，不刻意追求最满意的结果。

③ 避免从众心理，一切从自身的特点、能力和社会需要出发，不与同学攀比。

④ 克服自卑、胆怯的心理，树立自信心，树立敢于竞争的勇气。

⑤ 不怕挫折。遇到挫折，不消极退缩，采取积极的态度，勇于向挫折挑战。

在求职面试时应该树立怎样的求职心态呢？

1. 持有高学历不等于就业易

用人单位需要的是合格而且合适的人。对用人单位来说，合格加合适就是优秀。在合适条件下，每个人都可以胜任某一项工作，因而可以认为每一个人都是优秀的。高学历的人，就其总体而言，较之低学历的人拥有更多的知识，但这并不总是和能力、经验成正比，而企业需要的恰恰是后者。高学历对企业来讲意味着高成本，并承担着较高的人才流失的风险。因此，企业并不总是一味青睐高学历的人，而高学历的人也因此觉得不公平。其实，企业没有错，错在高学历的人自己选择了一个错误的目标市场，没有认识到企业的投入是必须要考虑回报的。在这一点上，高学历的人千万不要心理不平衡。记住，高学历是可以按照计划"批量生产"的，而企业家不是培养出来的，而是自己从无数次失败中"悟"出来的。

2. 培养求职者的核心竞争力

由于社会分工的高度专业化，企业很难完全靠自身力量来对应聘者是否符合要求作出判断。因此，常常提出一些诸如学历、文凭、证书、职称、工作年限等"硬指标"，有时学校和老师的名气、社会背景、社会关系等因素也起了很大的作用。但求职者千万要记住，这些都是"敲门砖"，企业真正需要的是能给企业创造效益的分析问题、解决问题的综合能力，这就是求职者的核心竞争力。由于现代社会对人的要求越来越高及企业为适应环境不断作出调整，一专多能的复合型人才是最受企业欢迎的。大学生不要在学习期间就给自己过早地确定职业目标，因为专业对口是一种理想化的就业，在大多数时候要根据企业的需求来调整自己的选择。知识面广的大学生，可供其选择的机会也更多一些。还有一点不要忽视，培养计算机和外语的实际运用能力十分重要，千万不要为了考证而学习。学习是为了使用，考证只是一种检验、评价能力的一种手段。

3. 初次就业不要指望一步到位

现在很少有人会在一个企业工作一辈子。因此，下岗、再就业、跳槽将是不可避免的事情。大学生初次就业固然要慎重，因为一个好的起点对今后的发展是十分重要的。但是，期望一步到位的想法是很不现实的。所谓到位就是对找的工作在待遇、个人兴趣、事业发展、地区环境、人际关系、企业文化等方面都十分满意，但这一切都是在变化中的。当越来越深入地了解社会，才会真正认识到"天外有天"的道理。初次就业，重在通过实际锻炼将所学知识转化成技能和经验，而对待遇上的要求不要太高，但不能收入低到不能满足基本生活需要。记住一点，骑着驴找马比走路找马要容易。

在市场经济环境下，人才流动成为十分自然、普遍的现象。应该爱岗敬业，因为获得了报酬，但公司毕竟不是家。有人把职业人服务的公司比作列车，而职业人是列车上的旅客。列车的终点并不总是和乘客的终点一致，因此，中途下车是很自然的事情。如今，炒鱿鱼不再是老板的专利，员工炒老板的鱿鱼已不足为奇。在下列情况出现时，就应该考虑跳槽的问题了：公司经营不善而且有越来越恶化的趋势，个人才能长期得不到发挥或受到排挤、打击，和老板、同事的关系十分紧张，有更合适的工作机会。实际上，是否应该跳槽完全取决于自己的判断和感受，该跳时不要犹豫，不该跳时安心工作，没跳之前要站好最后一班岗。有一条一定要听从的忠告：千万不要在吃到巧克力之前就把手上的饼干扔掉。

4. 用人单位的任何招聘条件都是合理的

求职者经常抱怨企业用人带有明显的歧视性。在市场经济环境下，从法律的层面来讲无可非议。企业是自主经营的主体，有权决定其经营活动。对这一点，求职者只要做一下换位思考就很明白，大可不必为此愤愤不平，甚至采取拒绝就业的过激行为。企业也不是可以随心所欲地做任何事情的，市场是控制、规范其行为的"无形的手"。如果失业队伍庞大，企业有充分的选择余地，企业的"歧视性"招聘条件会越来越苛刻，反之，企业会自动降低门槛。对这一点，用不着过多讨论，求职者对要求苛刻的企业也不用理会。坚持下去，一定会遇到对自己青睐而对他人歧视的企业。

5. 适当时考察招聘单位很有必要

招聘和求职是一个相互了解、双向选择的过程。可以这么说，对感兴趣的企业了解越多，和面试考官的共同语言就会越多，从而提高应聘成功的可能性。考察的途径很多，比如可以通过熟悉该企业的朋友、亲属询问，通过企业本身的宣传资料（包括企业的网站）。必要时可以想办法到企业办公地址亲自看一看，即使是被前台接待拒绝进入办公区，至少可以从周围环境感受一下企业的形象。当然，这种了解还只是对企业表层的了解，真正的了解只有在作为一名员工工作一段时间后才能做到，如同鞋子是否合适只有自己的脚知道一样的道理。但是，这样的调查还是十分必要的，特别是在防止陷入招聘陷阱方面有很大的作用。

6. 创业应该是大学生的一个中长期目标而不是短期目标

做自己的老板是一件令人向往的事情，这其中最大的诱惑就是拥有自己的天地，不再受别人的约束。但同时必须清醒地认识到，创业是一个需要资本投入、并尽量使产出大于投入的过程。这里，资本包括资金、资产、知识、能力、社会关系，而且这些资本不仅要有一定的数量，而且要有一定的质量。问题在于如何保证产出大于投入？这是一个无法确定答案的问题。如果做不到这一点，老板实际上是在为打工仔打工，这时候还不如做打工仔。一般来说，刚毕业的大学生不宜立即创业，因为还有很多条件不具备，但从一开始就要在心底确定创业的目标，并为实现该目标积极准备，在条件具备时才能考虑付诸实施。创业应该是一个水到渠成的过程，既不是充满豪言壮语的演讲，也不是充满变数的赌博。如果能找到一份不用"坐班"的工作，"老板＋打工仔"也是一种减少风险的模式。

（三）材料准备

本、专科毕业生就业，实行在国家就业政策指导下，通过供需见面、双向选择，在一定范围内自主择业，落实就业的方案。毕业生参加各种毕业生供需见面双向选择会、洽谈会、招聘会、人才交流洽谈会、人才资源招聘会，访问用人单位，恳请老师推荐，拜托亲友帮忙，都需要一个书面介绍自己的材料，达到"广种薄收"的效果。而大部分用人单位安排面试的依据是阅读有关毕业生情况的书面资料。因此，撰写有说服力并能吸引读者注意力的书面资料是赢得竞争的第一步。

书面资料包括求职信、简历、毕业生推荐表、成绩单及各种证书、已发表的文章、论文、取得的成果等。

一封好的求职信，在求职者尚未到来之前就给招聘单位留下一个很好的第一印象。这对顺利入围面试是十分重要的。

求职信属于书信范畴，主要包括称呼、正文、结尾、署名、日期、目录、附件等6个方面的内容，其中正文是求职信的主题，首先要实事求是地说明本人的基本信息（但不要把个人简历照抄一遍），其次要有针对性地说明能胜任应聘岗位的各种能力和经验，最后要表示希望得到答复和面试的机会。准备求职信要注意以下几点。

① 精心设计，力争求职信能在堆积如山的简历中脱颖而出。对大学生而言，这里的关键是标新立异而又没有哗众取宠的感觉，从而达到出奇制胜的效果。比如，如果写得一手好字，一份用钢笔书写的求职信可能会使招聘人员眼前一亮；如果能将各种材料如照片、证件扫描、编辑排版，这种画册式的求职信自然与众不同；如果能制作一张光盘，其中不仅包文字、图片，还有录像片段，或者自己建立一个网站，都会给招聘单位留下深刻印象。

② 实事求是、恰如其分地介绍自己的能力和特长，但不必谦虚。只要在某一方面确有能力，适当地吹嘘是自信心的体现。

③ 文笔要流畅，表达要准确。如果是手写，字迹要工整。在任何情况下，都要尽量避免笔误或拼写错误。

④ 重点突出，有条理，篇幅以两页约 1500 字较为合适。要有针对性，可能情况下应聘不同工作岗位时使用不同版本的求职信。

⑤ 在求职信的适当位置插入精心选择的近照，不宜选择生活照。无论是贴上去的照片，还是打印出来的图片，都要做到清晰、柔美、不失真。

如果是通过邮局寄送求职信，要选择较好的信封，不要使用太薄、太黄、太糙的信封。在信封的正面，端正地贴上一枚精美的邮票，以引起对方的注意。

求职信一般都要求同时寄一些有效证件的复印件如成绩单、推荐函、学历证、学位证、获奖证书、身份证，或任何其他能证明求职者能力的证明材料，如论文、发明证书。求职者最好在正文下方列出一个附件清单。这样做，达到以下目的：①方便招聘单位审核；②给招聘方留下一个"有条不紊、很负责任、办事周到"的好印象。

个人简历是求职应聘时必不可缺的材料。一份精心设计、编排的个人简历，可以引起主考官的注意和重视。一份完整的个人简历应该包括以下方面内容。

① 个人基本情况：包括姓名、性别、出生日期、最高学历（学位）、电话、电子邮件等。可以在该部分内容的右侧粘贴或打印本人 1 寸照片。

② 教育和培训情况：对大学生来说，可以从中学开始填写。特别注意填写上各种培训经历。

③ 工作经历：用 1～2 行简明扼要地描述曾工作过的单位、职务及从事的工作。

④ 能力和经验：对本人的能力、经验分门别类地做一个简要地描述。针对应聘职务的不同，表达该部分内容时可以有不同的重点。假设在计算机编程方面的能力比较突出，并且作为班干部组织了许多学生活动，如果打算应聘营销、公关、文秘类的职务，就应该突出后者以显示公关能力；而如果打算到一个软件开发公司应聘，对后者的描述就应该弱化甚至不写，而应该花较大篇幅说明在数学、语言、程序开发等方面的才能。总之，要站在招聘单位的角度来思考，打算应聘的职位的基本要求是什么。

⑤ 个人兴趣和特长：虽然不是简历的重点，也不要篇幅太长。但从列举的兴趣中可以对个性特征有所了解。记住，现代企业不需要一个书呆子。

⑥ 其他：包括论文、译著、获奖情况。

以上是个人简历的基本内容，可以根据自己的实际情况予以适当的调整。

简历就形式分可以分为以下几种。

1. 完全表格式简历

完全表格式简历综述了多种资料，易于阅读。这种格式通常适用于年轻、缺乏工作经历的求职应征者。资历浅的应聘者最好准备各种不同的资料，如所学课程、课外活动、业余爱好、社会实践。

2. 半文章式简历

这种格式使用较少的资料表格，而使用几项较长资料的记载，表格的数量和文字记载的长短可随经历而变化。资历丰富的应征者也许会发现半文章式简历更有利。

3. 小册子式简历

小册子式简历是一种多页的、半文章式的活页格式简历。这种简历可以有 4 页、8 页、甚至 12 页。应聘者需要用一定的技能去撰写、设计。

4. 时序式简历

依时间先后顺序编写学历和工作经历。通常按中国人的习惯是由远及近、由过去到现在顺着写；而在国外和呈给外资企业的简历则是由近及远、从现在到过去进行介绍。内容包括工作和学习起止时间、职务、就职单位名称，以及对个人职责与业绩的简要陈述。这种方式可以充分表现求职者的日趋成熟，不断进步。但这种方式的表述有时不免令人觉得累赘。尤其是有些不太重要的内容如果不予列出，则在时间序列上出现了断层；如果全面列出，则可能使人看不出重点。

5. 职务式简历

按职务式或职能式编写简历，即按个人的职务包括专业、成就或职业性质等编写。按这一方式编写经历由于突出介绍了曾经担任过相同或相似的职务，因而具有较强的针对性与候选性。

6. 创造式简历

艺术界、广告界、宣传界和其他创造性领域里的求职者在准备简历时，往往会打破标准简历格式。当创造式简历寄给具有创造性的人们时，这种简历是有利的，它证明了应征者富有的创造性，并提供了一种创造性想像力的例子。创造式简历必须运用想像力，但也必须向招聘单位提供需要的实质性内容。需要注意的是创造性简历多用于创造性行业。

撰写、制作简历的注意事项如下。

（1）文字简明扼要　招聘单位收到的简历数量可能是招聘职位数目的几十倍。简历的目的在于引起主考官的注意及对应聘者的初步认可，最终是否录用可能还要经过考试、面试等多个程序才能决定。因此，简历用词造句要简洁、恰当。但也不要走向另一个极端，打印出来还不够半页。

（2）条理要清楚　简历并不过分强调"文采"，但一定要一步一步地表达清楚，层次要分明。

（3）重点要突出　简历既不能太长，那么就要突出重点，否则简历就会淹没在成堆的简历中而成为一张废纸。简历所写的重点一定要与招聘职位的要求相一致。因此，有必要设计几份不同版本的个人简历。

（4）避免错误　具体来讲，不应出现错别字，正确使用标点符号，文体格式符合要求。如果附有英文简历，要特别注意不要出现低级语法错误。

（5）干净美观　个人简历要精心设计、排版，做到清楚、整洁、美观。打印纸张一般选用 A4 规格的复印纸。如果经济能力可以承受，可以将简历彩打，或者加一个塑料封皮。

三、求职面试礼仪

面试是如愿走上心仪工作岗位的必经关卡。面试时，除努力展现自身的能力、素质外，得体的穿着、温和的谈吐、大方的举止，也能为人加分不少。而这些，就属于面试礼仪的范畴了。面试作为一种面对面的交流方式，可以直接考察毕业生各方面的能力，除了传统的口试和笔试外，还加入了管理游戏和情景模拟面试法，这样对求职者的考察会更加全面。

一般认为，流畅的语言表达，丰富的内容，清晰的逻辑推理是面试成功的关键。面试要注意以下几个问题。

（1）面试前的准备工作　首先要了解应聘单位的信息和资料，最好连应聘公司的负责人等资料都一并了解。

其次做好物质上和心理上的准备，带好面试所需要的资料，克服自卑或自负的心理。

（2）重视第一印象　面试时给考官的第一印象很重要，开始的印象往往很可能就决定了应试的结果。

着装一般来说应与企业文化相吻合，与职位相匹配。多数情况下穿正式职业装比较合适。

谈吐要得体，措辞严谨，回答简洁明了，切忌紧张；避免一些习惯性的小动作，善于运用肢体语言；不要怕与主考官对视。

（3）自我介绍，重点突出　自我介绍是考官对面试者进行的综合能力考察，主要考察面试者的言谈举止是否得体，个性特点、行事风格是否合意，敬业精神与自信是否具备。同时，也可以从中窥出面试者的表达能力、学习能力、理解能力、沟通能力和团队合作精神等。

自我介绍分成3部分：①介绍自己的学校及专业；②自己的社会实践经历，学习的内容及对自己能力的影响；③自己应聘的工作及对企业的了解。在做自我介绍时，要坦诚自信地表现自己，重点突出与应聘职位相吻合的优势。在陈述时，力求以真实为基础，顾及表达的逻辑性和条理性。避免冗长而没有重点的叙述。

（4）把握谈话技巧，适度表现自我　在面试时不要过度表现自我，否则会给面试官留下自负、张扬的感觉。也不要考官问一句却回答了很多，这往往是一种不自信的表现。

在面试时要善于提问，敢于认识到自己的弱势，不要主动谈薪水、待遇问题。

总之，面试时要做到心理放松、心态平和、精神风貌乐观积极。

俗话说：教养体现于细节，细节决定成败，在求职面试前后要注意以下细节问题。

（一）面试之前

1. 公文包

求职时带上公文包会给人以专业的印象。公文包不要求买很贵重的真皮包，但应看上去大方、典雅，大小以可以平整地放下A4纸大小的文件为宜。

2. 笔记本

笔记本里面应记录有参加过求职面试的时间、各公司名称、地址、联系人和联系方法、面试过程的简单记录、跟进记录等。求职记录本应该随时带在身边，以便记录最新情况或供随时查询。

除此以外，还应准备好笔、简历、身份证、个人登记照，学历证书、所获奖励证书等备查文件的正本和复印件。如果面试时，公司人事主管提出查看一些文件的正本而面试者又没有携带的话，是非常尴尬和不礼貌的，这是面试礼仪中最应该避免的疏漏。

3. 服饰

男士穿上整洁的服装，但不必刻意打扮。女士应打扮整洁、明亮，叮当作响的珠宝饰物、过浓的香水、没拉直的丝袜、未修的指甲或是蓬松的头发等，都足以抵消求职信给予考官的良好印象。应聘是正式场合，应穿着适合这一场合的衣服，着装应该较为正式。男士理好头发，剃好胡须，擦亮皮鞋，穿上干净、整洁的服装。女士穿着应有上班族的气息，裙装、套装是最合宜的装扮，勿浓妆艳抹。如果要去应聘一些非常有创意的工作，可以穿得稍微休闲、时髦一点。

选择服装的关键是看职位要求。应聘银行、政府部门，穿着偏向传统正规；应聘公关、时尚杂志里的工作人员等职位，则可以适当地在服装上加些流行元素。除了应聘娱乐、影视、广告这些行业外，最好不要选择太过突兀的穿着。应届毕业生允许有一些学生气的装扮，可以穿休闲类套装。此外应聘时不宜佩戴太多的饰物，这容易分散考官的注意力。

4. 守时

守时是职业道德的基本要求，提前10~15分钟到达面试地点效果最佳。提前半小时以上到达会被视为没有时间观念，但在面试时迟到或是匆匆忙忙赶到却是致命的。不管有什么职位，迟到也会被视为缺乏自我管理和约束能力。如果路程较远，宁可早点出门，但早到后不宜立刻进入办公室，可在附近的咖啡厅等候。

参加应聘应特别注意遵守时间，以表示求职的诚意，给对方以信任感。进入应聘室之前，不论门是开是关，都应先轻轻敲门，得到允许后才能进入，切忌冒失入内。入室应整个身体一同进去，入室后，背对招聘者将门关上，然后缓慢转身面对招聘者。见面时要向招聘者主动打招呼问好致意，称呼得体。在招聘者没有请你坐下时，切忌急于落座。请你坐下时应道声"谢谢"，然后等待询问开始。

（二）面试之中

1. 保持诚恳态度

进入面试场地，求职者应始终面带微笑，不要过分紧张，对碰到的每个公司员工都应彬彬有礼。

2. 注重身体语言

身体语言在人际交流中占50%以上，大家一定遇到过面试失败的例子，分析起来，专业也对口，也没说过什么不得体的话，一句话，不知道输在哪里。其实，除了职场竞争激烈是主要原因外，面试时身体语言表现不当而暴露弱点也是一个重要因素。

身体语言包括以下方面。

（1）目光接触 面试时，应试者应当与主考官保持目光接触，以表示对主考官的尊重。目光接触的技巧是，盯住主考官的鼻梁处，每次15秒左右，然后自然地转向其他地方，例如望向主考官的手，办公桌等其他地方，然后隔30秒左右，又再望向主考官的双眼鼻梁处。切忌目光犹疑，躲避闪烁，这是缺乏自信的表现。

（2）身体姿势和习惯动作 在进出面试办公室时，注意进退礼仪，一定要保持抬头挺胸的姿态和饱满的精神，坐着时，不要紧贴着椅背坐，不要坐满，坐下后身体要略向前倾。一般以坐满椅子的三分之二为宜。这既可以腾出精力来轻松应对考官的提问，也不至于过于放松。在面试时不可以做小动作，比如折纸、转笔，这样会显得很不严肃，分散对方注意力。不要乱摸头发、胡子、耳朵，这可能被理解为面试紧张的表现，应尽量避免。

坐姿要端正，切忌跷二郎腿并不停抖动，两臂不要交叉在胸前，更不能把手放在邻座椅背上，不要给人一种轻浮傲慢、有失庄重的印象。面部表情应谦虚和气，有问必答。眼睛是心灵的窗户，应聘过程中最好把目光集中在招聘人的额头上，且眼神自然，以传达对别人的诚意和尊重。

（3）讲话时的嗓音 嗓音可以看出一个人是否紧张、是否自信等，平时应多练习演讲、交谈的艺术，控制说话的语速，不要尖声尖气，声细无力，应保持音调平静，音量适中，回答简练，不带"嗯"、"这个"等无关紧要的习惯语，这些都显示出在自我表达方面不专业。

3. 回答招聘者问题

在应聘中对招聘者的问题要一一回答。回答时尽量不要用简称、方言、土语和口头语，以免对方难以听懂。切忌把面谈当做是单方唱独角戏的场所，更不能打断招聘者的提问，以免给人以急躁、随意、鲁莽的坏印象。当不能回答某一问题时，应如实告诉对方，含糊其辞和胡吹乱侃会导致失败。

参加面试时，除了熟记准备的资料外，如何把握时机，最大限度地利用自己的长处和树立良好形象，掌握良好的交谈技巧也是实施成功面试的重要因素。

面试主考官一般较欣赏谈吐优雅、表达清晰、逻辑性强的应试者。在准备面试时，要与同伴找时间互相进行角色扮演，多熟悉一下面试时自我介绍的环节和有关问题的回答方式，多研究主考官观察人的角度和侧重点。

在整个面试过程中，注意不要紧张，表述要简洁、清晰、自信、幽默等，同时注意观察主考官的表情变化，也就是察言观色，尽快掌握主考官感兴趣的在哪些方面，再根据事先的准备着重表达。

切记在与主考官的意见不一致时，不要据理力争，那会导致一时"嘴巴上的快活"而满盘皆输。要知道生死大权皆掌握在主考官手上，即使不同意其看法，也不能直接给予反驳，可以用诸如："是的，您说的也有道理，在这一点上您是经验丰富的，不过我也遇到过一件事……"，可以用类似的开头方式进行交流。但在下结论时不要主动说与主考官的观点完全相反，要引导主考官自己做结论，这样就避免了与主考官直接发生冲突，又巧妙地表明了自己的观点。特别是在回答情景面试问题时，稍不注意，容易处理失当，过度自信而忽略了场面控制。

（三）面试结束时的礼仪

1. 面试结束时

面试结束时，不论是否被顺利录取，得到梦寐以求的工作机会，或者只是得到一个模棱两可的答复："这样吧，××先生/小姐，我们还要进一步考虑你和其他候选人的情况，如果有进一步的消息，我们会及时通知你的。"这时要用平常心对待用人单位，况且许多跨国公司经常是经过两三轮面试之后才知道最后几个候选人是谁，还要再做最后的综合评估。竞争是相当激烈的。如果得到这样的答复，应该对用人单位的人事主管抽出宝贵时间来与自己见面表示感谢，并且表示期待着有进一步与人事主管或其他领导面谈的机会。这样既保持了与相关单位主管的良好关系，又表现出自己杰出的人际关系处理能力。当用人单位考虑最后人选时，能为此增加自己的分数。

经过前台时，要主动与前台工作人员点头致意或说"谢谢你，再见"之类的话。

最后，别忘了应聘归来之后写一封感谢信，招聘者的记忆是短暂的，感谢信是最后机会，它能使应聘者显得与其他想得到这个工作的人与众不同。

2. 离开

应聘结束时，毕业生应一面徐徐起立，一面以眼神正视对方，趁机做最后的表白，以显示自己的满腔热忱，并打好招呼。比如说："谢谢您给我一个应聘的机会，如果能有幸进入贵单位服务，我必定全力以赴。"然后欠身行礼，说声"再见"，轻轻把门关上退出。特别要注意的是，告别话语要说得真诚，发自内心，才能让招聘者"留有余地"，产生"回味"。

与人事经理最好以握手的方式道别，离开办公室时，应该把刚才坐的椅子扶正到刚进门时的位置，再次致谢后出门。

面试之后，回到家里，应该仔细记录整个面试经过，每个面试提问、每个细节都要记载在面试记录手册里。面试成功与否并不是最重要的，最重要的是从上一次面试中分析各种因素，学到经验，下次面试成功的机会会更大。

【复习思考题】

1. 简述求职应聘前应做哪些准备。

2. 在面试中应注意哪些礼仪？

第六章　旅游服务礼仪

【学习目标】

　　掌握饭店服务礼仪的基本要求；理解饭店的前台、餐厅、客房这三个主要部门的服务礼仪；理解饭店处理投诉的礼仪要求；理解旅行社工作人员岗位礼仪；掌握导游人员基本服务礼仪规范；了解景点、景区基本服务礼仪规范；理解旅行社处理客人投诉的礼仪要求；掌握空中乘务及机场地面服务的礼仪与技巧；认识服务必须具有的规范性和亲和力；了解机场各岗位的工作程序。

　　某日中午，一位住店客人下了电梯直奔总台，手里拿着一张房卡。此时，总台只有一名服务员，不巧的是她正握着话筒和别人通电话。于是，客人只得耐心地站在一旁等候。时间一分一秒地过去了，仍不见服务员有结束通话的迹象，客人的脸上渐渐露出了不满的神情，但他并未说什么，只是用手里的房卡在服务台上不轻不重地敲了几下。这时，服务员似乎醒悟过来，忙搁下电话，接待客人……

　　我们常把"客人就是上帝"挂在嘴边，把"使客人满意"作为我们服务的指南，难道这些仅仅是停留在表面的东西吗？如何真正的以客人为中心，使客人满意而归，往往是从一点一滴的细节中体现出来的。在目前激烈的市场竞争中，服务细节方面的竞争有着举足轻重的作用。案例中的那位服务员通电话错了吗？没错。但不管这个电话有多么重要，都可以暂时把电话移开，对客人道一声"对不起，请稍等！"如果那个电话不是非打不可的，那就应当立即结束通话，接待眼前的客人。在总台服务礼仪中，明确指出工作忙时，应"办理第一个，接待下一个，招呼后一个"，何况眼前只有一位客人。

第一节　饭店服务礼仪

　　在旅游服务中，掌握相应的礼仪规范和沟通技巧，是旅游服务人员必备的条件之一。本单元将指导我们如何去做，如何与客人进行良好的沟通，如何才能真正做到"顾客至上"、"宾至如归"。本单元主要介绍饭店、旅行社和航空业这3个重要的旅游服务行业方面的服务礼仪。

一、饭店服务礼仪的基本要求

　　礼仪贯穿于饭店接待服务的全过程，也贯穿于宾客从入店到离店的始终。礼仪是在饭店所有岗位的各环节服务中最终得到落实与体现的。

（一）仪容礼仪

　　由于饭店服务工作是与客人直接面对面的一种互动，饭店工作人员的个人仪容是最易被客人关注的部分。工作人员的仪容会对客人的决定产生着重要的影响，因此大有重视之必要。饭店工作人员的仪容礼仪规范的总体要求是：卫生、洁净、自然。具体主要体现在以下几方面。

1. 个人卫生

个人卫生是饭店向客人提供优质服务的基础和前提，饭店工作人员应时刻注意个人的卫生健康状况，勤洗澡，勤换衣裤，自觉保持身体清洁，体味清新，保持领口、袖口、上衣前襟等易脏处的清洁；牙齿无异物，口腔无异味；头发爽洁，并梳理整齐；双手洁净，指甲剪短剔净。另外还应特别注意眼部的保洁，预防眼病。若患传染性眼病，如"红眼病"等，必须及时治疗，决不可直接与客人接触。

2. 头发修饰

饭店工作人员应经常修剪头发；发式应大方，梳理方便；长度适中，以短为主，如是长发，在工作时要盘起来或挽起来。切忌染彩头发，发型过于前卫，工作中发饰以不戴或少戴为宜，而所戴之物也仅是意在谨防头发凌乱。

3. 面容修饰

对于饭店工作者来说，适当的面容修饰可以扬长避短，使自己容光焕发，充满活力。饭店工作者应始终保持面容的洁净、姣美且自然，无任何不洁之物。上岗前，男士应剃须修面，剪短鼻毛；女士应根据自身的工作特点，略施淡妆，要求做到：自然大方、素净雅致、适可而止，以展现服务工作者良好的精神面貌。就一般情况而言，工作妆切忌离奇出众、色彩浓艳、切勿残妆示人及岗上补妆。

4. 手部修饰

双手是工作中运用最为频繁的身体部位，是饭店工作者的"第二张脸"，应悉心加以保养和修饰，不蓄长指甲，不涂画艳妆（比如涂抹有色指甲油或进行艺术美甲）。工作中双手应注意清洁，谨记做到"六洗"，即上岗之前洗手，弄脏之后洗手，接触精密物品或入口之物前洗手，规定洗手之时洗手，如厕之后洗手，下班之前洗手。

5. 脚部修饰

饭店工作者脚部的修饰应该注意两个方面：首先勤洗脚、勤换袜，不穿不易透气的袜子，以保持脚部无异味；其次注意腿脚的遮掩，不随意光脚露腿。饭店工作者在直接面对客人工作时，绝不允许赤脚穿鞋和穿露趾或脚跟的凉鞋或拖鞋。

（二）仪表礼仪

整洁、美观、大方的服饰是饭店工作者整体形象的重要组成部分。工作期间，饭店工作者的服饰穿戴应按本部门的规范要求，这不仅是对客人的尊重，也易激发穿着者的职业自豪感和工作责任感，同时也是工作者"爱岗敬业"在服饰上的具体表现。

1. 遵纪守规

作为饭店的一名工作者，都应按所在饭店乃至所在部门的规定统一着装。一般的星级饭店都明文规定：每天上岗前，工作者必须身着制服，并自觉保持制服的整洁、美观，以充分发挥制服在饭店服务中所特有的作用。

2. 清洁美观

保持制服的清洁，是对制服穿着者最基本的要求。工作时，制服无污垢、无油渍、无异味；领口与袖口尤应保持干净。同时注意工作鞋的洁净，皮鞋则应定期上油，使其锃亮光洁。

3. 整齐挺括

制服穿着的整齐主要体现为：大小合身，穿着合体。要求内衣不外露；不挽袖卷裤；领带、领结系端正；工号牌或标志牌应佩戴在上衣左胸的正上方。同时衣裤不起皱，做到上衣平整、裤线笔挺。

4. 饰物佩戴

饭店工作人员在工作岗位上选戴饰物时，因其职业的特殊性而多有局限。饰物的佩戴应力求做到符合角色身份，以少为佳。上岗时工作者可佩戴戒指一枚；耳饰品以耳钉为宜；发饰的选择应强调其实用性，色彩鲜艳、花哨的发饰不宜在上班时选用；不提倡工作人员在工作中佩戴脚链；工作时不得佩戴耳环、手链和手镯等妨碍个人工作的饰物。

（三）举止仪态礼仪

饭店工作人员在工作时间的站姿、坐姿、步态、蹲姿以及手势等，都应当恰当、正确，要美，要感人。而且这种美的创意性应该是发自内心的。工作人员正如整个饭店大交响乐的每一个乐章，一个乐章演奏失败，整个乐曲都会失色。可见，饭店的每位工作人员的一言一行是与整个饭店的服务质量、整个酒店的形象息息相关的。在这里，站姿、坐姿、步态、蹲姿以及手势的基本规范及要求详见第二章，本章就不再赘述。

1. 站姿

站姿是一个人的全部仪态的根本点，在工作的过程中自觉地运用标准的站姿服务于客人，是饭店工作人员尤为重要的基本功之一。对饭店工作人员站姿的基本要求是：端正、自然、亲切、稳重。

在饭店服务中的站姿主要有3种：侧放式、前腹式和后背式。

饭店工作人员不良的站姿不仅有碍个人的健康，而且还会影响客人对饭店的总体评价，故应多加避讳。站姿"八忌"为：一忌身躯歪斜；二忌弯腰驼背；三忌趴伏倚靠；四忌双腿大叉；五忌脚位不正；六忌手位不当；七忌半坐半立；八忌全身乱动。

2. 坐姿

坐姿是饭店工作人员常用的工作姿态之一。在旅游接待服务中，大多数岗位要求站立服务，也有少数岗位可以坐着，但必须讲究坐姿。这在前面个人礼仪部分已阐述，在此不赘述。

3. 步态

人的行走姿态是一种动态的美，服务员在餐厅工作时，经常处于行走的状态中。要能给客人一种标准的动态美感，让客人得到精神上的享受。

4. 蹲姿

饭店工作人员有时需要捡掉在地上的东西，或取放在低处的物品的动作。如果不注意蹲姿，可能会显得非常不雅观，也不礼貌。而采取优美的下蹲姿势就要雅观得多。饭店工作人员常见的蹲姿主要有高低式蹲姿和交叉式蹲姿。

5. 手势

手势是仪态的重要组成部分，是通过手和手指活动来传递信息的体态语言。它不仅能对口头语言起到加强、说明、解释等辅助作用，而且还能用手势来表情达意。规范、恰当、适度的手势，有助于增强人们表情达意的效果，并给人一种优雅、含蓄、礼貌、有教养的感觉。反之，不规范、不恰当、不适度的手势将影响人们表情达意的效果，并让人感到缺乏教养。

饭店工作人员主要的手势有：引领手势、"请"的手势和介绍的手势。

(四) 表情仪态礼仪

1. 眼神

对初次见面的宾客，应微微点头，行注目礼，表示出尊敬和礼貌。

在与宾客交谈时，应当不断地通过各种目光与对方交流，调整交谈的气氛。交谈中，应始终保持目光的接触，随着话题、内容的变换，做出及时恰当的反应，用目光流露出或喜或惊、或微笑或沉思等会意的情思，使整个交谈融洽、和谐、生动、有趣。

2. 微笑

微笑可以表现出温馨、亲切的表情，能有效地缩短沟通双方的距离，给对方留下美好的心理感受，从而形成融洽的交往氛围，因而微笑不仅是一种外化的形象，也是内心情感的写照。

（1）微笑在饭店服务中的作用

① 微笑是饭店工作人员自身的需要。微笑的功能是巨大的，但要笑得恰到好处，也是不容易的，所以微笑既是一门学问，又是一门艺术。

微笑的要求是：发自内心、自然大方，显示出亲切，要由眼神、眉毛、嘴巴、表情等方面协调动作来完成。要防止生硬、虚伪、笑不由衷。

微笑服务实际上就是表现饭店工作人员有较高的礼貌修养。只有饭店工作人员对自己从事的职业有了肯定的认识，从心灵深处具有微笑服务的意识，在服务的过程中对其从事的职业有较深刻的情感和情绪体验，认识到微笑服务的意义和作用，才能以强烈的责任感和饱满的热情，全身心地投入到工作中去，达到"乐在其中"的更高境界。

② 微笑是良好服务态度的重要外在表现形式。微笑是服务态度中最基本的标准，它能使人时刻保持良好的工作情绪，以提供周到细致的服务。

微笑具有一种磁性的魅力，它可以使强硬者变得温柔，使困难变得容易，所以，微笑是人际交往中的润滑剂，是广交朋友、化解矛盾的有效手段。美国希尔顿旅馆总公司董事长康纳·希尔顿在 50 多年里，不断地到他设在世界各国的希尔顿旅馆视察，视察中他总是经常问下级的一句话是："你今天对客人微笑了没有？"

饭店工作人员只有深刻理解宾客在旅游或商务活动过程中的某些畏难心理，充分理解客人对饭店工作人员的信任之后，才能产生一种同情心和责任感，才能为客人着想，才能体谅客人的感受，才能对客人多一份理解、多一份同情、多一份人情味，从而才能有一种发自内心的、心甘情愿的服务意识，主动为客人提供微笑优质服务。只有这样，"微笑＋舒适＝一流的服务"的实践才可能得以实现。

③ 微笑会使客人感到宽慰。工作人员的真诚微笑，能使客人产生"宾至如归"的感觉，能迅速地缩小彼此间的心理距离，创造出和谐、融洽、互尊、互爱的良好氛围，在交流与沟通中起着润滑剂的作用。有分寸的微笑，再配上优雅的手势，对于表达自己的主张、争取他人的合作，会起到不可估量的积极作用。

微笑，在饭店服务中是一种特殊的"情绪语言"。它可在一定程度上代替语言上的更多解释，有时往往起到无声胜有声的作用。只有真诚的微笑才能打动人、感染人，令客人感到满意和愉快。

（2）微笑训练

① 对着镜子训练。对着镜子微笑，首先找出自己最满意的笑容，然后不断地坚持训练此笑容，从不习惯微笑到习惯微笑。

② 情绪记忆法。将生活中自己最好的情绪储存在记忆中，当需要微笑时，即调动起最好的情绪，这时脸上就会露出笑容。

③ 视顾客为"上帝"。"上帝"的到来，均可给企业和个人带来经济效益。只有当服务人员内心深处真正了解"顾客就是上帝，顾客就是财神"的观念时，才能在服务中形成条件反射，一见他（她）就笑。

④ 借助一些字词进行口形训练。微笑的口型为闭唇或微启唇，两唇角微向上翘。除对着镜子找出最佳口形进行训练外，可借助一些字词发音时的口型来进行训练。如普通话中的"茄子"、"切切"、"姐姐"、"钱"等，默念这些字词时形成的口型正好是微笑的最佳口型。

（五）服务语言礼仪

1. 与客人谈话态度要诚恳、自然、大方

与客人交谈时必须起立，语气温和耐心，双目注视对方，集中精神倾听。处理问题时，语气要委婉。有事要打扰客人，应说："很抱歉，打扰您了……"客人提出的问题，在业务范围内能够解决的要及时解决，不能解决的不要允诺，可表示向有关人员反映或研究后答复；一时答不上来的，须先致歉意后查询。当客人向你表示感谢时应表示谦虚："别客气。"

2. 服务称呼礼仪

国外常用的称呼是"先生"、"夫人"、"小姐"、"女士"。一般对男人可称某某（姓氏）先生，如对方有职衔、学位，则冠之以职衔、学位，如"博士先生"、"上校先生"、"经理先生"。对大使和政府部长以上的负责官员，在官衔之后往往还要加上"阁下"二字，以示尊重。但美国和墨西哥等国则习惯称先生，不称阁下。

对于女子，已婚的称"夫人"，未婚的称"小姐"。欧美人凡举行过宗教结婚仪式的，都在无名指上戴一枚铜制戒指，男子戴在左手，女子戴在右手，一般易与装饰戒指区分。不了解对方是否已婚，可使用通用的称呼 Ms（女士）。对于无法判断是否已婚的法国妇女，亦可称之为 Madame（夫人、女士），因为它除含"夫人"、"太太"之意外，还可解释为"贵妇"、"女士"。但须注意，对外国老年妇女不可称呼"老太太"，西方人视此为污辱。

欧美人的姓名一般由两个或三个字组成，即名·姓，或名·名·姓。3 个字的姓名，如约翰·亨利·史密斯。欧洲、北美、大洋洲等国的人名，一般是名在前，姓在后。但是匈牙利人的姓名是姓在前，名在后。西班牙人和拉丁美洲讲西班牙语人的姓名除父姓外，还有母姓，即名·父姓·母姓。葡萄牙人和巴西人，则是母姓在前，父姓在后，即名·母姓·父姓。一般情况下都不用母姓。西方女子出嫁后，一般改姓丈夫的姓，但著名的演员、作家等，则常保留自己的姓。西方人初次见面称呼姓，熟人之间称呼名，工作人员一般应称呼客人的姓，如史密斯先生。

3. 服务应酬语录

（1）尊称语（用于称呼客人）

① 先生、小姐、女士、太太、（尽量冠以姓氏）。

② 老板。

③ 您（"您"属尊称，"你"属泛称，语言服务要求用"您"）。

④ 您老、X 老（对德高望重的老人）。

⑤ 老师、教授（对老师、教授或学者这样称呼较亲切）。

⑥ 贵公司、贵单位。

⑦ 您太太、您夫人。

⑧ 您先生（您丈夫之意）。

⑨ 小弟弟、小妹妹（对少年儿童）。

⑩ 小宝宝（对婴儿）。

⑪ 您贵姓、您大名是……? 您尊姓大名? 请教您贵姓（问客人姓名）。

（2）尊称语忌语

① "老张"、"老李"属泛称，无尊敬之意，忌用。

② "师傅"只用于工人、手艺人或体力劳动者。身份不明者忌用。

③ "老头子"带贬义，禁用。

（3）迎候语（用于客人进入时）

① 请、请进、里面请、这边请、请上楼、请坐。

② 欢迎、欢迎您、欢迎光临!

③ 您好!

（4）问候语（用于与客人见面时）

① 您好、您早!

② 早上好、早安、晚上好、晚安!（晚安用于入睡前）

③ 新年好、春节好、过年好、节日好、节日快乐、圣诞快乐!

④ 身体好些吗? 请多保重!（用于客人有病时）

（5）问候语忌语

① "吃饭了吗?"（太俗气，忌用）

② "您的病还没好吗?"（缺乏安慰作用）

③ "您去哪里?"（有窥探隐私之嫌）

（6）关照语（用于提醒客人注意）

① 请走好、请跟我走。

② 小心碰头!（请人下车时）

③ 请拿好、请坐好、请当心、请小心。

（7）询问语（用于询问客人，寻求服务）

① 请问有预订吗? 请问有几位? 请问有几件行李?

② 需要我帮助吗? 需要我帮忙吗?

③ 还需要什么吗?

（8）询问语忌语

① "就您一个人吗?"（语言不吉利，一律问"有几位?"）

② "您想干什么?"（有盘查或威胁之意，忌用）

③ "还要饭吗?"（语言不吉利，忌用）

（9）应候语（用于客人召唤时）

① 先生，请问有什么事吗?

② 太太，您要做什么吗?

（10）应候语忌语

①"干什么？"、"干啥？"（有嫌麻烦之意，忌用）

②"等一等。"（对客人怠慢，禁用）

（11）祝贺语（用于对客人祝贺）

①祝贺您。

②祝您愉快、祝您快乐、祝您幸福。

③祝您成功、祝您走运、祝您发财。

④祝您生日快乐、祝您节日快乐、祝您圣诞快乐、祝你们新婚幸福。

（12）敬慕语（表示对客人的敬慕）

①×××教授，久仰大名。

②见到您很荣幸，久仰、久仰。

③刘老板，您是宏图大展，马到成功啊！

（13）致谢语（得到客人付款、协助或谅解要致谢，客人接受了服务也要对他的配合致谢）

①谢谢、多谢、谢谢您、谢谢关照。

②谢谢您的鼓励、感谢您的夸奖。

（14）回谢语（客人向我们致谢时也要回谢）

①不用谢，这是应该的。

②我应该感谢您的支持呢。

（15）致歉语（由于我们工作条件不足或工作疏忽未能满足客人需要或给客人带来麻烦时要致歉，要询问客人或要求客人配合时也先致歉）

①请原谅、对不起、很抱歉、实在抱歉。

②打搅了，真不好意思。

③让您久等了，给您添麻烦了！

（16）安慰语（用于客人着急或感到为难时）

①您别着急，慢慢来。

②您稍等，我了解一下。

③您稍等，很快会给您解决的。

（17）告别语（用于客人离店时留给客人好印象）

①再见、下次见、请再光临。

②欢迎再来、欢迎下次光临。

二、现代饭店岗位礼仪

（一）前台服务礼仪

前台服务工作处于饭店接待工作的最前列，是每一位客人抵离饭店的必经之地。前台工作是饭店最先迎接客人以及最后恭送客人的窗口，是带给客人第一印象以及留下最后印象的服务环节。前台服务始终贯穿着客人在饭店居留的全过程，员工的言行举止、待人接物会给客人留下深刻的印象，体现了酒店服务质量的高低，影响饭店的总体形象。因此，对前台服务人员的素质要求和礼貌服务有较高的要求。

1. 门童服务礼仪

（1）在岗时　门童在岗时，着装要整齐，穿迎宾服装，包括迎宾制服、迎宾帽、迎宾手套、皮鞋等，仪容要端庄大方，精神要饱满，站立要挺直，不可叉腰、弯腰，走路要自然、稳重、雄健，面带微笑，仪表堂堂。

（2）车辆到店时

① 欢迎。载客车辆到店时，负责外车道的门童应迅速走向车辆，微笑着为客人打开车门，向客人表示欢迎。

② 开门。凡来饭店的车辆停在正门时，必须趋前开启车门，迎接客人下车。一般应做好护顶手势，即一手拉开车门，一手挡住车门的上方，提醒客人不要碰头。但注意有两种宾客是不能遮挡的，一是信仰伊斯兰教的，一是信仰佛教的。因其教规、习俗所致，不能为其护顶。

③ 热情问候。见到客人后要主动问候，表示热情的欢迎。问候客人要面带微笑，热情地打招呼，并躬身15°致礼。对常住客人切勿忘记称呼其姓氏，如"李先生"、"史密斯小姐"等。微笑、点头、问好要同时协调进行。对老弱病残及女客人应予以帮助，并注意门口台阶。

④ 处理行李。遇到车上装有行李，应立即招呼门口的行李员为客人搬运行李，协助行李员装卸行李，并注意有无遗漏的行李物品。如暂时没有行李员，应主动帮助客人将行李卸下车，并携行李引导客人至接待处办理登记手续，行李放好后即向客人交接及解释，并迅速到领班处报告后返回岗位。

⑤ 牢记车牌号和颜色。门童要牢记常来本店客人的车辆号码和颜色，以便提供快捷、周到的服务。

⑥ 雨天。逢雨天，客人到店时，要为客人打伞。

（3）客人进店时　客人进店时要为客人开启大门，将客人迎进大厅，并说："您好，欢迎光临！"在为客人拉门时应向前跨一步，身体微前倾，伸手拉门，然后退回原处，眼睛注视着客人，微笑地向客人打招呼，并做"请"的手势。

（4）客人离店时

① 送客。客人离店时，负责送客的门童应主动上前向客人打招呼并代为客人叫车。待车停稳后，替客人打开车门，请客人上车；如客人有行李，应主动帮客人将行李放上车并与客人核实行李件数。待客人坐好后，为客人关上车门，但不可用力过猛，不可夹住客人手脚。车辆即将开动，门童躬身立正，站在车的斜前方1米远的位置，上身前倾15°，双眼注视客人，举手致意，微笑道别，说"再见"、"一路平安"、"祝您旅途愉快"等道别语。

② 送团队。当团队客人、大型会议、宴会的与会者集中抵达或离开时，要提高工作效率，尽量减少客人的等候时间。对重点客人车辆抵达或离店要先行安排，重点照顾。

③ 特殊情况。当候车人多而无车时，应有礼貌地请客人按先后次序排队乘车。载客的车多而人少时，应按汽车到达的先后顺序安排客人乘车。

2. 总台接待服务礼仪

总台是饭店的"橱窗"，也是饭店管理的"神经中枢"。总台服务主要设订房员、分房员、问询员、函电员、代办员等多名人员，其服务礼仪大体有：接待住宿、收发邮件、代办服务。

（1）接待住宿礼仪

① 站立服务，精神饱满，举止大方，做好随时接待客人的准备。

② 热情主动，笑脸相迎，尽可能根据客人的需要安排房间，并敬请客人填写住宿登记单，按先后顺序依次办理住宿手续，做到办理一个、接待另一个、招呼下一个，工作熟练、高效。

③ 将住房钥匙交给客人时，应双手呈递，同时清楚告知其所住客房的房号，并真诚祝福，如可说："李小姐（先生），这是您的房间钥匙，房号为1102，请您拿好，祝您愉快。请慢走！"

④ 全神贯注，恭候宾客光临。答复宾客的问询，应做到有问必答，百问不厌，口齿清楚，用语得当，言简意赅。

⑤ 客人对饭店进行的投诉，应耐心听取，及时报告。

（2）收发邮件等代办服务礼仪

① 应及时将信件、电报等邮件准确迅速地交给客人，递送时应微笑致意，敬语当先。

② 为客人代购各类机、船、车票，应做到准确无误，尽量帮助宾客解难，为宾客提供其所需的便利，提高宾客对饭店服务的满意度。

（二）餐厅服务礼仪

1. 认真准备

餐厅工作人员应对个人的卫生状况给予高度的重视，按照餐饮服务标准的规定要求为客人提供安全、卫生的用餐服务。

营业之前应将餐厅的地面、桌椅、布件、餐具等认真予以清洁和布置整理，使之达到清洁、美观、整齐、完备无缺的标准。

全体当班服务人员应在营业之前提前到岗，各就各位，仪态大方，面带微笑，精神抖擞，站立恭候来宾。

2. 迎客入座

宾客进入餐厅时，应主动上前表示欢迎，并问清预订情况与用餐人数，以便合理安排席位。引领入座时应充分考虑客人的用餐心理，不同的客人引领到不同的位置，如：

遇重要宾客光临，可引领到餐厅最好的靠窗靠里的位置或雅座，以示恭敬与尊重。

遇到夫妇或情侣的到来，可引领到餐厅一角安静的餐桌就座，便于小声交谈。

遇到服饰华丽、打扮时髦和容貌漂亮的小姐，要引领到众多客人均可看到的显眼中心位置就座，这样既可满足这部分客人的心理需求，又能使餐厅增添华贵的气氛。

遇到全家或众多的亲朋好友来聚餐时，要引领到餐厅靠里的一侧或包房，即便于安心用餐，又不影响干扰到其他客人的用餐，以示礼貌。

年老、体弱的客人，尽可能安排在离入口较近的位置，以便于出入，并帮助他们就座，以示服务的周到细致。

对于有明显生理残缺的客人，要注意安排在适当的位置入座，遮掩其生理缺陷，以示体贴和关怀。

如客人要求指定位置，要尽量满足其要求；如其他客人已占用时，应礼貌地说明："小姐（先生），对不起！请跟我来，这边请！"

靠近厨房出入口处的位置，是最不受客人欢迎的位置，用餐高峰时，应对安排在这里的客人多说几句礼貌话"小姐（先生），十分抱歉。今天客人太多，委屈您了，下次光临，一定为您安排个好座位"，以示关心与热情。

当宾客走近餐桌，应协助其拉开座椅，帮其脱衣摘帽，使客人坐好、坐稳。待客入座后，应尽快送上茶水和香巾。

3. 恭请点菜

适时而恭敬地为宾客递上菜单，帮助客人了解菜肴信息，掌握客人的用餐禁忌和特殊要求，努力为宾客当好用餐参谋。

在宾客点菜的过程中，服务人员应始终全神贯注，认真倾听，仔细记录，必要时还应作耐心的解释与说明。

宾客点完菜后，应当立即向宾客确认菜单，核对无误后开单进厨。

4. 餐厅服务规范礼仪

征得客人同意之后，方可为客人斟酒。凡是客人点用的酒水，开瓶前，应将商标面向主人，请其辨认。斟酒时，应注意顺序：先主宾、再主人，而后按顺时针方向依次绕台斟酒。

取菜、送菜时应做到端平走稳，汤汁不洒、不滴；注意"菜盘放桌不往上堆、撤菜直接端起不拉盘"。

上菜时，服务人员应双手将菜盘放在餐桌中央，同时报上菜名，然后请宾客品尝。

撤菜前，应事先招呼，待宾客应允后再端走菜盘。上、撤餐具动作要轻，尽量不损坏餐具，也不得将汤汁洒在客人身上。

服务人员在对客服务过程中，应把工作做得细致些，不可有半点马虎，力求达到"尽善尽美"。

5. 结账送客

用餐完毕，为客人呈上账单之前应仔细核查，如发现差错应及时处理。账单核实无误后，应将其放在收款夹里，送至宾客面前，以示敬意。

宾客起身时，服务人员应主动为客人拉椅，方便其离席，并提醒客人不要遗忘随身携带的物品。

最后，应礼貌地将客人送至餐厅门口，同时送上祝福，欠身施礼，目送客人离去。

（三）客房服务礼仪

饭店客房部是饭店的一个重要的部门。其工作重点是管理好饭店所有的客房，通过接待服务，加快客房周转。饭店客房服务水平的高低不仅是衡量酒店等级水平的标准，而且直接影响客房的销售和整个饭店的经济效益。客人在酒店的日常生活服务大部分是由客房服务员承担的。要提高客房服务的水平和质量，给宾客提供舒适、温馨、安全、安静、清洁的居所，客房服务员就必须要十分注意礼仪礼节。

1. 迎客的准备工作礼仪

准备工作是服务过程的第一个环节，它直接关系后面的几个环节和整个接待服务的质量，所以准备工作要做得充分、周密，并在客人进店之前完成。

（1）了解客人情况 为了正确地进行准备工作，当班服务员要做到"七知"、"四了解"。"七知"：知道客人到店的时间，知道客人的国籍、身份、人数和团队的名称，知道客人生活标准和收费办法，知道其接待单位。"四了解"：了解客人的意见和要求，了解客人的风俗习惯和生活特点，了解客人的活动日期，了解客人退房和离店的时间。做到"七知"、"四了解"，便于制定接待计划，安排接待服务工作。

（2）房间的布置和设备的检查　根据客人的风俗习惯、生活特点和接待规格，对房间进行布置整理。根据需要，调整家具设备，为客人准备好各种生活用品。对贵宾房还应按接待规格，准备相应的鲜花、水果及总经理名片等。

如果客人在风俗习惯或宗教信仰方面有特殊要求，凡属合理的均应予以满足。对客人因宗教信仰而忌讳的用品，要从房间撤出来，以示尊重。

房间布置好之后，要对房内的家具、电器和卫生设备进行检查，如有损坏，要及时报修。要试放洗脸盆、浴缸的冷热水，如发现水质混浊，必须放水，直到水清为止。

（3）迎客的准备　客人到达前要调好室温，如果客人是晚上到达，要拉上窗帘。完成准备工作后，服务员应整理好个人仪表，站在电梯口迎候。

2. 客人到店的迎接礼仪

（1）梯口迎宾　客人由行李员引领来到楼层，工作人员应面带笑容，热情招呼。如果事先得知客人的姓名，在招呼时应说："欢迎您，×先生!"，然后引领客人到已为客人准备好的房间门口。

（2）介绍情况　客人初到饭店，不熟悉环境，不了解情况，首先向客人介绍房内设备及使用方法，同时向客人介绍酒店服务设施和服务时间。

（3）端茶送巾　客人进房后，针对接待对象按"三到"，即"客到、茶到、毛巾到"的要求进行服务。如客人喜欢饮冰水、用冷毛巾，也应按其习惯送上。

（4）陪客人到餐厅　对初次来店的客人，第一次用餐时要主动陪送客人到餐厅并向餐厅负责人介绍客人，饮食特点，向客人介绍收费标准和办法等。

3. 住客的服务工作礼仪

为了使客人住得舒服、愉快，有"宾至如归"之感，日常的服务工作必须做到主动、热情、周到、细致。

（1）整理房间　无论客人在或不在房间，进入客房前都一定要先敲门、通报，这是饭店的规定，也是客房服务员必须养成的良好习惯。进门前先轻扣三下，自报家门，如果没有人答应，稍等片刻再轻扣三下。如再无回音，便可开门进房。但敲门后房间内有客人的问话声，应报明来意，得到客人同意后方可进入房间，并用温柔的语调对客人说："对不起，打扰您了。"

打扫时按照客人的接待规格、要求和酒店"住房清扫程序"进行整理。工作时，注意"三轻"，即走路轻、说话轻、操作轻。动作要敏捷、轻稳、讲究效率，尽量减少出入客人房间的次数。要养成"眼里有活"、"眼尖手快"的好习惯。

当房门口的"请勿打扰"的灯亮着，尽量不要敲门打扰客人，更不得擅自闯入。如有事可通过电话方式联系客人。但如果在确定客人确实在房间的前提下，客人到下午还未开房间，打电话也没人接，房间内也无声音，客房服务员应立即报告上级。

（2）委托代办和其他服务　要认真、细致、及时、准确地为客人办好委托代办的事项。

① 叫醒服务。客人提出叫醒要求时，一定要记录客人的姓名、房号、叫醒时间，并切记实施。如要求叫醒的时间在下一班，则交班时一定要特别强调，以免耽误客人。

② 洗衣服务。住客要求洗衣时，要做到"五清一主动"：房号要记清，要求要写清，口袋要掏清，件数要点清，衣料破损、污渍要看清，主动送客衣到房间。

（3）要有安全意识　饭店首先应对客人的生命财产负责，确保客人的安全是客房部的一项极其重要的职责。如果因措施不力或工作疏忽，使客人的人身或财物受到损害，饭店不仅在经济上要受到损失，更严重的是饭店的声誉也要受到严重影响。因此，必须在每个服务环节上有安全措施。

具体应注意以下几点：

① 随时注意往来和进出客房的人员。尽量记住客人的姓名、特征等。对不熟悉的住客，一定要请其出示有效证件才能为其开门。

② 有关住客的姓名、身份和携带的物品等不得告诉他人，尤其对重要客人的房号和行踪更不能随意泄露，以防意外。

③ 未经客人同意，不得将访客引入客房内。

④ 客人不在或没有亲自打招呼、留下亲笔书面指示的情况下，即使是客人的亲属、朋友或熟人，也不能让其拿走客人的行李和物品。

⑤ 对出现在楼层的陌生人，必须走近询问，必要时打电话给保安部处理。

⑥ 当班期间，钥匙随身携带，保管好客房钥匙。

4. 离店结束工作礼仪

（1）做好客人离店前的准备工作　要了解客人离店的日期、时间、所乘交通工具的车次、班次、航次，仔细检查客人所有委托代办的项目是否已办妥，各种账单是否已结清，有无错漏。

最后还要问客人还有什么需要帮助做的事情。如果有的事情在本部门不能完成，应与有关部门联系，共同协作，做好离店的准备工作。

（2）定时的送别工作　检查客人有无物品遗留在房间，如有，要提醒客人。客人离开楼层时，要热情送到电梯口，有礼貌地说："再见"、"欢迎您再来"。要有服务员帮助客人提行李，并送至大厅。对老弱病残客人要有专人护送下楼，并搀扶上汽车。

（3）客人走后的检查工作　客人走后要迅速进入房间，检查有无客人遗忘的物品，如有，应立即派人追送；如送不到，应交总台登记保管，以便客人寻找时归还。同时，要检查房间小物品，如烟灰缸或其他手工艺品有无丢失，电视机、收音机等设备有无损坏，如有应立即报告前台收银员，委婉地请客人退回或赔偿。

（四）酒吧服务礼仪

酒吧是饭店为客人提供酒水饮料和供客人休息娱乐的场所，也是交际和私人聚会的场所。酒吧往往具有高雅、幽静的气氛，为了烘托酒吧的气氛，接待人员在为客人提供服务时，接待服务礼仪显得尤为重要，这主要体现在酒吧服务员和调酒师的服务礼仪上。

1. 酒吧服务员接待服务礼仪

① 上岗前，做好仪表仪容的自我检查，做到仪表整洁、仪容端庄大方；上岗后坚持站立服务，精神饱满，思想集中，随时准备为客人服务。

② 客人到来时，必须先微笑后礼貌接待，亲切问候，为客人引路和请客人入座，殷勤地招待客人点酒。

③ 恭敬地为客人递上清洁的酒水单，站于客人的右侧听候客人吩咐，认真听清、记录客人的各项具体要求，并适时、恰当地向客人推荐酒吧的特色酒水饮料。最后要向客人复述一遍其要求。

④ 上酒水、饮料及小食品时，均用托盘从客人的右侧上，以便客人使用，如不得已从

左侧上时，应向客人致歉。操作时轻拿轻放，手指不触及杯口，拿杯子时一般拿杯子的下半部和杯脚。

⑤ 斟酒时，要按先宾后主，先长后少、先女后男的顺序进行，以示尊重和礼貌。当客人需用整瓶酒时，应先让客人看清酒瓶上的商标或进行相应的鉴定，经客人认可后再当面开盖斟酒。撤空杯、空罐和空瓶时需征得客人的同意方可进行。

⑥ 在工作中，要注意站立的姿势和位置。不要将胳膊支撑在柜台上、背靠着柜台或与同事聊天；对于客人之间的谈话应主动回避，不能侧耳细听甚至随意插话；与客人交谈时要注意适当、适量，不能影响到其他客人和本职工作。

⑦ 不得当着客人的面使用为客人准备的茶杯或酒具，不得在前台或吧台内饮食、喝酒水饮料，更不可偷拿、偷吃客人的酒水饮料或小食品。

⑧ 对已有醉意、情绪激动的客人，要注意礼貌服务，不可怠慢，要更加沉着、耐心，在任何情况下都以礼相待，如发生意外情况，及时报告上级或有关部门妥善处理。

⑨ 客人示意结账时，用小托盘递上账单，请客人查核款项有无出入。收找现金时，尽量当着除酒醉客人外的其他客人的面唱收唱付，避免发生纠纷或误会，但不要大声报账，要小声清晰地唱收。

⑩ 客人在酒吧逗留时间较长，无意离去时，只要不超过营业时间，切不可催促客人结账，更不可因客人喝酒时间太长或消费不高而表现出不耐烦的言行。

⑪ 客人离去时，热情礼貌送别，观察、提醒其是否有遗忘之物，帮助客人穿戴好衣帽，欢迎其再次光临。

2. 调酒师接待服务礼仪

① 工作时着装整洁、仪容端庄，保持良好站姿，思想集中，客人来到吧台前，应主动微笑问候："先生（小姐），晚上好！"

② 在调制各种饮品时，要讲究操作举止的规范、雅观，尊重、留意客人的每一项要求并严格按照客人的要求去做。始终坚持站立服务，不背向客人，若需要取背后的物品时，应侧身进行，以示对客人的尊重。

③ 对常客和熟客要记住其兴趣、爱好，热忱提供他们所喜爱的饮品，但不能过分亲热而引起其他客人的不满，对每一位客人都要一视同仁、热情服务。

④ 尽量与每一位客人都保持良好的沟通，能根据客人的不同需要而为客人提供个性化的特殊服务，满足不同客人的不同需求。

⑤ 对于独自一人坐于吧台的客人，可适当地陪其谈话、聊天，但要选择好交谈的话题，尽量顺着客人的意思展开。客人之间的交谈，要主动回避。

⑥ 工作空闲时不要将胳膊撑在柜台上、坐在吧台内、与同事聊天、阅读书报或欣赏音乐，不可使用为客人准备的酒杯或在吧台内饮食、喝酒水饮料。

⑦ 营业中时刻保持吧台的干净和整洁，经常清洁整理工作台，时刻注意观察酒吧内客人的情况，随时准备为客人提供服务。

⑧ 客人离去时，要热情道别，虚心听取客人的意见，并致谢意，欢迎其再次光临。

（五）康乐服务礼仪

1. 游泳池服务礼仪

① 服务员应仪表整洁，精神饱满，热情、大方，面带微笑地迎候客人的到来。

② 当客人到来时，礼貌地为客人递上更衣柜的钥匙和毛巾，把客人引领到更衣室，并

提醒客人要妥善保管好衣物。对带小孩的客人应提醒其注意照管好自己的小孩，根据具体情况，提供救生圈等服务。

③ 注意进入游泳池区域的客人，要求进游泳池前须先冲淋，并经过消毒浸脚池，对喝酒过量的客人，或患有皮肤病的客人则谢绝进入游泳池。

④ 热情地为客人提供塑料软包装的饮料（不得使用玻璃瓶装饮料），以确保客人的安全。

⑤ 加强巡视，各救生岗位做到不离人，救生员应时刻注意水中的情况，特别是老人和小孩，以免发生意外。

⑥ 客人离开时，主动回收衣柜钥匙，同时根据具体情况向客人说明吹风机的使用方法，并礼貌地提醒客人衣物有否遗忘。

⑦ 客人离开时，主动送客人到门口，向客人表示谢意，并欢迎其再次光临。

2. 健身房服务礼仪

① 服务员应笑脸迎客，礼貌问候。

② 当客人到来时，应主动热情迎候，上前问好，发放更衣柜的钥匙，配合专业医师为客人进行体能初检，设计运动计划，建立健康档案。

③ 热情主动地为客人介绍各种设备的性能和操作方法，如客人所选的项目已有他人占用，服务员应引导客人做其他相关项目的运动。

④ 当客人要求服务人员进行指导时，应立即示范，热情讲解。

⑤ 当客人活动时，应时刻注意客人健身活动的动态，随时给予正确的指导，确保客人安全运动，严格执行健身房规定，礼貌地劝阻一切违反规定的行为。

⑦ 客人健身完毕，要礼貌送客，热情道别。

3. 台球房服务礼仪

① 台球服务员应面带微笑，立直站好，热情招呼客人，并引导客人进入台球房。

② 柜台服务员应根据客人的需要登记、开单，并根据情况收取一定的押金。服务时应语言文明、礼貌热情、准确快捷。

③ 台球服务员应根据服务台安排引导客人来到指定的球台，帮客人挑选球杆，并为球杆头上粉。根据客人选定的打法，将球按规定摆好，同时问客人是否需要手套，如客人需要应及时提供。

④ 当客人开始打球后，台球服务员应站在不影响客人打球的位置上，随时注意客人的其他需求。

⑤ 客人活动时应配合进行计分，注意台球活动的情况，当客人需要杆架时，能及时、准确地服务。

⑥ 热情地询问客人是否需要饮料，注意要将饮料放在茶几上，不能放在球台的台帮上。

⑦ 客人结账后，应向客人致谢、道别，欢迎客人再次光临。

4. 保龄球馆服务礼仪

① 客人来到时，要表示欢迎，并把干净完好的保龄球鞋礼貌地递给客人。

② 敬请客人选择适当重量的保龄球，把客人引领到已安排好的球道上，并送上记分单，对记分方法，如客人需要，服务员应做适当的讲解。

③ 对于初次打保龄球的客人，服务员应主动讲解简单的保龄球知识和打法，及保龄球的使用常识，以防初学者因不规范的操作而使球道、扫瓶板或机器有所损坏。服务员应随时注意客人的活动情况，提供合理、规范的服务。

④ 热情地询问客人是否需要饮料，准确及时地做好服务供应工作。也可根据客人要求，按餐饮服务标准，提供送餐服务。

⑤ 客人打球结束，服务员应提醒客人将公用鞋交回服务台，服务台应随即关闭机器，向客人致谢，欢迎客人再次光临。

5. 歌舞厅服务礼仪

① 工作人员站立于所负责的区域，客人来时，要示以礼让的语言和动作，如说"欢迎光临"并以手示意。

② 客人进入后，服务员要热情地应接，根据客人的衣着、装饰、语言和表情等外部现象初步分析，尽量安排适当的座位。谈恋爱的男女青年、情侣安排在僻静优雅之处或包厢内，衣饰华丽的客人可安排在中央较显眼的位置等。

③ 接待陌生的客人，态度更应热情、诚恳，使他们能很快消除陌生感。

④ 当客人入座后，服务员应迅速为客人介绍饮料、茶和小食品，在服务中要做到热情、全面、细致和认真。要以诚待客，处处为客人着想。

⑤ 随时注意客人的服务要求和动态，客人用的饮料罐及小吃碟应及时收走，并询问是否还需添加，如客人要点歌，迅速送上歌单。

⑥ 客人离开时，全体服务员到门口欢送，礼貌地主动道别。

三、饭店业受理投诉礼仪

一家饭店或餐厅无论管理得多么严格、经营得怎么好，客人的投诉都是不可避免的。由于客人来自四面八方、不同国度，每位客人都有各自的生活方式和习惯，再加上心情和年龄等因素，总会有使客人感到不满意或处理不当的地方，服务人员在服务工作中要使每一位客人每时每刻都感到愉快也是有难度的，但应随时准备接待投诉。

毋庸置疑，有相当一部分投诉是由于服务人员在工作中的失误或服务态度不好所致。

（一）宾客投诉的原因

1. 主观原因

（1）不尊重宾客　不尊重客人是引起宾客投诉的主要原因。对宾客不尊重主要表现在以下几点。

① 对客人不主动、不热情。不主动称呼客人，或以"喂"代替称呼；在工作时间与同事聊天、忙私事、打私人电话等；当客人到来时，态度冷淡、爱理不理，或客人多次招呼也没有反应；有时接待外宾热情，接待内宾冷淡。

② 不注意语言修养，冲撞客人。

③ 挖苦、辱骂客人。对客人评头论足、挖苦客人。有时客人点菜选来选去最后选了低价菜，服务员就挖苦。

④ 不尊重客人的风俗习惯。例如，给不吃牛肉的泰国、印度客人用牛肉做的菜品；给伊斯兰教徒送猪肉做的包子；在海员吃饭时将菜盘中的鱼翻身；给法国客人送黄菊花；在日本客人的餐桌上摆放荷花等。

⑤ 无根据地怀疑客人取走餐厅的物品，或误认为客人没付清账就离开等。

⑥ 在餐厅里大声喧哗、高声谈笑、打电话等，影响客人就餐。

（2）工作不负责

① 工作不主动。不及时更换餐具、烟灰缸，不及时续添酒水等。

② 忘记或搞错了客人交办的事情。如将客人的菜单写错，或遗失客人的菜单，或上菜慢、上错菜、上漏菜、结账拖拉等。

③ 损坏客人的物品。工作人员上菜时不小心，菜汁或汤弄脏客人的文件和衣物等。

④ 清洁卫生马虎，食品、用具不洁。工作人员卫生习惯不好，工作服脏了不换洗，随地吐痰、丢烟头；边工作边吃东西、抽烟；食品不洁、菜品变质，或上桌的菜里有虫子、头发、杂物；工作人员送菜上台将手插入菜里、汤里等。

2. 客观原因

引起客人投诉的客观原因有多种，诸如：设备损坏没有及时修好；餐厅中的桌椅不牢固使客人摔倒；餐桌椅钉头暴露划伤客人或勾坏客人衣裤；收费不合理；在结账时发现应付的款项有出入、引起客人的误会；在餐厅遗失了物品等。

还有由于客人本人情绪不佳，或由于客人出言不逊而引起纠纷，或由于客人饮酒过量，不能冷静、正确地处理问题而引起投诉。

（二）处理投诉的要点与技巧

客人投诉的原因及目的各不相同，如一部分客人在遭遇不满后要求在物质上得到补偿以求得到平衡；而另一部分人则更注重的是得到精神上的满足，他们渴望得到酒店的重视与尊重。在受理这一类顾客投诉的过程中，应特别注意维护对方的自尊心，每时每刻都让其感觉自己受到重视。总之，服务人员不管在处理哪一类客人投诉时，都应注意遵守三项基本原则。

1. 真心诚意地帮助客人

客人投诉，说明饭店的管理及服务工作尚有漏洞，服务人员应理解顾客的心情，同情客人的处境，满怀诚意地帮助客人解决问题。服务人员只有遵守真心诚意地帮助客人解决问题的原则，才能赢得客人的好感，才能有助于问题的解决。

2. 绝不与客人争辩

当客人怒气冲冲前来投诉时，首先，应该让客人把话讲完，然后对客人的遭遇应表示歉意，还应感谢客人对酒店的爱护。当客人情绪激动时，服务人员更应注意礼貌，绝不能与客人争辩。如果不给客人一个投诉的机会，与客人争强好胜，表面上看来服务人员似乎得胜了，但实际上却输了。因为，当客人被证明错了时，他下次再也不会光临这家酒店。如果服务人员无法平息客人的怒气，应请管理人员来接待客人，解决问题。

3. 不损害酒店的利益

服务人员对客人的投诉进行解答时，必须注意合乎逻辑，不能推卸责任或随意贬低他人或其他部门。因为，采取这种做法，实际上会使服务人员处于相互矛盾的地位，一方面希望酒店的过失能得到客人的谅解，另一方面却在指责酒店的一个组成部分。

在处理客人投诉的过程中，应该注意掌握一些要点与技巧，以便更有利于问题的解决。无论在任何场合，不要匆匆忙忙做出许诺；不应该对客人投诉采取"大事化小，小事化了"的态度，应该用"这件事情发生在您身上，我感到十分抱歉"之类的语言来表示对投诉客人的特殊关心；在与客人交谈的过程中，注意用姓名来称呼客人；可以把客人投诉的要点记录下来，这样，不但可以使客人讲话的速度放慢，缓和客人的情绪，还可以使其确信酒店对他反映的问题是重视的；要充分估计解决问题需要的时间，最好能告诉客人具体的时间，不含糊其辞。饭店的投诉多种多样，如果能够掌握技巧，善于应变，对圆满解决问题是十分有帮助的。

此外，在处理投诉的过程中还可能遇到一些特殊的情况。比如，有些客人爱争吵，无论酒店如何努力也不能使他们满意，对于这类客人应采取什么措施酒店，主管部门应作出明确的决定。另一方面，有些投诉的问题是没法解决的，如果饭店对客人投诉的问题无能为力，饭店应尽早对所存在的问题给予承认，通情达理的客人是会接受的。如某酒店重新装修，敲打噪声等无法避免地给客人带来了不便，客人投诉量大增，酒店采取了大量的补偿措施，让客人明白酒店已经尽力了，多数客人都能够表示理解并给予合作。

总之，正确而有效地处理客人的投诉，是争取更多回头客的有效措施。

【案例分析】

1. 粘在一起的豆面

一天，有10位客人来到餐厅就餐，他们点了菜之后边吃边谈，在这顿餐即将进入尾声的时候，客人点了主食：每人一碗豆面。在服务员将豆面送到每一位客人面前后，客人们并未立即食用，而是继续交谈着。大约10分钟后，有的客人开始吃面，其中一位客人刚吃了一口，便放下筷子，面带不悦地对服务员说："这豆面怎么这么难吃，而且还粘到一起，不会是早做出来的吧？你知道吗？这顿饭对我来说是很重要的。"服务员连忙解释说："先生，我们对客人点的饭菜都是现点现做，一般的面条在做出几分钟后就会粘到一起，而豆面的黏性比其他面的黏性大。如果做出来不马上吃的话，必然会影响到面条的口味和口感。我们通知厨房再给每位客人做一碗面好吗？"客人说："不用了，再做一碗豆面也不能挽回我的损失。"此时恰逢餐厅经理走了过来，服务员当即向她汇报了情况。餐厅经理让领班为客人送上水果并对客人说："对不起，先生。由于我们未能及时向您及您的客人介绍豆面的特性，让您没有很圆满地结束用餐。您如果对于今天的服务感到不满意的话，我将代表饭店向您赔礼道歉。"客人说："服务态度没问题，不过我希望服务员在上菜时能给我们介绍一下。"于是客人结账离去。

经了解，这位客人是请生意伙伴在饭桌上谈生意的，因生意未谈成，所以心情不好。再加之豆面的"不可口"，更增添了客人的不快。服务员在上豆面时，如果能够向客人介绍豆面黏性大的特性，并提醒客人要立即吃才会有好口味，那么客人的不快是应该而且能够避免的。

2. 重房事件

凌晨1时许，蔡先生从外面应酬回来，拖着疲惫的身躯，打开4010的房门，心想终于可以好好休息了。将灯打开，猛然间发现床上赫然躺着一个熟睡的陌生人，而对方也被突如其来的灯光给弄醒了，看到有人半夜进来，大呼："你是谁？怎么三更半夜地跑到我的房间里来了？"无辜的蔡先生以为自己真走错了房间，便拿着房卡来到总台。经服务员读卡确认后，确实是4010房间的房卡，此时出于职业的敏感，服务员已经察觉到可能是上一班人员订重房了，赶紧向蔡先生道歉，并急忙给他重新安排了一间房间。没过几分钟，被惊醒的4010房间的客人打来了电话，怒吼道："你们怎么搞的，怎么让陌生人来我的房间，房费我不付了，让你们老总马上向我道歉。"说完便啪地一声挂了电话。面对这样难收拾的场面，服务员小英还是第一次碰到，这么晚了，只能请示值班经理，经过值班经理的再三道歉，并答应客人免掉今天的房费，客人的怒气才算平息。后经调查，原来是中午房间比较紧张，蔡先生拿走的4010房间是属于脏房入住，但中班接待员小西忙乱中也忘记通知房务中心及时修改4010房间房态，此外蔡先生拿走房卡就出去应酬了，未进入4010房间，所以楼层服务员在查房时也未能发现任何疑义，就这样导致了二次卖房事件的发生，事后，服务员小西依照规定受到处罚。

此次重房事件，总台接待员负有不可推卸的责任。但它也警示我们：总台服务不仅是讲求高效率，更要讲求细致、细心的服务，工作中用心、细心是永远没有错的。

第二节　旅行社（导游）服务礼仪

旅行社是旅游活动的组织者、安排者和联系者，在整个旅游活动中处于核心地位。要保证旅游活动的圆满成功，旅行社就必须在游览点、饭店、旅馆、交通运输和邮电通信等方面向游客提供规范的礼仪服务，保持良好的关系和无障碍的沟通。

一、旅行社工作人员岗位礼仪

（一）办公室接待礼仪

办公室是旅行社专门接待客人的组织机构，是体现管理水平和精神面貌的窗口。首先，应创造出典雅、舒适、幽静的环境气氛，留给来访者良好的"第一印象"。有条件的办公室旁可附设接待室。接待室要注意空气清新，保持适宜的室温和湿度，室内应配备必要的通信和音响设备，以及宣传资料和接待用品。

接待来访者应站起来，用礼貌语言，如"您好"、"请进"、"请坐"等，并献上烟、茶水、饮料等表示欢迎。对熟悉的客人还可以适当寒暄，询问一些有关生活和工作近况。对初次来访的客人，要采取一定的接待技巧，弄清对方的单位、身份和来意。对涉及重大问题的接待，更要慎重验看对方证件。客人陈述问题要作必要的记录。对来访者的愿望和要求，合理的、能够答复的，要尽快给予明确答复；不合理的或不便马上答复的，应予以委婉推辞，或进行必要的推托。应请示或安排领导接见、解决的问题，要事先和主管领导研究，予以妥善安排。应热情送行，并表示欢迎再来。如果需要，分别时要留下今后相互联系的地址和电话。

电话接待是办公室接待的重要任务之一。电话铃响应立即接通，最好不要让铃声超过三下。拿起话筒要用礼貌、谦和的语气说："您好，这里是××旅行社。"注意不要问："你要去哪儿？"、"你找谁？"若这样与英美人打电话，对方很可能会觉得你不懂礼貌而挂上电话。讲话要清晰、简练、准确、热情，声音适中，忌矫揉造作。注意倾听对方讲话，既不要贸然打断，又不可沉默不语，要根据内容不断发出"是"、"对"或"嗯"的应和声。对重要的电话内容要认真作好记录，内容要周全、准确。如涉及时间、地点、款项、人员等问题，一定要记牢。为防止失误，对重要内容予以复述核准，以免搞错。通话结束时，要待打电话一方先挂电话，然后再挂电话，挂电话前要说感谢或欢迎的话。此外，若接受话当事人不在，可礼貌地说："对不起，张先生不在，有什么事我能代为转达吗？"若允许代转，就作好记录，若不需代转，可告知张先生大约什么时间在，请再打来电话。为了搞好电话接待，接待人员还要特别注意记住熟悉的、常用的电话号码。

（二）迎送接待礼仪规范

1. 接客人

接待客人时，要根据旅游者身份、国籍、性别和年龄等状况安排好吃、住、活动日程、交通工具、兑换货币等事项。

查明客人到达时间，提前十五分钟到达机场、车站或码头，选择醒目合适的地点等候。客人到达后，应主动热情迎上前去，寒暄问候，协助提拿包裹（一般帮提大行李，手提包则不必），办理相关手续。若与客人不相识，则要事先写好迎客牌，工整地写上所接客人的单位和名字。客人过来时，先行自我介绍，或递上名片，首先解决相互称呼的问题。

接到客人后，引导客人乘车。把客人行李安排好后，即刻打开车门，安排客人上车。若乘小轿车，注意安排尊贵的人坐在司机后排右位，接待人员坐在司机旁边。若乘面包车，则安排尊贵客人坐于司机后双人座上。车启动后，切忌沉默不语，可向客人讲讲活动日程，介绍当地民俗风情、旅游景点、物价等。到达目的地需协助客人妥善安排住宿及就餐时间、地点等事宜。考虑到客人旅途劳累，需要休息，接待人员不必久留，说好下次见面时间及有事联系的电话号码，即可离去。

2. 送客人

根据客人离去的时间，安排好购票、结算、赠送礼品、摄影留念和欢送宴会等事宜。赠送的礼品要携带方便，突出文化内涵和地方特色，具有保存价值。送站人员要尽量帮客人将行李安顿好，分别时讲些欢迎再来的话，要目送飞机起飞或车船开动，等客人看不见时再行返回。

二、导游服务礼仪

（一）导游员的基本礼仪规范

导游员是旅游业最具代表性的工作者，是旅游服务接待工作的支柱力量。导游员是旅游从业人员中与游客接触最多、接触时间最长的人，他给游客留下的印象也最为深刻。在游客心目中，导游员往往是一个地区、一个民族乃至一个国家的形象代表，因此，导游员在不断提高个人综合业务技能的同时，自觉加强礼仪修养的意义非同一般。

1. 遵守时间

遵守时间是导游员应遵循的最为重要的礼仪规范。由于游客参观游览活动都是有一定的行程安排并有较强的时间约束，因此，为了确保团队活动的顺利进行，导游员必须尽早将每天的日程安排明白无误地告知给每位游客，并且随时提醒。同时，应按照规定的时间提前到达集会地点，按约定的时间与游客会面。如有特殊情况，必须耐心地向客人解释，以取得谅解。此外，导游员还应该做到诚实守信，答应游客办理的事情，必须尽力帮助处理并及时告知游客处理的结果。

2. 尊重游客

导游员在带团过程中，应尊重游客的宗教信仰和风俗习惯，特别注意他们的宗教习惯和禁忌。对游客应一视同仁，不厚此薄彼，但对于旅游团中的长者、女士、幼童及残疾游客等特殊人员应给予更多的关照，做到体贴有加而非同情、怜悯。对重要游客的接待服务应把握好分寸，做到不卑不亢。对随团的其他工作人员（如领队或全陪）也应给应有的尊重，遇事多沟通，多主动听取意见，以礼待人。

3. 互敬互谅

导游工作只是整体旅游接待工作的一个组成部分。如果没有其他相关人员，尤其是随团的汽车司机、旅游景点、购物商场及酒店等一系列为游客提供直接和间接服务的部门工作人员的大力支持与通力合作，导游服务接待工作就无法圆满完成。为此，尊重每位旅游服务工作者，体谅他们的工作处境与困难，积极配合他们的工作，是做好导游服务工作的前提保障，也是导游员良好礼仪素养的又一体现。

（二）导游员在仪容方面的礼仪

在日常生活中养成讲卫生、爱清洁的习惯，不仅是导游员个人文明的表现，也是导游职业礼仪的基本要求。上岗时，导游员更应保持良好的仪容修饰。

① 头发应保持清洁和整齐。注意经常梳洗，不存有头屑，长短适宜，不梳怪异发型。头发被吹乱后，应及时梳理，但不可当众梳头，以免失礼。

② 牙齿应保持洁净。导游员要经常开口说话，洁白的牙齿给人以美感。故此，导游员应坚持早晚刷牙，饭后漱口。带团前忌吃葱、蒜、韭菜等易留异味的食物，必要时可用口香糖或茶叶来减少口腔异味。

③ 为保持面容光泽。女士可施淡妆，但不要浓妆，不当众化妆或补妆。男士应修短鼻毛，不蓄胡须。

④ 注意手部清洁。指甲应及时修剪，不留长指甲，指甲内不藏污纳垢，不涂抹有色指甲油。

（三）导游员在服饰穿戴方面的礼仪

在服饰穿戴方面，导游员除了遵循职业工作者的基本服饰礼仪规范要求外，还应该注意以下五个方面：

① 应按照旅行社或有关部门的相关规定统一着装。无明确规定者，则以选择朴素、整洁、大方便于行动的服装为宜。带团时，导游员的服装穿着不可过于时尚、怪异或花哨，以免喧宾夺主，使游客产生不必要的反感。

② 无论男女，导游员的衣裤都应平整、挺括。特别要注意衣领、衣袖的干净；袜子应常换洗，不得带有异味。

③ 男士不得穿无领汗衫、短裤或赤脚穿凉鞋从事接待活动。女士可赤脚穿凉鞋，但趾甲应修剪整齐。穿裙装时，注意袜口不可露在裙边之外。

④ 进入室内，应摘下帽子，脱掉手套；在室内也不可戴墨镜，如有眼疾非戴不可，则应向他人说明原因。

⑤带团时，一般除了代表本人婚姻状况的指环外，导游员的饰物佩戴不宜过多。

（四）导游员的基本仪态礼仪

合乎规范、优雅大方的工作仪态是导游员带团必须达到的礼仪要求。

1. 站姿

导游员的站姿应稳重、自然。站立时，身体直立，挺胸收腹，双肩后展，两臂自然下垂（除手持话筒外），两脚或同肩等宽，或呈"V"字形，身体重心可轮流置于左右两脚之上。手的位置有三种摆法：一为侧放式，即双手分别放置腿的两侧；二为前腹式，即双手相交于小腹前；三为后背式，即双手相握放置腰际处。无特殊情况，双手忌叉两腰，或插在衣裤袋中，或将双臂相绕置于胸前。

2. 坐姿

导游员坐姿的基本要求是端正、稳重。即便是在行进的汽车上，导游员也应注意保持规范的坐姿，双手可搭放在座位的扶手上，或交叉于腹部前，或左右手分放于左右腿之上。双腿自然弯曲，两膝相距，男士以一拳为宜；女士双膝应并拢，切忌分腿而坐。此外，无论男女，坐姿均不可前倾后仰，东倒西歪，不高跷二郎腿，不脚底示众，不随意抖动腿脚。

3. 步态

步态是导游员最主要的一种工作姿态，如前行引导，登山涉水，导游员无不靠行走来完成其导游工作。带团时，导游员的步态应从容、轻快，即上体挺直，抬头含额，收腹挺胸，身体重心略向前倾；双肩放松，两臂前后自然摆动；步幅适中、均匀，步位平直。行进中，避免弓背、哈腰、斜肩，勿左右晃动、双手插袋、步伐滞重，更不得随意慌张奔跑。

（五）导游员在语言表达方面的礼仪

语言是导游服务的重要手段和工具，导游员的服务效果在很大程度上取决于其语言的表达能力。导游员驾驭语言的能力越强，信息传递的障碍就越小，游客的满意程度也就越高。可见，导游语言的表达事关导游员自身价值的实现。

就一般情况而言，导游员的语言表达应力求做到：达意、流畅、得体、生动和灵活。这是导游讲解最基本也是最起码的要求。

1. 达意

语言的达意是要求导游员所传递的信息不仅应准确，而且还要易被游客理解。达意的导游语言，一是发音正确、清楚；二是遣词造句准确、简洁；三是表达有序、条理清晰。切忌言语空洞无物、言过其实，更不该无中生有、胡编乱造。

2. 流畅

流畅即要求导游员的语言力求表达连贯，无特殊情况，一般言语中间不作较长时间的停顿，语速适中，快而不乱，慢而不滞。口语表达中过多的重复和停顿以及不良的习惯无疑都会影响游客的倾听效果。

3. 得体

所谓得体，就是言语运用要妥当，有分寸。得体的导游语言必须符合导游员的角色身份，以做到真正体现对游客的尊重为前提。在带团过程中，应多用敬语和语言委婉、征询的句式与游客交流。此外，还应避免游客的言谈忌讳。

4. 生动

生动是导游语言最为突出的特点。导游员在讲解内容准确的前提下，应以生动、有趣且具感染力的语言活跃气氛，增添游客的游兴，以趣逗人。照本宣科不可取，"黄色幽默"和低级趣味的笑话更应杜绝。

5. 灵活

灵活强调的是导游员的语言表达应做到因人、因地、因时而异，导游员在讲解时必须充分考虑游客的文化背景、认知水平、兴趣爱好及职业特点等异同，并据此有针对性地决定内容的取舍和表达方式的选择，以提高游客的接受和理解能力。

（六）导游员在日常的导游活动中应遵守的礼仪

① 在带团时，导游员应于出发前 10 分钟到达集会地点；游客上车时，导游员应主动、恭敬地站立于车门口，欢迎每一位游客，并协助其上下车，待客人上齐后方可上车。

② 游客落座后及时清点人数。清点人数时，有条件者可使用计数器清点，亦可用默数或标准点人头数法清点，即右手自然垂直向下，以弯曲手指来记数。忌用社旗来回比划，也不能用手拍打客人的肩背部位，更不得用单手手指对游客头部或脸部指指点点。

③ 在车上作沿途讲解时，导游员站姿要到位，表情自然，与游客保持良好的"视觉交流"，目光应关照全体在场者，以示一视同仁。手持话筒，音量适当，规范讲解。手势力求到位，动作不宜过多，幅度不宜过大。

④ 到达目的地前，应提前将即将进行的活动安排、集会时间和地点等相关信息明白无误地向全体游客通告，并再次告知旅游车的车牌号码及司机姓名，以方便掉队者寻找。

⑤ 带团期间，导游员应随时提醒游客注意行路安全，凡遇难以行走或拐弯之处，应及早提

醒游客多加注意，对年老体弱者更应及时提供必要的帮助。导游员的行走速度不宜过急过快，以免游客掉队或走失。

⑥ 带客游览过程中，导游员应认真组织好游客的活动，做到服务热情、主动、周到。导游员讲解应内容准确、表达流畅、条理清楚、语言生动、手法灵活。此外，还应注意给游客留有摄影时间。

（七）导游员在带团过程中应注意的问题

① 导游员应将表明自己工作身份的胸牌或胸卡，如导游证或领队证，按有关规定佩戴在上衣胸前指定的位置。

② 带团时，导游员应自觉携带旅行社社旗，行进中，左手持旗，举过头顶，保持正直，以便队尾的团友及时跟进。将社旗拖于地面或扛于肩头都是不合乎规范的做法。

③ 手持话筒讲解时，话筒不应离嘴过近，也不要遮住口部。

④ 团队离开活动场所之前，应及时提醒游客注意人身、财物安全，随身携带好自己的贵重物品。

⑤ 带团购物必须到旅游定点商店，游客下车前，要向客人讲清停留时间和有关购物的注意事项。

⑥ 讲解时不得吸烟，进入室内公共场所，应将烟掐灭。

⑦ 带团行走时，不应与人勾肩搭背；候车、等人时不宜蹲歇。

第三节　景点景区服务礼仪

一、旅游景区景点管理规范

旅游景区景点是旅游业生存和发展的根基，基础好，根底深，旅游业发展必有大的希望。这包含两个方面的内容：一是景点本身如何：如自然山水的清秀、历史古迹的悠久等；二是景点的服务水平如何，如想吃没得吃，想住没得住，觉得窝了一肚子的气，那也会影响景点本身的魅力。所以旅游景点管理的重点是提供全方位的服务和提高服务水平，维护景点的"清、新、古、朴"的特色。

具体包括以下方面：景区周边，景点周围，如广场、道路、停车场等要绿化、美化、净化；公用设施，如座椅、垃圾桶等要摆放有序；指示牌、宣传牌、护栏等清晰明示、清洁整齐；特别要规范对区内、点内的小商小贩的管理，做到定点销售，不出摊拉客，搞好诚信经营，礼貌待客。

门票价格的确定要让大多数旅游者接受，门票价格一旦确定，景区景点内部应畅通无阻，提供全程服务，不能再设置上厕所收费等而给游客带来不便的障碍。不能因内部的利益分配而影响游客的情绪，给游客带来不公或不方便。旅游景区景点内有多个旅游点或者游览项目的，可以分别设置单一门票，也可以设置价格低于单一门票价格总和的联票或者套票，一并向游客公示，由游客自主选择购买。禁止向游客强行出售联票或套票。旅游景区景点票价的确定或者调整，应当按照价格管理规定报经有关部门批准。价格主管部门在确定或者调整景区景点价格时，应当征求旅游主管部门的意见。旅游景区景点价格上调的，对境内旅游团自批准上调价格之日起延迟 30日执行，对境外旅游团延迟 90日执行。城市公园、爱国主义教育基地等公益性旅游景区景点，应当按照国家和省、市规定，对老年人、残疾人、现役军人、教师、学生等特定对象实行免费或者优惠。对具有重要历史、科学、文化、艺术价值的旅游景区景点实行游客容量控制制度。

旅游景点管理还包括旅游景点的开发。开发既有原始意义上的，也有扩展开拓的意思。如果一个景点不为人所知，那么它再好也没有人去欣赏它。

二、景区景点服务人员礼仪

旅游景区景点的各项服务设施应保证处于良好状态，给游客提供安全、舒适、优质的服务。旅游景区景点的不同岗位要设置不同的岗位素质要求和标准，经过培训持证上岗，在用工方面切忌有地方保护主义，做到竞争上岗，且对各类人员加强日常考核，不合格者坚决轮换。

三、景区景点导游服务礼仪

旅游景区景点的导游服务应能根据游客的不同需求提供相应的游览方案，供游客选择。旅游景区景点的导游服务应根据与游客的约定进行安排，不随意改变游览路线、减少解说景点或敷衍行事。旅游景区景点的导游服务不应以明示或暗示的方式向游客索要小费。

四、景区景点餐饮服务礼仪

旅游景区景点的饭店应公开就餐标准，明码标价，不应降低餐饮标准或克扣游客。旅游景区景点内的饭店不应使用对环境造成污染的一次性餐具。餐饮服务卫生应符合《中华人民共和国卫生法》的规定，有预防食物中毒和食品污染的要求和措施。旅游景区景点内的饭店不应为客人提供违反国家有关规定的野生动植物。应能满足广大游客的就餐要求，并着重体现当地饮食文化和地方饮食特色。

五、其他相关场所服务礼仪

旅游购物场所应管理有序，经营者佩戴胸卡，亮照经营，无尾追兜售和强买强卖现象。购物场所所售商品应质量合格，明码标价，无欺诈行为。

旅游景区景点应设有满足游客需要的厕所、垃圾箱和痰桶等卫生设施。旅游景区景点厕所应为水冲式。厕所内应保持清洁，通风良好，无污水垃圾。厕所门窗应有防蝇措施。旅游景区景点厕所应有洗手池、衣帽钩等设施。旅游景区景点垃圾箱、痰桶应及时清洗，保持卫生。旅游景区景点出入口、主要通道、危险地段、警示标志等应有照明设备。照明设施应保持完好。旅游景区景点应有畅通有效的广播通信服务网、报警点和报警电话，随时为游客免费提供急、难、险事求救服务。

六、受理游客投诉礼仪

（一）旅游投诉处理程序

1. 旅游投诉处理程序的概念

旅游投诉的处理程序，是指旅游投诉管理机关受理投诉案件后，调查核实案情，促进纠纷解决或作出处理决定所必须经过的程式和顺序。

2. 被投诉者的答复

旅游投诉机关作出受理决定后，应当及时通知被投诉者，被投诉者应在接到通知之日起30日内作出书面答复。旅游投诉管理机关应当对被投诉者的书面答复进行复查。

3. 调解

调解是指旅游投诉管理机关主持投诉双方通过和解解决纠纷，达成协议的行为。旅游投诉管理机关处理投诉案件时，对于能够调解的，应当在查明事实、分清责任的基础上进行调解，促使投诉者与被投诉者互相谅解，达成协议。调解达成的协议，必须双方自愿，不得强迫。

4. 投诉处理决定

旅游投诉管理机关处理投诉案件时，应当以事实为根据，以法律为准绳。经调查核实，认为事实清楚、证据充分，可以分别作出如下几种决定：

① 属于投诉者自身的过错，可以决定撤销立案，通知投诉者并说明理由。对投诉者无理投诉、故意损害被投诉者权益的，可以责令投诉者向被投诉者赔礼道歉，或者依据有关法律、法规承担赔偿责任。

② 属于投诉者与被投诉者的共同过错，可以决定由双方各自承担相应的责任。双方各自承担责任的方式，可以由双方当事人自行协商确定，也可以由投诉管理机关决定。

③ 属于被投诉者的过错，可以决定由被投诉者承担责任。可以责令被投诉者向投诉者赔礼道歉或赔偿损失及承担全部或部分调查处理投诉费用。

④ 属于其他部门的过错，可以决定转送有关部门处理。

5.《旅游投诉处理决定书》

《旅游投诉处理决定书》是指旅游投诉管理机关对投诉作出处理决定的书面文书。旅游投诉管理机关作出的处理决定应当用《旅游投诉处理决定书》在15日内通知投诉者和被投诉者。如果投诉者或被投诉者对处理决定或行政处罚决定不满的，可以在接到通知书之日起15日内，向处理机关的上一级旅游投诉管理机关申请复议；对复议决定不服的，可以在接到决定之日起15日内，向人民法院起诉。逾期不受理申请复议，也不得向人民法院起诉。对于不履行处理决定和处罚决定的，由作出决定的投诉管理机关申请人民法院强制执行。

6. 行政处罚和其他处罚

旅游投诉管理机关作出投诉处理决定时，可以依据有关法律、法规、规章的规定，对损害投诉者权益的旅游经营者给予行政处罚；没有规定的，由旅游投诉管理机关根据投诉规定单独或者合并给予以下处罚：警告；没收非法收入；罚款；限期或停业整顿；吊销旅游业务经营许可证及有关证件；建议工商行政管理部门吊销其工商营业执照。

旅游投诉管理机关作出的行政处罚决定应当载入投诉处理决定书。凡涉及对直接责任人给予行政处分的，由其所在单位根据有关规定处理。

（二）处理旅游投诉的礼仪

游客提出投诉的原因是多种多样的，一般说来多为服务人员对游客不尊重，态度不好，工作不负责任，服务技能低，产品价格高，服务质量差，设施不配套，服务项目少，与他人纠纷等；其心理活动也是复杂多样的。一般来说，游客的投诉心理有3种情况：

一是要求尊重，二是要求补偿，三是需求发泄。

投诉接待人员应了解游客的投诉心理，即使自己成为被投诉者，也应根据其投诉原因，积极配合有关部门合情、合理、合法的处理好游客的投诉。

当投诉接待人员接到游客的口头投诉时，必须认真对待，正确处理。对于处理解决游客投诉问题，世界旅游业所采用的方法基本是一致的，其基本出发点是：平息游客激动情绪，迅速解决游客问题。

处理的具体步骤介绍如下。

1. 主动与游客沟通

投诉接待人员在接到游客口头投诉后，应引起高度重视，迅速地与投诉者沟通。沟通时避免让旁人参与进来，以免造成更大范围的不良影响。

2. 认真倾听

在与游客沟通时，投诉接待人员要耐心倾听投诉者的陈述。

对于游客所投诉的问题要准确地了解，投诉接待人员必须认真听取游客的叙述，要注视游客，不时地点头示意，让游客明白"旅行社在认真听取我的意见"，而且听取游客意见的代表要不时附和，"我理解，我明白，一定认真处理这件事情"。即使投诉者言语过激，或没有正当理由，也不要立即辩解或马上否定，更不得与投诉者发生争吵，应让投诉者满足发泄"怨气"的心理需求。为了使游客能逐渐消气息怒，投诉的接待人或主管应以自己的语言重复游客的投诉或抱怨，若遇上认真严肃的投诉游客，在听取游客意见时，还应作一些记录，以示对游客的尊重及对所反映问题的重视，同时也给旅行社解决投诉提供依据。

3. 态度诚恳，同情致歉

首先要让游客理解，旅行社非常关心并诚心了解哪些服务不能令他满意。如果游客在谈问题时表示得十分认真和生气，作为投诉接待人，就要不时地表示对游客的同情，如"我们非常遗憾，非常抱歉听到此事，我们理解您现在的心情……"

4. 核查和分析投诉的原因

在认真倾听投诉者的陈述后，投诉接待人员应迅速作出判断，或向旅行社及有关旅游部门汇报，认真地调查，客观地分析投诉原因是否属实，若情况属实，则须分析投诉的性质。若个别游客因不合理要求得不到满足而提出投诉，投诉接待人员在了解情况后应认真向其解释，并委婉地指出其要求的不合理性。

5. 认真处理，积极弥补

在核实游客投诉的内容后，投诉接待人员首先应向其表示歉意。设法与有关部门商定弥补方案，或对服务缺陷进行弥补，或对服务内容进行替换，或进行经济赔偿，补偿损失一定不要拖延时间。时间和效率就是对游客的最大尊重，也是游客的最大需求。要努力挽回影响，最大限度地消除游客的顾虑和不快。

6. 做好说服与调解工作

若投诉者坚持向旅游管理机关投诉，投诉接待人员应努力做好调解工作，尽可能地说服游客与有关单位自行和解，以免事态扩大。当然，如果调解不成，投诉接待人员还应帮助其向旅游管理机构投诉，并协助对投诉的调查核实，实事求是地提供证据。

7. 继续做好服务工作

妥善处理投诉后，投诉接待人员应向旅游者表示谢意，感谢他们对旅行社和投诉接待人员的信任；若能圆满解决投诉问题，应感谢他们的谅解和合作，继续向他们提供热情服务。

必须注意的是：即使个别游客的投诉属无理的，或投诉涉及投诉接待人员本身，作为投诉接待人员也都不应冷落他们，而应继续为他们提供各类服务。如果所投诉的是其他服务部门，投诉接待人员切不可以与己无关为由，一推了之或与旅游者一起埋怨，而应认真处理，努力维护双方的利益。

投诉游客的最终满意程度，主要取决于企业对他公开抱怨后的特殊关怀和关心程度。另外旅游企业所有的管理人员和服务员也应相信：游客包括那些投诉的游客都是有感情的，也是通情达理的；对旅游企业的广泛赞誉及其社会名气来自企业本身的诚信和准确、细致、到位的服务。

【复习思考题】

1. 饭店服务礼仪有哪些基本要求？
2. 旅行社工作人员应掌握哪些岗位礼仪要求？

【案例分析】

1. 1997年北京某旅行社组织的一个旅游团，原计划乘8月30日1301航班于14：05离京飞广州，9月1日早晨离广州飞香港。订票员订票时该航班已经满员，便改订了3105航班（12：05起飞），并在订票通知单上注明：注意航班变化，12：05起飞，计调由于疏忽，只通知了行李员航班变化时间而没有通知导游，也没有更改接待计划。8月30日上午9时，行李员发现导游留言条上的时间和他任务单上的时间不符，经过提醒也没有引起导游的注意。导游也没有认真检查团队机票上起飞时间，结果造成误机的重大责任事故。

此案例中导游没有核对团队机票上的起飞时间，又没有重视行李员的提醒，对误机事故负有一定的责任！当然，导游不应负全责，计调部门也有过错，也应负相应的责任。我国民法第130条规定，两人以上共同侵权造成他人损害的，应当承担连带责任。按照我国旅游法律法规，旅行社在支付了因导游的行为造成的游客损失赔偿之后，有权在内部向有过错的导游进行追偿。导游在工作中一定要细心，在出发前和带团过程中对该团行程涉及的各个方面要勤于核实，特别要重视对可能影响整个行程的交通票据、抵离时间的核实。

2. 一旅游团参加某旅行社组织的旅游，坐着汽车公司的大客车行驶在崎岖不平的山路上，驶至一急转弯时，司机并未放慢速度，致使转弯时车碰在岩崖上，将靠在车窗边的一位游客头部撞伤，经诊治右脸面部神经麻痹。据查，在山路行驶时，路况极差，车体抖动厉害，车上导游人员并未作任何警示和采取必要的措施（如让司机减慢行车速度）。事后，该游客提出了索赔。

此案中导游人员和司机应当承担主要责任，《旅行社管理条例》明确规定，旅行社组织旅游，对可能危及旅游者人身、财物、安全的事宜，应当向旅游者作出真实的说明和明确的警示，并采取防止危害发生的措施。导游人员（包括地陪、全陪和领队）应该对事关旅游团人身财产安全的事宜不厌其烦地进行提醒，这不仅是对游客安全的负责，也是对司陪人员自身安全的负责。

3. 某国际旅行社的导游员小李带一个境外团赴B城海滨旅游度假，下榻B城的某饭店。这天中午，当游客兴致勃勃地从海滨浴场回来用餐时，一位游客发现餐厅所上菜肴中有一条虫子。顿时一桌游客食欲全无，有的还感到恶心。游客们当即找到导游员小李，气愤地向他投诉，要求换家餐馆用餐。面对愤怒的游客，导游员小李首先代表旅行社和饭店向全体游客表示歉意，然后很快找来该饭店餐饮部经理，向他反映了情况，并提出解决问题的建议。餐饮部经理代表饭店向游客做了诚恳道歉。同时，让服务员迅速撤走了这盘菜，为了表示歉意，还给游客加了一道当地风味特色菜。面对导游员小李和餐饮部经理真诚、积极的态度，游客们谅解了饭店餐厅的失误，也不再提出换餐馆的要求。

本案例中的导游员小李及时得体地处理了游客的投诉，使得一场本来可能会给旅行社带来麻烦、给自己的合作伙伴——饭店带来经济损失的意外事故及时地化解了，可见，导游员对待投诉处理的正确与否，其意义非同小可。

第七章　销售与会展礼仪

【学习目标】

　　了解销售、会展服务工作中的相关知识；掌握销售、会展等服务接待工作中常用的基本礼节及礼貌行为规范；掌握现代推销、商务谈判与会展礼仪知识。

　　2002年8月8日，顾客林小姐去某商场购物。走到二楼日用品区，看见天花板上挂着自己心仪已久的小黄太阳伞，便要求工作人员取一把与此样品相同的伞给她。工作人员回答道："这款已没有黄颜色的了，你可以看一下其他的款式。"因为林小姐非常喜欢样品中这把黄颜色的伞，而且在此之前已来看过很多次，便要求工作人员将悬挂的样品拿给她。这时，工作人员说："样品悬挂这么高，拿取不方便，拿下来你不要怎么办？"然后又执意向林小姐推荐其他款式的黄伞，并指着伞具柜台不耐烦地说："这里有这么多黄颜色的伞，你为什么非要那把？"边说边取下其他款式的黄伞，放在林小姐面前，让林小姐哭笑不得。而林小姐就是看上那款小黄伞，所以再次要求工作人员帮其取下来，并说："只要伞没有质量问题，我肯定会买的。"工作人员又说："那万一你不要怎么办？我们还得重新将它挂上去，这不是添麻烦吗？"一边说一边又拿了一把其他款式的黄伞，递到林小姐手里语气强硬地说："这把也是黄色的，难道不漂亮吗？"最后，林小姐等了十几分钟后，该工作人员才慢慢腾腾、非常不情愿地将那把悬挂的黄伞取了下来。林小姐虽然最终买到了自己心仪已久的太阳伞，却窝了一肚子的气，并发誓再不到此商场购物。

　　从零售商角度和消费者角度来看，竞争的加剧导致越来越多的商家开始重视消费者的需求，除了高质量、新鲜和合理价格外，也开始关注服务的质量。许多企业通过培训员工，增强员工礼仪素养，从而吸引消费者，稳定客户。可见关注超市（商场）礼仪的关键是要求从消费者的需求出发，提供满足消费者需求的商品和服务。

第一节　商场（超市）服务礼仪

　　超级市场，简称超市，英文名称为 super market，是一种以由顾客自我服务为主，品种多为品牌产品的大型零售业。世界上的第一家超市，1930年创立于美国纽约城的牙买加皇后区。

一、现代商场（超市）服务礼仪的基本要求

（一）仪容仪表要求

1. 着装

① 着装应整洁、大方，颜色力求稳重，且衣服不得有破洞；纽扣须扣好，不应有掉扣；

不能挽起衣袖（施工、维修、搬运时除外）。

② 商场（超市）员工上班必须着工作服。工作服外不得有其他服装，工作服内衣服的下摆不得露出；非因工作需要，不得在卖场、办公场所以外着工作服。

③ 上班时间必须佩戴身份牌，身份牌应端正佩戴在左胸适当位置，或者将其挂在自己胸前，双保险的做法是将其挂在本人颈上，然后将它再夹在左侧上衣兜上。非因工作需要不能在卖场及办公场所以外佩戴身份牌。应认真爱护、保证身份牌的完好无损。凡破损、污染、折断、掉角、掉字或涂改的身份牌，应及时更换。

④ 快餐厅、面包房及生鲜熟食区员工上班时间必须戴帽，并将头发束入帽内，其他人员非因工作需要上班时间禁止戴帽。

2. 仪容

① 注意讲究个人卫生。

② 头发应修剪、梳理整齐，保持干净，禁止梳奇异发型。男员工不能留长发，禁止剃光头、留胡须；女员工留长发应以发束系住或发卡夹住。

③ 女员工提倡上班化淡妆，不能浓妆艳抹；男员工不宜化妆。

④ 指甲修剪整齐，保持清洁，不得留长指甲，不准涂指甲油。食品柜、生鲜熟食区和快餐厅员工不得涂指甲油，上班时间不得喷香水、戴首饰。

⑤ 上班前不吃葱、蒜等异味食物，不喝含酒精的饮料，保证口腔清洁。

3. 表情、言谈、举止

① 待人接物时应注意保持微笑。

② 接待顾客及来访人员应主动打招呼，做到友好、真诚，给其留下良好的第一印象。

③ 与顾客、同事交谈时应全神贯注、用心倾听。

④ 提倡文明用语，"请"、"谢"字不离口，不讲服务禁语。

⑤ 通常情况下应讲普通话，接待顾客时应使用相互都懂的语言。

⑥ 注意称呼顾客为"先生"、"小姐"、"女士"或"您"，如果知道姓氏的，应注意称呼其姓氏；指第三者时不能讲"他"，应称"那位先生"或"那位小姐（女士）"。

⑦ 保持良好的仪态和精神面貌。

⑧ 坐姿端正，不得跷二郎腿，不得坐在工作台上，不得将腿搭在工作台或坐椅扶手上，不得盘腿。

⑨ 站立时应做到：收腹、挺胸、两眼平视前方，双手自然下垂或放在背后。身体不得东倒西歪，不得弓背、耸肩、插兜等，双手不得叉腰、交叉胸前。

⑩ 不得搭肩、挽手、挽腰而行，与顾客相遇应靠边行走，不得从两人中间穿行，请人让路要讲"对不起"，非工作需要不得在工作场所奔跑。

⑪ 上班时间不能吃食物，不能看与工作无关的书报杂志。

（二）接待礼仪

① 说话口齿清晰、音量适中，最好用标准普通话，但若顾客讲方言，在可能的范围内应配合顾客，以增进相互沟通的效果。

② 要有先来后到的次序观念。先来的顾客应先给予服务，对晚到的顾客应亲切有礼地请他稍候片刻，不能置之不理，或本末倒置地先招呼后来的顾客，而怠慢先来的顾客。

③ 在卖场十分忙碌、人手又不够的情况下，记住当接待等候多时的顾客时，应先向对方道歉，表示招待不周恳请谅解，不宜气急败坏地敷衍了事。

④ 有时一些顾客可能由于不如意而发怒，这时员工要立即向顾客解释并道歉，并将注意力集中在顾客身上。这样就能清除思想中的所有杂念，集中思想在顾客的需求上。当他们看到你已把注意力集中于他们的问题上，他们也就会冷静下来。当然，最好的办法是要克制自己的情绪，不要让顾客的逆耳言论影响你的态度和判断。

⑤ 要擅长主动倾听意见和抱怨，不打断顾客发言，这样被抑制的情绪也就缓解了，使每一位难对付的顾客不再苛求。

⑥ 当顾客提出意见时，要用自己的语言再重复一遍你所听到的要求，这再一次让顾客觉得他的问题已被注意，而且使他感到他的困难会得到解决。

(三) 商场（超市）服务例句

1. 文明礼貌基本用语

先生、小姐、（老）大爷、（老）大娘、（老）师傅、小朋友、您好、谢谢、请稍等、请多关照、请指教、请多提意见、再见、欢迎再来、对不起、很抱歉、请原谅、打扰了、别客气、没关系、这是应该做的、感谢您的支持、谢谢合作、请、劳驾。

2. 窗口行业主要禁语

哎、喂、老头儿、老太婆、小家伙、不知道、等着吧、出去等着、少啰唆、真烦人、着什么急、有完没完、告去吧、有意见写去、有意见找领导去、自己问去、不能办、和我没关系、没有。

3. 商场（超市）文明用语与服务禁语

（1）商店文明用语

① 您好，欢迎光临。

② 欢迎参观选购。

③ 您想看看什么？

④ 您想买点什么？

⑤ 您要的是这种吗？

⑥ 您看这双（件）怎么样（行吗）？

⑦ 我拿给您看看（您可以试试看），不要没关系。

⑧ 我再拿一双（件），请比较一下。

⑨ 请仔细挑选，慢点没关系。

⑩ 我多拿几双（件）供您挑选，希望您能称心。

⑪ 我帮您参谋参谋。

⑫ 您可以再考虑一下。

⑬ 您可以去别的商店看看，比较一下再买。

⑭ 很抱歉，刚卖完（暂时无货）。

⑮ 这种货过几天会有，请您抽空来看看。

⑯ 您要的这种商品（货）现在没有，您同意的话，我可以帮您挑选另一种。

⑰ 对不起，我们这儿不经营这种商品，请您到别的商店去看看。

⑱ 收款台在那边，请到那边付款。

⑲ 您买的东西共计××元，收您××元，找您××元，请点一下。

⑳ 这是给您的发票，请收好。

㉑ 请将发票保管好，如有质量问题可凭发票退、换（维修）。

㉒ 请稍候，我帮您包装好。

㉓ 这是您的东西，请拿好。

㉔ 请您点清件数，我给您包装好。

㉕ 我已替您捆扎结实了，请放心。

㉖ 请让我看看发票好吗？

㉗ 没关系，只要符合规定，马上就给您换。

㉘ 对不起，按规定，食品出售后不属质量问题，不能退换，请原谅。

㉙ 很抱歉，这种货按××规定，实在不能退换，可不可以用其他办法解决？

㉚ 请放心，我马上联系维修部（厂家），给您修好。

㉛ 对不起，刚才没听到您叫我。您买什么？

㉜ 由于我们工作中的过失，给您带来了麻烦，真对不起。

㉝ 非常抱歉，刚才是我说错了，请原谅。

㉞ 实在对不起，刚才那位同志态度不好，让您生气了。

㉟ 请您放心，我们一定处理好这件事。

㊱ 我们商店设有总服务台，有领导值班，有什么意见，请到那里谈好吗？

㊲ 欢迎您多提宝贵意见，请经常惠顾，谢谢。

㊳ 请问还需要别的商品吗？

（2）商店服务禁语

① 不知道，那不是我管的货。

② 看导购牌去。

③ 那是样品（次品、坏的、退回来的），不卖。

④ 你买吗？不买别问。

⑤ 哎，快点挑。

⑥ 都一样，有什么可挑的。

⑦ 不能挑，弄脏了谁要？

⑧ 你别挑个没完没了。

⑨ 嫌不好，到别处买去。

⑩ 有说明书，自己看。

⑪ 买不起就别买。

⑫ 你到底要不要？

⑬ 买还是不买，想好了没有？

⑭ 明码标价，谁还骗你。

⑮ 哪儿便宜你到哪儿买去。

⑯ 没零钱，自己换去（不卖）。

⑰ 你的钱太脏（破），不收。

⑱ 这种商品本来就没有包装。

⑲ 我忙着呢，自己包（捆）。

⑳ 发票用完了，想要发票明天再来拿。

㉑ 什么时候来货？不知道。

㉒ 不是你自己选好的吗？

㉓ 你才买的，怎么又要退？

㉔ 买的时候怎么不看清楚，这是你的责任，不能退换。

㉕ 不是我卖的，谁卖的找谁。

㉖ 你找维修部门去，我们不管。

㉗ 快交钱，要下班了。

㉘ 结账了，不卖了。

㉙ 下班了，买东西怎么不早来。

㉚ 爱买不买。

二、现代商场（超市）岗位礼仪

（一）商场（超市）迎宾员礼仪

① 迎宾礼仪最重要的是态度亲切、以诚待人。

② 眼睛一定要亮，并注意眼、耳、口并用的礼貌。

③ 面带微笑，并亲切地说"欢迎光临"，以示尊重顾客。最重要的是要用心，千万不能心口不一。

④ 作为引导，迎宾员应走在顾客的左或右前方为其指引，因为有些顾客尚不熟悉卖场环境，切不可在顾客后方以声音指示方向及路线，走路速度也不要太慢或太快让顾客无所适从，必须配合顾客的脚步，将顾客引导至正确位置。

⑤ 不论顾客是何种身份，都应视其为贵宾而诚挚相待，不要厚此薄彼，以怀疑的眼光看人或凭外观穿着来作为是否隆重接待的依据。

（二）商场（超市）服务台工作人员——存包处员工礼仪

① 保持区域内整洁，营业开始和结束时做好清洁卫生工作。

② 应确保每一张存包牌都与存包柜的号码保持一致，营业开始和营业结束时对存包牌进行核对，及时补充丢失、破损的牌子。

③ 在顾客存取包时保持面带微笑，态度要热情积极，使用礼貌用语，服务过程中动作要迅速。

④ 接待顾客时，要问候"您好！"送走顾客时，要说"请拿好！"、"欢迎下次再来！"、"谢谢！"等，不能沉默不语，不打招呼。

⑤ 存包牌要递到客人手中，不能放在台面上，包要轻拿轻放，放在客人的面前。

（三）退货、换货处员工礼仪

① 热情接待顾客，主动询问是否需要帮助。询问顾客是否有本商场（超市）的收银小票或发票，并审核购买时间，所购商品是否属于家电商品或不可退换商品。

② 细心平静地听顾客陈述有关的抱怨和要求，判断是否属于商品的质量问题。

③ 熟悉退换货流程，结合公司政策、国家法律及顾客服务准则，灵活处理，说服顾客达成一致的看法；如不能满足顾客的要求而顾客予以坚持，应请上一级管理层处理。

④ 如退货，现场将现金清点完毕后交给顾客，并轻声提醒。如"退您 90 元整，请收好"。

⑤ 送走顾客要道别。

（四）商场（超市）广播员礼仪

① 播音员必须用标准的普通话进行播音，必须由经过培训的播音员进行播音。
② 播音音量适中，音质明亮柔美，语言流利，无错别字。
③ 顾客的请求优先播音，紧急事件优先播音。
④ 广播词必须先默念几次，以求语句顺畅，内容须连续播音 3 次。
⑤ 播音的开始结束必须用文明礼貌用语。
⑥ 播音室内电话铃响在三声内接听。
⑦ 做好播音室内的清洁卫生工作。

（五）商场（超市）售后服务人员礼仪

① 熟悉"三包"的具体要求，认真执行规定，及时承担责任。
② 对来访者要热情、礼貌，并做好来访记录。
③ 对用户来电、来信、来访所反映的问题，做好综合分析工作、及时转给有关管理人员。
④ 送货服务应遵守承诺，言而有信，不得乱收费用，要按时送达、确保安全。
⑤ 安装服务应按约进行，不得随意延期；不得变相收费；不准私自索取财物，要吃要喝；安装要符合标准，并进行当场测试。向顾客具体说明使用过程中的注意事项，认真答复对方为此而进行的询问，事后要定期访查，以减少顾客的后顾之忧，并及时排忧解难。

（六）商场（超市）一线员工礼仪

① 亲切地招呼顾客到店内参观，并让他随意自由地选择，最好不要刻意地左右顾客的意向，或在一旁唠叨不停。应有礼貌地告诉顾客："若有需要服务的地方，请叫我一声。"
② 顾客有疑问时，应以专业、愉悦的态度为顾客解答。不宜有不耐烦的表情或者一问三不知。细心的员工可适时观察出顾客的心态及需要，提供好意见，且能对商品做简短而清楚的介绍，以方便有效率的方式说明商品的特征、内容、成分及用途，以帮助顾客选择。
③ 不要忽略陪在顾客身旁的人，应一视同仁一起招呼，或许也能引起他们的购买欲望。
④ 与顾客交谈的用语宜用询问、商量的口吻，不应用强迫或威胁的口气要顾客非买不可，那会让人感觉不悦。当顾客试用或试穿完后，宜先询问顾客满意的程度，而非只一味称赞商品的优越性。
⑤ 员工在商品成交后也应注意服务品质，不要以为拿了钱就了事，而要将商品包装好，双手捧给顾客，并且欢迎顾客下次光临，最好能送顾客到门口或目送顾客离去，以示期待之意。
⑥ 即使顾客不买任何东西，也要保持一贯亲切、热忱的态度感谢他来参观，这样才能留给对方良好的印象。也许下次顾客有需要时，就会先想到你并且再度光临，这就是"生意做一辈子"的道理！

三、受理顾客投诉礼仪

（一）顾客投诉处理原则

1. 倾听原则
倾听原则是指耐心、平静、不打断顾客陈述，聆听顾客的不满和要求。

2. 满意原则

这是处理顾客投诉时的首要原则。处理顾客投诉的最终目的不是解决问题或维护商场（超市）的利益，它的结局关系到顾客在经历这一事件后是否愿意再度光临，这一原则和概念应该贯穿整个顾客投诉处理的全部过程。

3. 迅速原则

迅速地解决问题，如果超出自己处理的范围需要请示上级管理层的，也要迅速地将解决的方案通知顾客，不能让顾客等待太久。

4. 公平原则

处理棘手的顾客投诉时，应公平谨慎地处理，要有理有据说服顾客，并尽可能参照以往或同行处理此类问题的做法进行处理。

5. 感谢原则

处理结束后，一定要当面或电话感谢顾客提出的问题和给予的谅解。

（二）顾客投诉处理程序

顾客投诉的处理程序如图 7-1 所示。

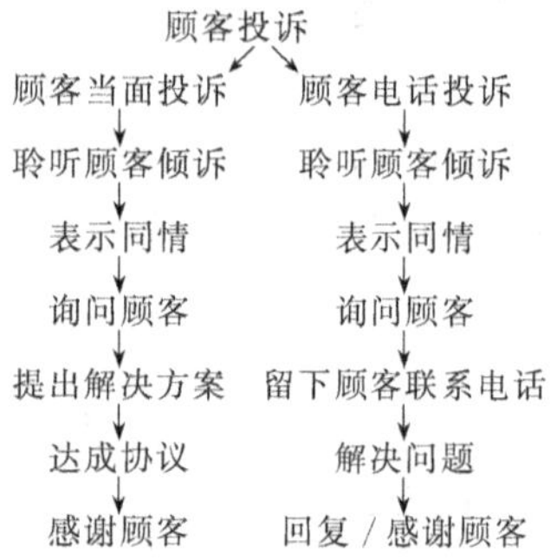

顾客投诉

顾客当面投诉　　顾客电话投诉

聆听顾客倾诉　　聆听顾客倾诉

表示同情　　　　表示同情

询问顾客　　　　询问顾客

提出解决方案　　留下顾客联系电话

达成协议　　　　解决问题

感谢顾客　　　　回复/感谢顾客

图 7-1　顾客投诉的处理程序

（三）顾客投诉处理的基本方法与技巧

1. 聆听顾客倾诉

① 积极主动的态度。

② 面带微笑。

③ 保持平静的心情和合适的语速音调。

④ 认真听取顾客投诉，不遗漏细节，确认问题所在。

⑤ 让顾客先发泄情绪。

⑥ 不打断顾客的陈述。

2. 表示同情

① 善用自己的举止语气去劝慰对方。

② 站在顾客的立场为对方设想。

③ 对顾客的行为表示理解。

④ 主动做好投诉细节的记录。

3. 询问顾客

① 重复顾客所说的重点，确认是否理解顾客的意思和目的。

② 了解顾客的意思和目的。

③ 了解投诉的重点所在，分析投诉事件的严重性。

④ 告诉顾客已经了解到问题所在，并确认问题是可以解决的。

（四）处理投诉应避免的做法

1. 不耐烦的表情或不愿意接待顾客的态度

① 同顾客争执，激烈讨论，情绪激动。

② 挑剔顾客的态度不好，说话不客气。

③ 直接回绝顾客或中途做其他事情、听电话等。

2. 不做记录，让顾客自己写经过

① 表明不能帮助顾客。

② 有不尊重顾客的言语或行为。

③ 激化矛盾。

3. 重复次数太多

① 处理时间过多。

② 犹豫，拿不定主意。

③ 畏难情绪，中途将问题移交给别人处理。

④ 听不懂顾客的地方方言。

第二节　商品推销礼仪

　　推销，是现代商务活动中的一部分，是整个市场赖以运作的、相当重要的环节。如今，人们不再简单地将推销等同于夸大与欺骗，更多的，推销被看作是一种艺术。的确，要将东西卖出去也许并非是最困难的，困难的是让客户与推销员保持友好、信任的关系。真正意义上的推销，不仅是商品的推销，还包括自我的推销。不仅要让客户喜欢商品，更要让客户喜欢上人。

一、熟悉自己的产品

　　熟悉产品才能推销产品。在营销工作中，不仅仅是在推销产品，也是在推销自己，也就是销售形象。销售人员要掌握一定的产品知识和传播这些知识所使用的方法和技巧。因此推销人员看起来是在销售产品，实际上还在销售产品以外的一些东西，如企业文化、商品内涵等。因此熟悉产品是一名推销人员所具备的最基本知识。一个理性的消费者是不可能购买一个对其一无所知的商品的，在实施购买过程中，消费者对商品购买的心理是脆弱的，一不小心，就有可能造成交易的失败，而推销人员对产品性能及其质地的熟悉程度，可以加快消费者实施购买行为的步伐。

二、推销员的基本礼仪

1. 推销员的容貌外表

　　推销员给顾客留下的第一印象就是外表形象，这对于相互沟通的效果影响颇大。推销员一定要衣着大方、合体，与自己的身材、年龄、个性及所推销产品的风格相配合。首先，要使外表在顾客眼中顺眼，其次，要抑制个人癖好。

2. 推销员的笑容

　　笑容是推销员的一项不可缺少的基本功。作为一个现代的推销人员，若能自然、熟练地运用笑容，在推销时，则易于打动顾客的心，这无形之中等于增加了一大笔财产。有些推销人员不太注意仪表、形象，认为这都是小节，结果招致顾客的讨厌，以致推销失败。

3. 推销员的语言和行为

　　语言和行为礼仪体现于整个推销过程。俗话说"良言一句暖三冬，恶语伤人六月寒"。推销中必须使用敬语、雅语。如自我介绍时应谦和、简洁、有礼。语言礼仪在推销中还表现为如何实事求是地介绍商品，信守承诺。举止要从容、优雅，谈吐亲切、自如。

4. 用积极的情绪来感染客户

人是情绪化的动物，客户亦然。销售是信息的传递，情绪的转变。大部分人的购买策略是建立在情绪化和感性的基础之上的。销售人员不可能把不好的情绪传递给客户。因为这样做的结果只会使销售流产；或者给顾客一个不好的印象。

推销员不只是企业的代表，也是消费者的顾问。要善于掌握推销机会，主动创造形成推销机会的条件。并具有说服顾客的能力。相信自己；相信的产品；相信自己所代表的企业，只有相信这3点才会产生积极性和动力，继而才能成功。

三、商品推销中的礼仪

1. 尊重顾客，礼貌交谈

要自始至终地尊重顾客，耐心细致地介绍商品，允许顾客随意插话、提问，不可轻易打断对方的谈话，或者自己一直滔滔不绝地说下去，适时问一句："您看呢?"、"您觉得呢?"注意顾客的反应。

2. 要诚实、客观地介绍商品优点

只讲优点不谈缺欠的方式只会令顾客生疑，因此，正确的推销礼仪是全面、透彻介绍商品的长处，同时简略地说明其他方面，给对方以诚实可信的感觉。

3. 对顾客提出的异议要耐心对待

有异议说明顾客开始关注商品，因此更应热心解释说明，即使对方的看法有误，也不要争辩，不要争吵，更不能面露不屑与不悦。应多听善说，引导、说服顾客而不要驳斥顾客。即使否定对方观点也要在措辞上维护对方，不可嘲笑对方。

4. 对待顾客的提问要处理得当

一般性问题应立即回答，不能避而不答或含糊其辞。对有些技术性强的问题和异议，则应稍作思考或延缓回答，可表现出负责任的慎重态度，必要时可暂不回答，待查阅资料或电话请教专业人员、负责人之后再回答。有时顾客的自言自语或玩笑及关系不大的问题可不必作答。否则反而招致麻烦。

5. 推销过程中不可过度热情

恰当的热情可促使推销成功，但不要造成急于催促对方购买的印象和压力。应适时闭上嘴，容对方察看或考虑，但沉默时间不要过长，适时插话，主动提出并分析对方可能的担心，显得热情而不急功近利。

四、推销成功后的礼仪

成交是推销基本成功的标志，但并非意味着推销工作的结束，因为即使达成交易，对方也会更改意见，这时就要看推销员的礼仪表现了。

① 成交时不要喜形于色，失去了原有的沉稳。表情、态度要自然、平静，要保持常态。

② 要赞美顾客的眼光，要将成交归功于对方，而不能沾沾自喜，否则容易令顾客反感，也许会失去购买兴趣。

③ 少说话，谨慎用词。既然已达成交易，就切忌再啰里啰唆地说个没完，令人生厌，也可能会有口误，导致节外生枝。

④ 热情告别。成交后可略转换些轻松的话题聊天，不可一成交就立即走人。应上前与顾客握手告别，面带微笑表示合作愉快及谢意。

⑤ 推销员应主动留下联络地址及电话，表示有任何事情尽快联系，一定尽力解决。告别后一段时间应主动再联系询问一下顾客的意见和要求，这样才显得礼数周全、善始善终。

第三节　商务谈判礼仪

商务谈判是最重要的商务活动之一，是指人们在商务交往中，为了协调彼此之间的商务关系，满足各自的商务需求，通过协商争取达成协议的过程。谈判的成功与否，很大程度上取决于谈判过程中的态度和处理问题的方法。因此，在商务谈判中，既要讲谋略，又要讲礼仪。倘若只讲谋略而不讲礼仪，或是只讲礼仪而不讲谋略，都不会有助于谈判的成功。

一、谈判前的准备工作

1. 确定参加谈判人员

参加商务谈判的代表一般由技术人员、法律人员、商务人员组成。双方人数、身份、职务要相当。

2. 注重参加谈判人员的仪表

谈判人员要有良好的综合素质，谈判前应整理好自己的仪容仪表，男士一律应当理发、剃须、吹头发、不准蓬头乱发，不准留胡子或留大鬓角。女士应选择端正、素雅的发型，并且化淡妆，但是不可做过于摩登或超前的发型，不可染彩色头发，不可化艳妆，或使用香气过于浓烈的化妆品。

穿着要整洁正式、庄重，应穿着传统、简约、高雅、规范的、正式的礼仪服装。一般来说，男士应穿深色三件套西装和白衬衫、打素色或条纹式领带、配深色袜子和黑色系带皮鞋。女士则应穿深色西装套裙和白衬衫，配肉色长筒袜或连裤式丝袜和黑色高跟或半高跟皮鞋。

3. 确定谈判时间和谈判地点

商务谈判的时间由谈判双方商议后决定。尽量避开重大节日和假日。

4. 布置好谈判会场

在谈判会上，身为东道主，那么不仅应当布置好谈判厅的环境，预备好相关的用品，而且应当特别重视礼仪性很强的座次问题。

① 举行双边谈判时，应使用长桌子或椭圆形桌子。宾主应分坐于桌子两侧。若桌子横放，则面对正门的一方为上，应属于客方；背对正门的一方为下，应属主方。若桌子竖放，则应以进门的方向为准，右侧为上，属于客方；左侧为下，属于主方，如图 7-2 所示。

在进行谈判时，各方的主谈人员应在自己的一方居中而坐。其余人员则应遵循右高左低的原则，依照职位的高低自近而

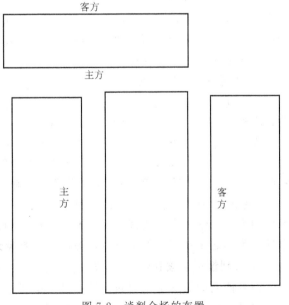

图 7-2　谈判会场的布置

远地分别在主谈人员的两侧就座。假如需要译员，则应安排其就座于仅次主谈人员的位置，即主谈人员之右。

②举行多边谈判时，按照国际惯例，一般均以圆桌为谈判桌来举行"圆桌会议"。这样一来，尊卑的界限就被淡化了。即便如此，在具体就座时，依旧讲究有关各方的与会人员尽量同时入场，同时就座。至少，主方人员也不应在客方人员之前就座。

二、谈判中的礼仪

在商务谈判中，双方人员的态度、心理、方式、手法等，无不对谈判构成重大的影响。要取得谈判的成功，要求谈判者在庄严肃穆、剑拔弩张地谈判会上，以礼待人，尊重别人，理解别人。

1. 谈判开局阶段礼仪

好的开端是成功的一半。在商务谈判中，由于谈判开局是双方刚开始接触的阶段，因此，谈判开局的成功与否关系到能否取得谈判的控制权和主动权，开局阶段所创造的谈判气氛对谈判的全过程产生重要的影响。

（1）重视谈判前的介绍　谈判双方接触的第一印象十分重要，言谈举止要尽可能创造出友好、轻松的良好谈判气氛。自我介绍时要自然大方，不可露傲慢之意。被介绍到的人应起立一下微笑示意，可以礼貌地道："幸会"、"请多关照"之类。询问对方要客气，如"请教尊姓大名"等。如有名片，要双手接递。

（2）寻求共识，激发兴趣　介绍完毕，不要急于切入正题，可选择双方共同感兴趣的话题进行交谈。稍作寒暄，寻求共识，以沟通感情，创造轻松、诚挚、愉快的开局气氛。

（3）正确使用体态语　谈判者的姿态动作也对把握谈判气氛起着重大作用，目光注视对方时，应停留于对方双眼至前额的三角区域正方，这样使对方感到被关注，觉得诚恳严肃。指示方向时手心向上，手势自然，不宜乱打手势，以免造成轻浮之感。切忌双臂在胸前交叉，那样显得十分傲慢无礼。

（4）注意听说的技巧　当谈判切入正题后，双方应说明自己的基本意图和目的。说明己方观点时要言简意赅，突出重点，让对方感觉到己方的坦率和真诚。在对方陈述时，要认真倾听，并注意记录和分析，细心观察对方举止表情，并适当给予回应，这样既可了解对方意图，又可表现出尊重与礼貌。

2. 谈判磋商阶段礼仪

谈判磋商阶段是谈判的实质阶段。讨价还价只因事关双方利益，容易因情急而失礼。因此，在谈判中，不管发生了什么情况，都始终坚持礼敬对手，无疑能给对方留下良好的印象，而且在今后的进一步商务交往中，还能发挥潜移默化的功效，即所谓"你敬我一尺，我敬你一丈"。实践证明，在谈判中，能够面带微笑、态度友好、语言文明礼貌、举止彬彬有礼的人，有助于消除对手的反感、漠视和抵触心理。在洽谈桌上，保持"绅士风度"，或"淑女风范"，有助于赢得对手的尊重与好感。与此相反，假如在谈判的过程中，举止粗鲁、态度刁蛮、表情冷漠、语言失礼，不知道尊重和体谅对手，则会大大加强对方的防卫性和攻击性，无形之中伤害或得罪对方，为谈判不自觉地增添了阻力和障碍。

3. 谈判僵局阶段礼仪

商务谈判的僵局是谈判的一种不进不退状态。当双方均不对分歧妥协时，谈判进程就会出现停顿，谈判也就进入了僵局。要突破僵局，就要做到平等协商，以理服人。在谈判中，要就事论事，对"事"要严肃，对"人"要友好。对"事"不可以不争，对"人"不可以不敬。保持耐心、冷静，不可因发生矛盾就怒气冲冲，甚至进行人身攻击或侮辱对方。出现僵局时，主方要灵活处理，可以暂时转移话题，稍作松弛。如果确实已无话可说，则应当机立断，暂时中止谈判，稍作休息后再重新进行。主方要主动提出话题，不要让冷场持续过长。

4. 谈判成交阶段礼仪

经过反复磋商，谈判内容涉及到的问题都取得了不少的进展，交易已趋于明朗，双方看到了谈判即将结束的希望。这往往是由于一方发出了成交信号，此时，另一方要善于捕捉这些成交信号，采取促进缔结协议的策略，有助于谈判的成功。谈判人员在成交意图表达时，要做到不急不躁，不卑不亢，口气坚定，话语简洁。

三、谈判后的礼仪

谈判后的签约是谈判的重要环节。一般来说，协议一经达成，就要举行签字仪式，以便对谈判结果加以确认，在签字仪式后，一般还会安排参观、游览等活动。这样双方不仅沟通了信息，交流了感情，还为今后的合作和合同的履行奠定良好的基础。

第四节　展览会礼仪

展览会是一种以实物、模型、文字、图表、影像资料等方式来展示成果、树立形象的商务宣传性活动。它是组织重要的公共关系活动之一，也是一种常见的营销活动。

展览会礼仪，通常是指商界单位在组织、参加展览会时，所应当遵循的规范与惯例。

一、展览会的分类

根据不同的分类标志，可将展览会分成不同的类别。常见的展览会分类有以下几种：

依据展览会的目的。可分为宣传型展览和销售型展览，即陈列会和展销会或交易会两种类型，这是划分展览会类型最基本的标准。

依据展览品的种类，可分为专题型展览与综合型展览。专题型展览如化妆品展览会、汽车展览会等；综合型展览如工业展览会、轻工展览会等。

依据展览会的规模，可分为大型展、小型展与微型展。其中微型展，也称轻便型展览、袖珍展览。一般不在社会上进行商业性展示，而是仅供员工教育和来宾参观之用。

依据参展者的区域，可将展览会划分为国际展和国内展。国际展又可分为出国展和来华展，国内展又可分为全国展、区域展、地方展以及单个公司的独家展。

依据展览会的场地，可分为室内展与室外展。前者如纺织展，后者如航空展。室内展较隆重，室外展较简单。

依据展览会的时间，可分为长期展、定期展和临时展。其中，长期展，大都常年举行，如文物展览。定期展，如每三年举行一次，或者每年春季举行一次等，其展览主题大都既定不变。临时展，则随时可根据需要与可能举办。

二、展览会的组织

一般的展览会，既可以由参展单位自行组织，也可以由社会上的专门机构出面组织。不论组织者由谁来担任，都必须精心组织，力求使展览会取得完美的效果。

1. 明确展览会的主题

任何一个展览会都有一个鲜明的主题和特定的目的。只有主题明确，才能对所有展品进行有机的排列，充分展示展品的风采。否则，主题不明，杂乱无章，势必会影响展览的效果。

2. 确定参展单位

一旦决定举办展览会，由什么单位来参加的问题是非常重要的。在具体考虑参展单位的时候，必须注意两厢情愿，不得勉强。邀请或召集的主要方式为：刊登广告、寄发邀请函、召开新闻发布会等。不管是采用其中任何一种方式，均应明确展览会的宗旨、展出的主要题目、参展单位的范围与条件、举办展览会的时间与地点、报名参展的具体时间与地点、咨询有关问题的联络方法、参展单位所应负担的基本费用等。对于报名参展的单位，主办单位应根据展览会的主题与具体条件进行必要的审核。切勿良莠不分，来者不拒。

3. 宣传展览内容

为了引起社会各界对展览会的重视，扩大影响，主办单位有必要对其进行大力宣传。宣传的重点应当是展览的内容，即展览会的展示陈列之物。宣传的形式多种多样，可举办新闻发布会、公开刊发广告、张贴有关展览会的宣传画；在展览会现场散发宣传性材料和纪念品、在举办地悬挂彩旗、彩带或横幅等。在进行具体方式选择时，可只择其一，亦可多种同时并用。但一定要量力行事，并且要严守法纪，注意安全。

4. 展览会的规划与布置

展览会布展的基本要求是让各种展品围绕既定的主题，合理搭配、互相衬托、相得益彰，使之在整体上井然有序、浑然一体。具体包括展位的合理分配，文字、图表、模型与实物的拼装，灯光、音响、饰件的安装，展板、展台、展厅的设计与装潢等。

三、展览会礼仪

1. 维护整体形象

参展单位的整体形象，主要由展示之物的形象与工作人员的形象两个部分所构成。对于二者要给予同等的重视，不可偏废其一。

展示之物的形象，主要由展品的外观、展品的质量、展品的陈列、展位的布置、发放的资料等构成。用作展览的展品，外观上要力求完美无缺，质量上要优中选优，陈列上要既整齐美观又讲究主次，布置上要兼顾主题的突出与观众的注意力，而用以在展览会上向观众直接散发的有关资料，则要印刷精美、图文并茂、资讯丰富，并且注有参展单位的主要联络方法。

工作人员的形象，则主要是指在展览会上直接代表参展单位露面的人员的穿着打扮问题。在一般情况下，要求统一着装。最佳的选择，是身穿本单位的制服，或者是穿深色的西装、套裙，同时佩戴标明本人单位、职务、姓名的胸卡。在大型的展览会上，参展单位若安排专人迎送宾客时，最好身穿色彩鲜艳的单色旗袍，身披写有参展单位或其主打展品名称的大红绶带。

2. 注意待人有礼

在展览会上，参展单位的工作人员必须意识到观众是自己的上帝，为其热情而竭诚地服务是自己的天职。

迎宾：展览一旦正式开始，全体参展单位的工作人员应各就各位，站立迎宾。不允许在观众到来之时静坐不起，怠慢对方。

问候：当观众走近自己的展位时，工作人员要面带微笑，主动问候："您好！欢迎光临！"并用手势示意，向对方说："请您参观。"

参观：当观众在本单位的展位上参观时，工作人员可随行于其后，以备对方向自己咨询；也可以请其自便，不加干扰。对于观众所提出的问题，工作人员要认真做出回答，不允许置之不理，或以不礼貌的言行对待对方。

送客：当观众离去时，工作人员应当真诚地向对方欠身施礼，并道以"谢谢光临！"或是"再见！"

3. 善用解说技巧

展览会上，解说人员要善于因人而异，既使解说具有针对性，同时，又要突出自己展品的特色。在实事求是的前提下，要注意对其扬长避短。在必要时，还可邀请观众亲自动手操作，或由工作人员对其进行现场示范。

按照国外的流行做法，解说时一定要注意"FABE"并重，即要求解说应当以客户利益为重，要在提供有利证据的前提之下，着重强调自己所介绍、推销的展品的主要特征与主要优点，以争取使客户觉得言之有理，乐于接受。这里，"F"指展品特征，"A"指展品优点，"B"指客户利益，"E"则指资料证据。

第五节 新闻发布会礼仪

新闻发布会，简称发布会，也称记者招待会，是专门为记者组织的会议，是企业为公布与解释重大事项而公开举行的会议。

新闻发布会礼仪，一般指的就是有关举行新闻发布会的礼仪规范。

一、会前准备

1. 确定主题

确定主题就是要明确为什么举行新闻发布会，想要达到何种目的。新闻发布会主题的确定是否得当，直接关系到本单位的预期目标能否实现。发布会的主题一定要有新闻价值，否则不能引起媒体的兴趣。同时，主题应集中、单一，不能同时发布几个不相关的信息。

2. 确定时间和地点

发布会要选择恰当的时机召开，尽量避开重大节日和社会活动，避免与新闻宣传报道的重点"撞车"。发布会的地点一般可在本单位或较有名气的宾馆、会议厅等举行；若希望造成全国性影响，则可在首都或某大城市著名酒店、会议厅举行。

3. 确定邀请对象

根据发布会的主题，有选择地邀请相关记者参加，要充分考虑新闻的地域（全国、地方）和形式（报纸、杂志、广播、电视）等因素。邀请对象确定后，要提前一周送请柬，会前一、两天通过电话落实。

4. 确定主持人和发言人

新闻记者大都见多识广，加之又是有备而来，因此，在新闻发布会上大都会提出一些尖锐而棘手的问题，这对会议的主持人和发言人提出了很高的要求。其基本条件是：见多识广，思维敏捷，反应灵活，口齿伶俐，善于把握大局，有现场调控能力。主持人大都由主办单位的公关部部长担任，新闻发言人一般由企业高级领导人来担任。

5. 准备主题材料

根据会议主题全面收集有关资料，针对记者可能提出的问题，写出通俗、准确、生动的书面发言稿供发言人参考。另外，应事先归纳出宣传内容的要点和背景，整理成详细的资料，即报道提纲。同时可准备一些与会议主题有关的图片、实物、影像等辅助资料。材料要编写得系统、简洁。

6. 布置发布会场

要提前布置会场，调试好灯光、音像设备等，以保证记者工作的方便。

二、与会者的礼仪

1. 主持人与发言人礼仪

在新闻发布会上，代表企业出场的主持人、发言人，是被媒体视为企业的化身和代言人的。

按照正式场合仪容仪表要求，主持人、发言人要进行必要的化妆，并且以化淡妆为主。发型应当庄重而大方，男士穿深色西装、白色衬衫、黑袜黑鞋、打领带，女士则宜穿单色套裙、长筒肉色丝袜、高跟皮鞋。服装必须干净、挺括。一般不宜佩戴首饰。

在面对媒体时，主持人、发言人要举止自然而大方。面含微笑，目光炯炯，表情松弛，坐姿端正。

发言时，要简明扼要，条理清楚、重点集中，语言要生动、自然、正确，吐字要清晰。不要卖弄口才、口若悬河、啰唆冗长。

2. 工作人员礼仪

一般工作人员的着装是制服，迎宾小姐是按礼仪小姐要求着装的。工作人员在发布会上要坚守岗位、尽职尽责。举止要大方得体，语言要文明礼貌，态度要热情周到。

【复习思考题】

1. 双边洽谈时怎样安排座位？
2. 怎样分配展览会的展位？

第八章　商业仪式活动礼仪

重视商务活动中的各种仪式；掌握基本的仪式礼仪；能够筹备常规的仪式。

别具一格的开业典礼

1995 年 12 月 28 日，安徽商之都开业，商厦搞了一次别具一格的开业典礼活动。商厦特地从北京请来了王淑贞、刘淑琴、董克禄、邓传英等九位劳动模范来进行服务表演，现场传经，解决了商之都新职工经验不足的难题。

开业那天，劳模们穿上各自的店服，胸戴奖章，身披绶带，在开业典礼上他们与安徽省领导一起剪彩。为了目睹劳模的服务风采，顾客从一楼到四楼，挨个柜台找劳模买东西，体会优质服务。开业的短短几天，天天爆满，商之都热闹非凡，营业额大大超过了预期目标，社会效益也非常显著。

礼仪，就是礼节和仪式。在人类社会的初始阶段，"礼仪"这个词汇刚刚出现时，其多用于仪式。可见，仪式在礼仪之中的重要地位。

在商务活动中，经常会举行各种商业仪式和专题活动，如开业典礼、剪彩仪式、签字仪式及新闻发布会等。安排好这些仪式活动有助于商务活动的顺利开展，商务人员只有懂得这些仪式和活动礼仪规范，才不失其身份。

第一节　开业典礼

开业典礼是各类公司、商场、酒店等企业在成立或开张时，为表示庆贺或纪念，按照一定程序所隆重举行的专门仪式。它是企业向社会公众的第一次"亮相"，借此可树立形象、扩大影响，招徕顾客。

开业典礼的礼仪，一般指在开业典礼的准备与运作具体过程中所应当遵从的礼仪惯例，通常包括开业典礼的准备和开业典礼的运作。

一、开业典礼的准备

开业典礼的基本要求是热烈、欢快、隆重。一般来说，典礼的内容安排，主要包括舆论宣传、来宾邀请、场地布置、接待服务、礼品馈赠等方面的工作。其准备要遵循"热烈、节俭、缜密"三条原则。

1. 舆论宣传

举办开业典礼的主旨在于塑造企业的良好形象，因此，就要对其进行舆论宣传。企业可运用大众传播媒介进行集中性的广告宣传，或在告示栏中张贴开业告示，以吸引社会各界对企业的关注，争取社会公众对企业的认可或接受。

广告或告示的内容一般包括开业典礼举行的日期、地点、企业的经营范围及特色、开业的优惠情况等。开业广告或告示一般宜在开业前的3～5天内发布。企业还可邀请一些传媒界人士，在开业典礼举行之时到现场采访、报道，予以正面宣传。

2. 邀请来宾

开业典礼影响的大小，往往取决于来宾身份的高低与其数量的多少。一般来讲，参加开业典礼的人士包括：上级领导、社会名流、新闻界人士、同行业代表、社区负责人等。为了体现对来宾的尊重，请柬应认真书写，并装入精美的信封，派人提前送达，亦可通过邮局邮寄。给有名望的人士或主要领导的请柬可由企业主要负责人登门邀请，以示诚恳和尊重。

3. 布置现场

开业典礼场地多在开业现场正门外的广场或是正门内的大厅。根据惯例，举行开业典礼时宾主一律站立，故一般不设主席台或坐椅，可在来宾站立处铺设红色地毯。仪式现场四周悬挂横幅、标语、气球、彩带等；在醒目处摆放来宾赠送的花篮、牌匾；在适当位置放好签到簿、本企业的宣传材料、待客的饮料等。此外，已备好的音响、照明设备也应一一认真检查、调试。

4. 接待服务

在举行开业典礼的现场，一定要有专人负责来宾的接待服务工作。年轻、精干、身材和相貌较好的男女青年负责一般来宾的迎送、引导、陪同、招待等；来访贵宾则需本企业的主要负责人亲自出面接待。

5. 馈赠礼品

举行开业典礼赠予来宾的礼品，一般属于宣传性传播媒介的范畴。可选用本企业产品，或带有组织标志、广告用语、产品图案及开业日期的文具品和其他日常用品。那些与众不同、具有本企业鲜明特色并体现对来宾的尊重和关心的纪念品会受到人们的青睐。

二、开业典礼的程序

开业典礼活动所用的时间不长，但事关重大，所以对典礼活动的程序安排要求很严格。一般情况下典礼程序由以下几项组成：

1. 迎宾

接待人员在会场门口接待来宾，请其签到，引导其就座。若不设座位，则告诉来宾其所在的具体位置。

2. 典礼开始

主持人宣布开业典礼正式开始。全体起立（不设座位站立时，应立正），奏乐，宣读重要嘉宾名单。

3. 致辞

由企业负责人致辞，主要是向来宾及祝贺单位表示感谢，并简要介绍本单位的经营特色和经营目标等。

4. 致贺词

由上级领导和来宾代表致祝贺词，主要表达对开业企业的祝贺，并寄予厚望。对外来的贺电、贺信等不必一一宣读，但对其署名的单位或个人应予以公布。

5. 揭牌

由上级领导或嘉宾代表和本单位负责人揭去盖在牌匾上的红布，宣告企业的正式成立。在场全体人员在音乐声中热烈鼓掌祝贺。在不限制燃放鞭炮的地区可燃放鞭炮庆贺。

6. 参观

引导来宾参观，介绍本单位的主要设施、特色商品及经营策略等。

7. 迎客

揭牌后，会有大批顾客随出席开业典礼的嘉宾一道进入公司或商场。可采取让利销售或赠送纪念品的方式吸引顾客，也可选择一些有代表性的消费者参加座谈，虚心听取消费者的意见，拉近与消费者的距离。

8. 结束

如有必要，可安排来宾就餐、看文艺节目等。

总之，开业典礼的整个过程要紧凑、简洁，整个开业程序可视具体情况有所增减，避免时间过长、内容杂乱，使来宾产生不快。

三、开业典礼的礼仪

开业是企业的大喜事。无论是开业典礼的组织者，还是来宾都应注意遵循相应的礼仪规范。

1. 组织者礼仪

（1）仪容整洁　所有出席和参加开业典礼的人员，都应注意适当的修饰，女士要适当化妆，男士应理发剃须。

（2）着装规范　有条件的企业最好统一着装，显示企业特色。否则，应要求穿着礼仪服装，即男士穿深色西装或中山装，女士穿深色西装套裙或套装。

（3）准备充分　请柬的发放应及时，席位的安排要讲究（一般按身份与职务高低确定主席台座次及贵宾席位），迎宾车辆要备好等。

（4）遵守时间　出席本企业开业典礼人员应严格遵守时间，不得迟到、无故缺席或中途退场。开业典礼应准时开始与结束，以向社会证明本企业是言而有信的。

（5）态度友好　遇到来宾要主动热情地问好，对来宾的提问应予以友善的答复。来宾发表赞词后，应主动鼓掌表示感谢，不能起哄、鼓倒掌，不能随意打断来宾的讲话、向其提出挑衅性质疑等。

（6）行为自律　出席典礼的人员，应注意自己的言行举止。不可在典礼的进行中看报纸、读小说、听音乐和打瞌睡，或东张西望、垂头丧气、嬉戏打闹、反复看表，表现出敷衍了事、心不在焉的样子，从而给来宾留下极不好的印象。

（7）发言简短　商务人员在开业典礼上，上下场要保持沉着冷静。发言时，要讲究礼貌，问好、施礼、致谢都不可少。发言宁短勿长，不可随意发挥、信口开河，也不可手舞足蹈、过分激动。

2. 宾客礼仪

（1）准时到场　一般来说可提前半小时左右。或早或迟，对于主办单位而言，都会造成不便。若有特殊情况不能到场，应尽早通知主办方，不要辜负主人的一番好意。

（2）赠送贺礼　宾客参加开业典礼，一般送些贺礼，如花篮、镜匾、楹联等以表示对开业方的祝贺。并在贺礼上写明庆贺对象、庆贺缘由、贺词及祝贺单位。

（3）礼貌祝贺　见到主人应向其表示恭贺，多说吉祥、顺利、发财、兴旺等吉利话。

（4）贺词简明　贺词，要简明精练。致贺词时，不可随意发挥、拖延时间，注意文明用语，少用含义不明的手势。

（5）认真听讲　主人讲话时，应认真听讲，表示赞同、点头或鼓掌。不可无休止地和左右宾客讲话，或闭目养神，更不可剔牙、搓手、长时间地接拨打手机或发短信等。

（6）礼貌告别　典礼结束后，宾客离开时应与主办单位领导、主持人、服务人员等握手告别，并致谢意。不可迫不及待地匆匆要走（特殊情况除外，但要说明），也不可悄悄地不辞而别。

第二节　剪彩仪式

剪彩仪式指商界的有关单位，为了庆贺公司的设立、企业的开工、商店的开张、银行的开业、宾馆的落成、大型建筑物的启用、道路或航线的开通、展销会或博览会的开幕而隆重举行的一种礼仪性活动。

剪彩作为一种庆典活动，既可以在开业典礼中进行，也可举行专门的剪彩仪式。

【知识链接】

"剪彩"的来历

剪彩的来历有两种传说。

一种传说，剪彩起源于西欧。古代，西欧造船业比较发达，新船下水往往吸引成千上万的观众。为了防止人群拥向新船而发生意外事故，主持人在新船下水前，在离船体较远的地方，用绳索设置一道"防线"，等新船下水典礼就绪后，主持人就剪断绳索让观众参观。后来绳索改为彩带，人们就给它起了"剪彩"的名称。

剪彩仪式源于一次偶然事件。1912年，美国一小镇有一家大百货公司即将开业。开张这天的一大早，老板按当地风俗，在开着的店门前横系一条布带，防止公司未开张前有闲人闯入。这时，老板的10岁女儿牵着一条哈巴狗从店里匆匆跑出来，无意中碰断了这条布带。顿时，在门外久等的顾客蜂拥而入，争先购物。不久，当老板的一个分公司又要开张时，想起第一次开张时的盛况，又如法炮制，这次是老板有意让小女儿把布带碰断。果然财运又很好。于是，人们认为小女儿碰断布带的做法是一个好兆头，群起仿效，用彩带代替布带，用剪刀剪断彩带来代替小孩碰断布带，沿袭下来，就成了今天盛行的"剪彩"仪式。

一、剪彩仪式的准备

剪彩仪式的准备工作与开业典礼的准备工作有相同之处，如舆论宣传、发送请柬和场地布置等，但剪彩仪式还有自己必需的准备工作。

1. 剪彩工具的准备

剪彩仪式上需要一些特殊的用具，如红色缎带、新剪刀、白色薄纱手套、托盘以及红色地毯等。对这些用具要做到恰当地选择、仔细地准备。

（1）红色缎带　即剪彩中的"彩"，是非常重要的物品。按传统做法，它应由一整匹未使用过的绸缎，在中间结上数朵大而醒目的花团。有时为了节约，一般使用两米左右长的红缎带、红布条、红线绳或红纸条作为替代品。

（2）新剪刀　新剪刀是专供剪彩者剪彩时使用的，必须是崭新、锋利的，且人手一把。剪彩仪式结束后，主办方可将每位剪彩者使用的剪刀包装后，赠送给对方以资纪念。

（3）白色薄纱手套　在正式剪彩仪式上，剪彩者在剪彩时最好每人戴上一副白色薄纱手套，以示郑重，但一般情况下可以不准备。如果准备，要确保手套洁白无瑕、人手一副、大小适度。

（4）托盘　托盘用作盛放剪刀、手套和缎带，最好是崭新、洁净的，通常首选银色的不锈钢制品，并在上面铺红色绒布或绸布。在剪彩时，礼仪小姐可以用一只托盘依次向各位剪彩者提供剪刀和手套，也可以为每一位剪彩者均提供一只托盘。

（5）红色地毯　红色地毯铺设在正式剪彩时的站立之处，其长度可视剪彩者人数的多少而定，宽度应在一米以上。在剪彩现场铺设红色地毯，主要是为了提高仪式档次，营造一种喜庆气氛，有时亦可不铺设地毯。

2. 确定剪彩人员

（1）剪彩者　剪彩者是剪彩仪式的关键，其身份地位与剪彩仪式的档次高低有着密切的关系。通常情况下，可由上级领导、单位负责人、社会名流、合作伙伴、员工代表等担任剪彩人。剪彩者的人数可以是一人，也可是几个人，但一般不超过五人。

（2）助剪者　助剪者指的是在剪彩仪式中为剪彩者和来宾提供服务的工作人员。多由东道主一方的女职员担任或是邀请几位专业礼仪小姐。主要负责引导宾客、拉牵彩带、递剪接彩等工作。礼仪小姐一般要求容貌端庄、气质优雅、反应敏捷，穿着打扮尽量整齐划一。

二、剪彩仪式的程序

剪彩仪式以短为佳。短则一刻钟即可，长则不超过一小时。基本程序如下：

1. 来宾就位

在剪彩仪式上，一般只安排剪彩者、来宾和本单位主要负责人座位。一般情况下，剪彩者应就座于前排。若数人剪彩时，应按剪彩时的顺序就座。

2. 仪式开始

主持人宣布仪式开始，同时奏乐、鸣炮（有的地方禁鸣则免），全体到场者热烈鼓掌。随后，向全体人员介绍到场的重要来宾。

3. 奏国歌

奏国歌时，全体人员必须起立。

4. 简短发言

发言者依次为东道主单位的代表、上级主管部门的代表、地方政府的代表、合作单位的代表等。这种发言言简意赅，充满热情，一般不超过三分钟。

5. 进行剪彩

主持人宣布剪彩后，礼仪小姐在欢乐的乐曲声中率先登场。拉彩者拉起红色缎带及彩球，托盘者站在拉彩者身后一米左右处，然后在礼仪小姐引导下剪彩者上台剪彩，剪断红绸、彩球落盘时，全体人员报以热烈掌声，必要时还可奏乐或燃放鞭炮。

6. 参观现场

剪彩后，主人应陪同来宾参观现场，即参观剪彩的项目。随后，还可向来宾赠送纪念品，或设宴款待来宾。

三、剪彩仪式的礼仪

剪彩者是剪彩仪式的主角，其举止直接关系到剪彩仪式的效果和企业形象。因此，作为剪彩者既要有荣誉感，又要有责任感。剪彩者应注意以下几点礼仪要求：

1. 注重仪表修饰

剪彩者的仪表要整洁、庄重，着装要正规、严肃，西装、中山装或职业制服都可以。头发要梳理好，颜面要洁净，给人以容光焕发、精干而有修养的好印象。

2. 举止大方文雅

剪彩过程中，剪彩者要使自己保持一种稳重的姿态。起身剪彩时，应面带微笑稳步走向待剪的彩带，行至既定的位置后，应向拉彩者、捧花者含笑致意。当礼仪小姐用托盘呈上剪刀、手套时，亦应微笑表示谢意。剪彩时，要聚精会神、严肃认真地一刀剪断；如果多名剪彩者共同剪彩，应协调一致，力争同时剪断彩带，还应与礼仪小姐配合，让彩球落于托盘内。剪彩完毕，将剪刀放回托盘，举手向人们致意或鼓掌。

3. 谈笑节制有度

剪彩仪式开始后，剪彩者应全神贯注地听别人发言，关注仪式进展程序，不宜喋喋不休地与人交谈。剪彩完毕，应先和主办单位的代表握手致贺，礼节性的交谈几句，或与其他剪彩者进行赞赏性的交谈，但时间不宜过长。在仪式过程中，剪彩者不能因为自己地位高而指手画脚，自以为是，令主办单位为难。

第三节　签字仪式

签字仪式是商务活动中，合作双方或多方经过业务谈判、协商，就某项重要交易或合作项目达成协议订立合同后，由双方代表正式在有关协议或合同上签字，并互换正式文本的一种仪式。

签字仪式是签署合同的高潮，时间虽短，但程序规范，礼仪严格。

一、签字仪式的准备

1. 签字现场的布置

签字现场布置总的原则是整洁、庄严、清净。

我国常见的布置是：一间标准的签字厅，室内铺满地毯，设一长条桌，桌面上一般覆盖深色的台布（应考虑对方的习惯和禁忌）。

按照仪式礼仪的规范，签字桌应当横放，桌后可摆放适量的坐椅，供签字人签约时用。签署双边合同时，可放置两张坐椅；签署多边合同时，可仅放一张坐椅，也可为每位签字人各自提供一张坐椅。签字人一般是面对正门就座。

在签字桌上，应事先放好待签的合同文本及签字用的文具（签字笔、吸墨器等）。如果是涉外签约，还需在签字桌的中间插放有关各方的国旗，其位置与顺序应符合礼宾序列。签字桌后应有一定的空间供参加仪式的双方人员站立，背墙上方可挂上"××××（项目）签字仪式"字样的横幅。

2. 签字的座次安排

签字时各方代表的座次，是由主方代为排定的。一般来说，签字仪式主要有三种具体的座次排列方式。

（1）**主席式** 主席式的座次排列，适用于签署多边性合同。要求签字桌横放，签字席面对正门，仅设一个。所有相关各方的随员，包括签字人在内，应按照一定的序列，面对签字席就座或站立。签字时，各方签字人依照有关各方事先同意的先后顺序，依次走向签字席就座签字。各方助签人，随之一同行动，并站立于签字人的左侧。具体排列见图 8-1 所示。

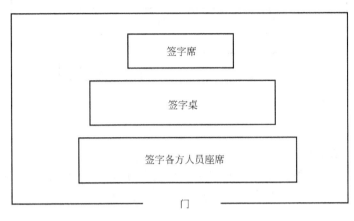

图 8-1 主席式签字仪式排座

（2）**并列式** 并列式的座次排列，是最常见的排列方式。基本规范为签字桌面门横放，座位的安排是主左客右。双方助签人员，分别站立在各自签字人的外侧。双方其他随员，依照职位的高低，站立于主客方签字人身后，客方由左至右、主方由右至左地依次列成一行。一行站不完时，可遵照"前高后低"的惯例，排成两行、三行或四行。原则上，双方随员人数，应大体上相近。具体排列见图 8-2 所示。

图 8-2 并列式签字仪式排座

（3）**相对式** 相对式的座次排列，也是常见的排列方式。和并列式不同的是，双方其他的随员，按照一定顺序在己方主签人的正对面就座。具体排列见图 8-3 所示。

3. 待签文本的准备

谈判、协商结束后，双方应指定专人按谈判达成的协议做好待签文本的定稿、翻译、校对、印刷、装订和盖火漆印等工作。经双方签字的合同即具有法律效力。因此，对文本的准备一定要郑重、符合要求。按常规，主方应为在文本上签字的有关各方均提供一份待签文本，必要时，还应为各方提供一份副本。

签署涉外合同时，依照国际惯例，待签文本应同时使用有关各方的母语，或使用国际上通用的英文和法文。在撰写外文合同文本时，应字斟句酌、反复推敲，不要望文生义而乱用词汇。

待签文本应用高档、精美的纸张印刷，按大八开的规格装订成册，并用真皮、仿皮、软木等高档质料作为封面，以示郑重。

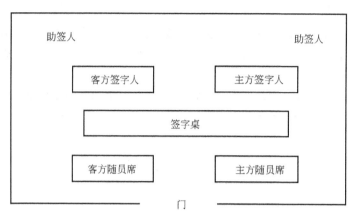

图 8-3 相对式签字仪式排座

4. 签字人员的服饰要求

在出席签字仪式时，按照规定，签字人、助签人员以及随员，应穿着具有礼仪性质的深色西装套装、中山装套装或西装套裙，并配以白色衬衫及深色皮鞋。男士还必须系上单色领带，以示正规。

在签字仪式上服务的礼仪人员、接待人员，可以穿自己的工作制服，或是旗袍一类的礼仪服装。

二、签字仪式的程序

1. 仪式开始

参加签字仪式的有关人员进入签字厅，按既定的位次各就各位。

2. 正式签字

签字时，应按国际惯例，遵守"轮换制"，即主签人首先在己方保存的合同文本的首位上签字，然后再接着签署他方保存的合同文本，使各方均有机会居于首位一次，以示机会均等，各方平等。

3. 交换文本

双方主签人起身交换各自签好的合同文本，热烈握手（拥抱），互致祝贺，并交换各自一方使用过的签字笔，以资纪念。全场人员鼓掌响应，表示祝贺。

4. 举杯庆贺

交换已签的合同文本后，服务人员递上香槟，有关人员、尤其是签字人应当场干一杯香槟酒，以增添喜庆色彩，并祝贺签约仪式圆满成功。

5. 有序退场

签字仪式完毕后，先请双方最高领导者退场，然后请客方退场，主方最后退场。整个仪式以半小时为宜。

【复习思考题】

1. 签字厅应如何布置？

2. 签约时应如何排列座次？

3. 剪彩仪式应怎样具体操作？

第九章 实训

第一模块 个人形象实训

实训项目一：仪容训练

[实训目标]

通过实训，掌握化妆基本技巧，学会简单的化妆。

[实训要求]

准备镜子、洗脸盆、毛巾、清洁纸巾、棉球、棉棒、海绵扑、掸粉刷、腮红刷、眉刷、化妆水、粉底、眼影、眉笔、胭脂、口红等必要的化妆品。个人化妆或两人一组化妆。

[实训口号]

化妆是一门艺术，是一种生活。

淡雅无痕，美丽动人。

妆容有似无；浓妆淡抹总相宜。

[实训内容]

一、简单化妆

洁肤：将脸用温水打湿，取适量洁面乳由下而上用手指轻轻地按摩清洗1～2分钟，然后再用清水清洗。

补水：把化妆水倒在化妆棉上，擦于脸上，用手指轻轻弹拍使其能够充分的渗透。

润肤：用护肤霜和乳液滋润皮肤。

打底：用海绵扑蘸取粉底，在额头、面颊、鼻部、唇周和下颌等部位，采用印按的手法，由上至下，依次将底色涂抹均匀。各部位要衔接自然，不能有明显的分界线。在鼻翼两侧、下眼睑、唇周围等海绵难以深入的细小部位可用手指进行调整。

施粉：用粉扑将蜜粉扑在面部，粉底防止脱妆的关键在于鼻部、唇部及眼部周围，这些部位要小心定妆。最后用掸粉刷将多余的定妆粉掸掉，动作要轻，以免破坏妆面。定妆要牢固，扑粉要均匀，在易脱妆的部位可进行几遍定妆。

二、眼部化妆

眼影：用棉棒沾眼影在眼周、眼尾、上下眼皮、眼窝处点抹并扫开，使人显得温柔。

眼线：用眼线笔沿眼睫毛底线描画。画上眼线时，要从内眼角朝外眼角方向画；画下眼线时，应该从外眼角朝内眼角画，并距内眼角约三分之一处收笔。

描眉：蓝灰色打底，棕色或黑色描出适合的眉型。直线型使脸显短，弯型使人显得温柔。具体画时，应注意两头淡，中间浓；上边浅，下边深。画好后，用眉刷再次进行梳理，直到眉毛成形。

三、抹腮红

用小刷蘸取少量腮红涂在颧骨下方的部位，不可高过眼睛，然后再往周围略作延展晕染。如此反复多次。长脸形横打胭脂，圆脸形和方脸形竖打胭脂。

四、画口红

画唇线：用唇笔描上下唇轮廓。唇线的颜色要略深于所选唇彩的颜色，并从左右两侧分别沿着唇部的轮廓线往中间画，上嘴唇嘴角要描线，下唇嘴角不描。

涂抹唇彩：嘴应微微张开，然后从两边嘴角向中间涂，涂完外缘再涂内侧，直到唇线笔画定的唇形全部涂满。

五、妆后检查

（1）发际和眉毛是否沾上粉底霜。
（2）双眉是否对称。
（3）胭脂是否涂匀。
（4）妆面是否平衡。
（5）与穿着是否协调。
（6）适当调整修改。

[模拟演练]

假如现在要参加一个商务谈判，请大家进行谈判前的个人仪容准备。化妆完毕，先给自己仪容打分，然后以小组为单位给别人打分。根据别人给自己的打分，考虑如何使自己的妆容更加完美。

实训项目二：服饰训练

[实训目标]

通过实训，熟悉男士西装着装要求及女士丝巾系法，掌握其基本技巧。

[实训要求]

准备西装、衬衫、领带、领带夹、皮鞋、方丝巾、长丝巾、丝巾扣等服饰。两人一组进行着装及系丝巾练习。

[实训口号]

美在生活中。
穿出品位来！
精心打扮自己的每一天。

[实训内容]

一、男士西装套装的穿着

1. 穿衬衫

穿上衬衫，下摆均匀置于裤腰里，系上领扣、袖扣。衬衫衣袖稍长于西装衣袖1厘米左右，领口挺括高出西装领子1～2厘米。

2. 结领带

（1）温莎结打法（如图 9-1 所示）

第一步：领带宽端放在右边，窄端放在左边。

第二步：把宽端置于窄端之上，形成三个区域（左、右、中）。

第三步：宽端从颈圈下部向上穿，到达中区域，然后翻出至左区域。

第四步：将宽端从窄端之下由左翻到右。

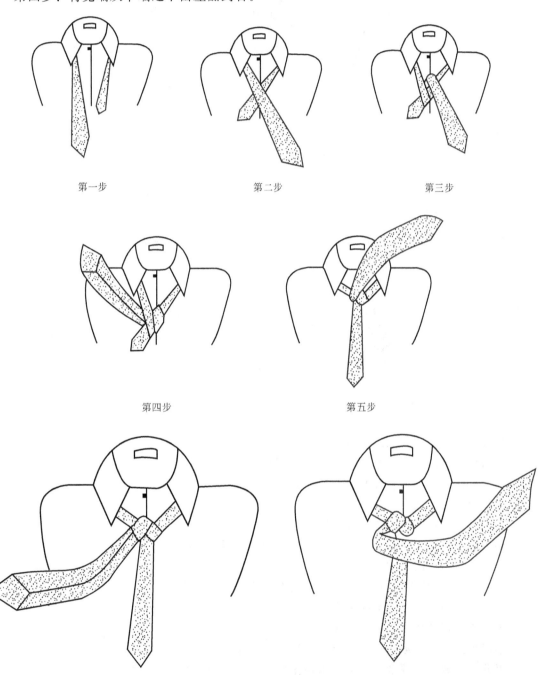

第一步 第二步 第三步

第四步 第五步

第六步 第七步

图 9-1

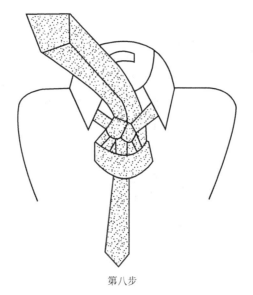

第八步

第九步

第十步

图 9-1　温莎结打法

第五步：把宽端翻上到中区域。

第六步：把宽端从领带结之下由中翻到右。

第七步：把宽端翻到前面至左区域。

第八步：到窄端之下，由左至中。

第九步：穿过前面的圈，并束紧领带结。

第十步：拉着窄端前端，另一只手把领带结移至衣领的中心。

（2）四手结打法（如图 9-2 所示）

第一步：领带宽端放在右边，窄端放在左边。

第二步：把宽端置于窄端之上，形成三个区域（左、右、中）。

第三步：宽端从窄端之下拉至右区域。

第四步：再将宽端从窄端之上由右拉至左区域。

第五步：宽端从领带结之下，由左至中。

第六步：穿过前面的圈，并束紧领带结。

第七步：一只手拉着窄端前端，另一只手把领带结移至衣领的中心。

174

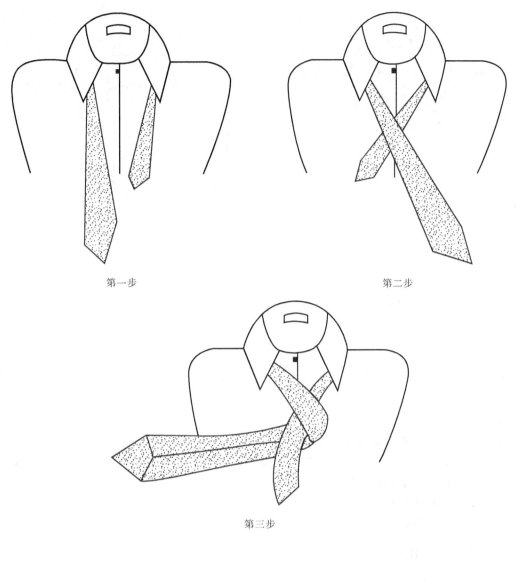

第一步   第二步

第三步

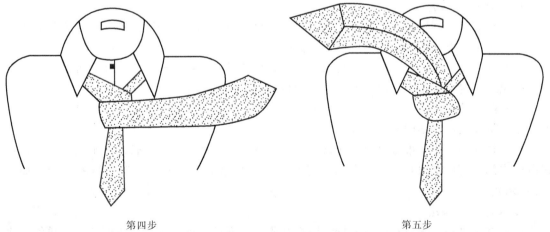

第四步   第五步

图 9-2

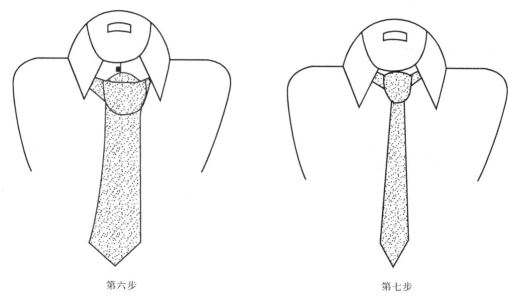

第六步   第七步

图 9-2　四手结打法

3. 领带夹

在衬衫从上朝下数的第四粒、第五粒纽扣之间，注意不要让它在系上西装上衣扣子后外露。

4. 穿西装

上衣：干净，平整，穿戴过臀部。

裤子：穿好，拉上拉链，扣好裤扣，裤腰处能正好伸进一只五指并拢的手掌；裤脚的下沿正好触及地面，并确保裤线的笔直。

西装（三粒扣西装）扣子：不系扣，或扣一粒，或全部扣上。

西装口袋、裤兜：不装物。

二、女士丝巾的系法

1. 方丝巾的系法

（1）巴黎结　利用重复对折将丝巾折出领带型，绕在颈上打个活结；将上端掩盖住结眼，并将丝巾调整至适当位置（如图 9-3 所示）。

（2）领带结　将丝巾对折再对折成领带型；较长的一端绕过较短的一端，穿过方巾内侧向上拉出；穿过结眼由上拉出，并调整成领带型（如图 9-4 所示）。

（3）西班牙结　将丝巾对折成三角形；三角形垂悬面在前方；两端绕至颈后打结固定；调整正面折纹层次（如图 9-5 所示）。

（4）竹叶结　将丝巾重复对折成领带型；将丝巾绕在脖子上，较长的一端绕过另一端穿过颈部内侧，再由结眼拉出；将较长一端拉出后，拉紧固定，调整尾端与结的位置（如图 9-6 所示）。

2. 长丝巾的系法

（1）结法之一　丝巾对折成四折，围在脖子上，两端长度一致；在正面打一个单结；将领结移到左侧或者是右侧，让丝巾的两端分别一前一后地垂下来。

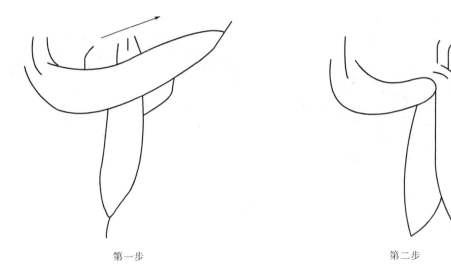

第一步   第二步

图 9-3 巴黎结的系法

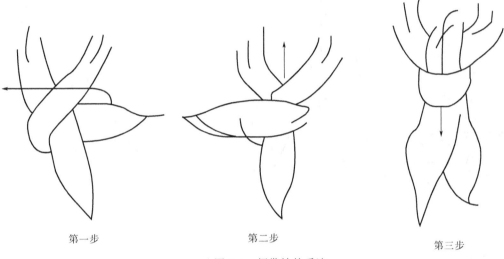

第一步   第二步   第三步

图 9-4 领带结的系法

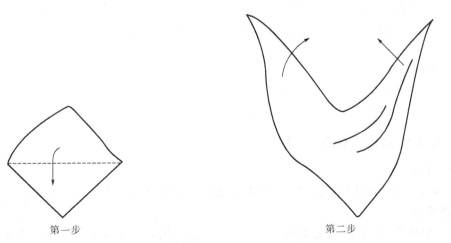

第一步   第二步

图 9-5

 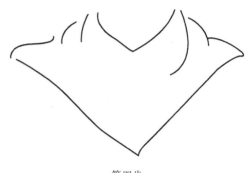

第三步　　　　　　　　　　　　　　　　　第四步

图 9-5　西班牙结的系法

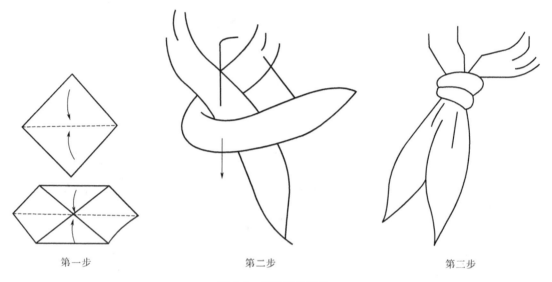

第一步　　　　　　　　　　第二步　　　　　　　　　　第二步

图 9-6　竹叶结的系法

（2）结法之二　将丝巾对折，用一端围绕另一端系好。

（3）结法之三　将长形巾两端穿入丝巾扣中，两端拉向颈后，合上扣子；调整上层形状成为中国传统的旗袍领；可有变化做法，即将后方的两端拉至前方，把丝巾末端穿在扣中，合上扣子。

［模拟演练］

　　秋高气爽，××公司举行新产品发布会，时间定在上午九点，场地定在该公司多功能会议厅。请问女士如何穿戴入场？男士应注意哪些西装礼仪？

实训项目三：仪态训练

［实训目标］

　　通过实训，熟练掌握站姿、坐姿和走姿基本动作要领，并能灵活运用。

［实训要求］

　　在形体训练室准备好各式椅子、凳子若干把、纸片若干和书若干本。两人一组站、坐、行练习。

[实训口号]

行为举止是心灵的外衣。

[实训内容]

一、站姿训练

(一) 基本要求

头：抬起，要平。

下颌：微微内收。

颈部：挺直，与脊椎骨成一直线。

双肩：平、放松。

胸：挺起。

腹部：收腹。

腰部：直立。

臂：自然下垂。

手：自然伸直。

腿部：两腿挺直，膝盖相碰。

脚：穿鞋跟较低的鞋子，重心靠后；穿鞋跟较高的鞋子，重心应在脚尖。

(二) 基本训练

1. 靠墙站立练习

即五点一线练习，具体是收腹靠墙站立，脚跟、小腿、臀、肩胛骨、头五点在一条直线上。站立10分钟。

2. 顶书本头部练习

将书本放置在头顶，颈部自然挺直，微收下颌，目视前方，头部保持正直。站立10分钟。

3. 贴墙腰腹部练习

脚跟离墙面10厘米左右；头、肩胛骨、臀部贴墙，然后尽量收腹，并时刻保持背部贴墙，以矫正挺腹的毛病。

4. 背靠背夹纸练习

两人一组，背靠背站立，两人的小腿，臀部，双肩和后脑勺紧贴，两人小腿之间或肩部放置纸板，要求保持不落掉。站立10分钟。

二、坐姿训练

(一) 基本要求

头部：要平和端正，目视前方。

上身：背挺、腰直且稍前倾，臀部坐在椅子的中后部。

下身：双膝、两腿并拢，两脚并行。

臂及手：肩部放松，两臂屈肘，两手重叠放于膝上，或小臂平放在坐椅两侧的扶手上。

(二) 基本训练

1. 正坐式坐姿训练

第一步：坐正。

第二步：上身和大腿、大腿和小腿都形成直角，小腿垂直于地面。

第三步：女士双膝、双脚包括两脚的跟部，完全并拢；男士双膝略微分开，但分开幅度不能超过肩宽，距离以一拳为宜。

第四步：女士双手相交或轻握放于大腿上；男士双手自然弯曲放于双膝部。

2. 交叉式坐姿训练

第一步：坐正。

第二步：上身挺直，双腿并拢。

第三步：一脚置于一脚之上，在踝关节处交叉。

第四步：双脚内收，或略向左侧或右侧斜放。

第五步：双手叠放或相握于腿上。

3. 斜放式坐姿训练

第一步：坐正。

第二步：上身挺直，双膝、双腿并拢。

第三步：两腿同时侧向左或侧向右，与地面呈45°夹角。

第四步：双手叠放或相握，置于左腿或右腿上。

4. 重叠式坐姿训练

（1）方法一。

第一步：坐正。

第二步：上身挺直，一条腿的小腿垂直于地面，全脚掌着地。

第三步：另一条腿叠放在垂直于地面的腿上，小腿向里收，脚尖垂向地面。

第四步：双手叠放，置于左腿或右腿上。

（2）方法二。

第一步：坐正。

第二步：双腿一上一下交叠在一起。

第三步：双腿斜放在左右一侧，与地面呈45°夹角，叠放在上的脚尖垂向地面。

第四步：双手叠放，置于左腿或右腿上。

5. 曲直式坐姿训练

第一步：坐正。

第二步：右腿前伸，右脚掌地。

第三步：左腿屈后，左脚掌地。

第四步：右脚在前、左脚在后，并在一条直线上。

第五步：双手叠放，置于右腿上。

三、走姿训练

（一）基本要求

体态：收腹，直腰，提臀，伸直腿部；肩、颈和头放松，保持平直；手臂自然下垂，手指伸直；腰部应向斜前方摆动，即腰左右摆幅应成"V"字形。

步幅：适中。行进时迈出的步幅与本人一只脚步的长度相近。

速度：均匀。在正常情况下，男子每分钟108～110步，女子每分钟118～120步。

重心：放准。行进时身体向前微倾，重心落在前脚掌上。

身体：协调。行进时要以脚跟首先着地，膝盖在脚步落地时伸直，腰部成为重心移动的轴线，双臂在身体两侧一前一后地自然摆动。

（二）基本训练

1. 直线行走训练

在地面上画出一条直线，行走时双脚内侧稍稍碰到所画直线，抬头挺胸、收腹、双目平视、面带微笑、充满自信和轻松。

2. 顶书行走训练

每位同学头顶放置一本书，顺着楼梯行进。行走时，头正、颈直。

3. 穿平底鞋的行走训练

脚跟先着地，用力要均匀、适度，保持身体重心平稳。

[模拟演练]

小张是某化妆品推销员。一日，他带着产品前往某家公司上门推销。请模拟小张走进该公司销售部经理办公室，进屋站立问候、递名片自我介绍及坐下与经理谈话、介绍产品的场景。

实训项目四：表情训练

[实训目标]

通过实训，掌握微笑与目光的技巧，练就符合礼仪规范要求的表情礼仪。

[实训要求]

准备好蜡烛、小镜子。一人或两人一组练习。

[实训口号]

微笑伴我行。

眼睛是心灵之窗。

[实训内容]

一、微笑训练

1. 镜子训练法

对着镜子，嘴角微微向上，让嘴唇略呈弧形。

2. 口型对照法

默念英文单词 Cheese，英文字母 G 或普通话"茄子"等。

3. 情绪回忆法

通过回忆自己曾经的往事，幻想自己将要经历的美事引发微笑。

4. 牙齿暴露法

笑不露齿是微笑；露上排牙齿是轻笑；露上下八颗牙是中笑；牙齿张开看到舌头是大笑。

5. 他人诱导法

同学间互相通过一些有趣的笑料、动作吸引对方发笑。

二、目光训练

（一）基本训练

1. 观物训练法

① 点上一支蜡烛，视点集中在蜡烛火苗上，并随其摆动。坚持训练可达到目光集中、有神，眼球转动灵活。

② 追逐鸽子飞翔可使目光有神（室外练习）。

2. 镜子训练法

① 视线角度：平视、斜视、仰视等。

② 眼皮、瞳孔开合大小：大开眼皮、大开瞳孔——开心、欢畅；大开眼皮、小开瞳孔——愤怒、仇恨；小开眼皮、大开瞳孔——欣赏、快乐；小开眼皮、小开瞳孔——算计、狡诈。

③ 眼睛眨动速度的快慢：急速眨眼——不解、调皮、幼稚、活力、新奇；缓慢眨眼——深沉、老练、稳当、可信。

（二）注视区域训练

1. 公务凝视

注视两眼为底线、额中为顶角形成的一个三角区域。

2. 社交凝视

注视以两眼为上线、唇心为下顶点所形成得到三角形区域。

3. 亲密凝视

注视双眼到胸部区域。

[模拟演练]

"这是你的吗？"

针对这句话，用不同的眼神来表示愤怒、怀疑、惊奇、不满、害怕、高兴、感慨、遗憾、爱不释手等。

礼仪情景模拟——购物

人物：

×××化妆品专柜销售小姐：穿着工作制服，配小方丝巾。

顾客甲：青年女性。浅妆。着套裙，配小坤包。

道具：

桌子两张、椅子一把、镜子一面、购物袋若干、大小化妆品空盒若干。

内容：

×××专柜销售小姐站在桌子后，顾客甲站在舞台一侧。旁边摆一张桌子和一把椅子，桌子上放一面镜子。

画外音：

顾客甲是×××化妆品的老客户。今天是星期天，她打算来此购买睫毛膏和眼影。她轻盈地走进商店，走向×××化妆品专柜。

销售小姐：（微笑地）欢迎光临本柜。您好！今天本柜参加周末大放送活动，凡消费满200元即送40元礼金券。

顾客甲：噢，好的，我先看看。（随后）小姐，请问最新款的幻彩眼影到了吗？

销售小姐：（微笑地，轻声地说）对不起，很抱歉！暂时还没有到货。不过，我看这款刚推出的单色眼影既清爽又大方，你皮肤白皙很适合你，你可来试用柜台试试。

顾客甲：我倒是觉得这款当中蓝色的不错，不知试了效果会怎么样？

销售小姐：小姐，要不你先到试用台试一下，看看效果怎么样？请到这边来（手势）。

顾客甲：（镜子前照了照，眨了眨眼睛）确实不错，比我以前用的那几款更适合，用了以后好像换了一个人似的，就买这款了。

销售小姐：（专柜小姐给顾客甲开好了小票）（微笑地）您请那边付款（手势）。

顾客甲：好的。谢谢！

（顾客甲走下舞台，销售小姐利索、仔细地包装化妆品，并装入购物袋。片刻，顾客甲又走上舞台。）

销售小姐：（拿着已装好的蓝色眼影双手递给顾客甲，并微笑注视）欢迎下次光临，请慢走。

顾客甲：谢谢！

（销售小姐目送顾客甲。）

画外音：

小品结束了，大家注意销售小姐及顾客甲仪容、服饰、举止（站与行）及表情（微笑与目光）是否得体，符合礼仪吗？请评析。

第二模块　交际礼仪实训

实训项目一：介绍名片训练

[实训目标]

通过实训，掌握介绍、名片递接等动作要领，做到动作准确、姿势优雅。

[实训要求]

递接名片两人一组实训。

介绍三人一组实训。

[实训口号]

礼仪是人际交往中最好的介绍信。

[实训内容]

一、介绍

身体：女士双腿自然并拢成丁字步站立，上体稍微前倾。

双眼：先看首先称呼的人，再看将介绍的人，或反之。

表情：面带微笑。

手势：五指自然并拢，手心朝上指向将介绍的人。

二、名片递接

1. 递名片

身体：上体稍微前倾，女士双脚自然并拢成丁字步站立。

双目：先看本人名片，再看对方双目。

表情：面带微笑。

手部：双手轻捏住本人名片的两个角，使名片正面朝上，字对着对方，自然交递出去。同时说："请多多指教。"并轻鞠一躬。

2. 接名片的规矩

一接二读三念：双手接过，仔细看看名片中内容，同时回鞠一躬，可轻声念念名片中的内容。

放名片的规矩：放入随身携带的名片包、名片夹或上衣内侧口袋中。

[模拟演练]

A公司的赵经理由于业务关系邀请B公司的黄经理（女）在A公司洽谈业务，因此黄经理以及她助理乘车前往A公司应邀。两人到达A公司后，助理为黄经理和赵经理做介绍，两位经理握手之后互换名片。

实训项目二： 握手鞠躬训练

[实训目标]

通过实训，掌握握手、鞠躬动作要领，做到动作准确、姿态优雅。

[实训要求]

握手两人一组实训。

鞠躬要求个人实训。

[实训口号]

有"礼"走遍天下。

[实训内容]

一、握手

身体：上身稍微前倾，女士双脚自然并拢成丁字步站立。

双目：目视对方的眼睛。

表情：面带微笑。

手臂：自然弯曲。

手掌：大拇指自然张开，其余四指自然并拢，手心垂直于地，握住对方手掌。

握手要求：力度适中，时长3秒左右，同时说："您好！"或"很高兴认识您！"等。

二、鞠躬

足与手（女士）：双脚并拢，女士丁字步站立，双手腹前交叉相握，右手握住左手。

足与手（男士）：两臂自然下垂，五指自然并拢轻贴裤侧。

上身：鞠躬时，应以腰为轴心，上体前倾20°左右。

头部：头部跟着自然运动，脖颈挺直。

目光：视线随鞠躬自然下垂。鞠躬礼毕起身时，目光应有礼貌地注视对方。

表情：面带微笑。

15°：眼看1.2米的地方（即2步左右），问候时说："欢迎光临。"

30°：眼看0.9米的地方（即1.5步左右），迎客时说："欢迎下次再来。"

45°：眼看0.5米的地方（即1步左右），送客时说："非常抱歉。"

90°：眼看自己的脚尖位置。

[模拟演练]

2007年6月8日上午8：30，××职业技术学院工商管理系举行专业建设研讨会。会议邀请了东方大学的管理系主任、著名教授章钊先生，西京大学管理系副教授李青女士，本市中央商场总经理胡明先生及明珠集团销售公司副总经理陈红女士。整个接待工作由管理系办公室主任徐锋老师担任。

模拟由徐老师介绍，章、李、胡及陈之间见面握手的场面。

实训项目三　接打电话训练

[实训目标]

通过训练，学会运用电话语调与音量，掌握电话的技巧与方法，从而在商务活动中树立良好的电话形象。

[实训要求]

接听电话两人一组实训。

打电话两人一组实训。

[实训口号]

在人际交往中，周到的礼仪可以带来好运气。

[实训内容]

一、接听电话训练

（1）顺序

拿起电话：两次响后接起。超过四次则说道歉，如"让您久等了"。

第一声：问候"您好"。

自报家门：姓名；单位＋部门；部门＋姓名；单位＋部门＋姓名。

询问对方具体事务：如"您好！××学院工商系，请问您找哪一位？"

做好通话记录：简洁与完备；遵循5W1H原则。

再次重复：将重点接听内容简单复述给对方。

结束语："清楚了"、"请放心"、"谢谢"等。

道别："再见！"

放回话筒：等对方放下电话后，再轻轻放下电话。

（2）表情　面带微笑。

（3）语调　声音悦耳，音量适中。

（4）距离　话筒与嘴唇距离3厘米。

（5）姿势　坐姿端正，左手持话筒，右手持笔记录。

（6）时间　3分钟原则。

二、拨打电话训练

（1）顺序

准备：准备好要讲的内容、说话的顺序和所需要的资料、文件等。

问候：第一声"您好！"

自报家门：单位＋部门；姓名；姓名＋部门；姓名＋单位＋部门。

确认电话对象：如"请问××部的×××先生在吗？"、"麻烦您，我要找×××先生。"

电话内容：简洁地说："今天打电话是想向您咨询一下……"

结束语："谢谢"、"麻烦您了"、"那就拜托您了"等。

道别："再见！"

放回话筒：轻轻放话筒。

（2）表情　面带微笑。

（3）语调　声音悦耳、音量适中。

（4）距离 话筒离嘴唇相距 3 厘米。

（5）姿势 坐姿端正。

（6）时间 3 分钟原则。

三、代接电话训练

（1）告知对方"请稍等片刻"；立即找人。

（2）若对方要找的人外出，告知对方；询问对方：何人、何事等。

（3）做好通话记录：遵循 5W1H 原则。

（4）其他内容与接听电话相同。

[模拟演练]

模拟一：A 公司营销部经理在外地出差，公司办公室主任打电话通知：6 月 11 日（周一）上午在公司办公楼第二会议室召开各部门经理会议，共商公司 2011 年发展计划。请模拟两人通话过程。

模拟二：A、B 两女士在开会，此时台上领导正做报告。听了一会儿，A 女士低头开始忙着给 B 女士发短信："干吗呢？"B 女士回道："听报告呢！""有什么好听的？给你发个笑话放松放松……"B 女士见短信忍不住"扑哧"笑出声，参会人回头看 B 女士。请模拟此场景。

实训项目四 宴请训练

[实训目标]

通过训练，掌握中西餐宴请及就餐礼仪，在赴宴过程中，能灵活运用各种符合礼仪要求的语言、动作和表情。

[实训要求]

餐饮服务实训室或教室。

餐桌、餐椅，以及餐盘、餐巾、刀叉、骨碟、筷子、匙、牙签、葡萄酒杯、香槟酒杯、白兰地酒杯、鸡尾酒杯等。食品若干。

[实训口号]

让我们优雅地用餐。

[实训内容]

一、中西餐席位安排

中餐宴会：根据"面门为主，主宾居右，右高左低，穿插安排，好事成双"原则安排 10 人就餐席位（至少两种）。

西餐宴会：根据是以右、中为上，右高左低，交叉入座原则安排 10 人就餐席位（至少两种）。

二、中餐的礼仪

1. 用筷

握筷姿态：筷子两端对齐，右手大拇指、食指捏住一根筷子的上端，中指在两根筷子之间，其余两指自然弯曲，托住筷子。

用筷姿态与技巧：用筷子夹取球状菜肴、条状菜肴和有汤汁的菜肴。练习夹取菜肴的正确姿势和夹取技巧。

2. 用匙

握匙姿势：右手大拇指、食指轻捏匙柄上端，其余三指自然弯曲，托住匙。

用匙姿态与技巧：用匙子与筷子配合取用食物；用勺子舀取汤类菜肴。

3. 用骨碟

用骨碟放置从公用菜盘中取来的食物。注意食物尽量放置在骨碟靠自己身体的一端。

用骨碟放置食物残渣、骨头和鱼刺等不宜下咽的食物。注意此类食物尽量放置在骨碟前端。

4. 用牙签

剔牙姿态：一只手遮住口部，另一只手用牙签剔牙缝中的残渣。

三、西餐的礼仪

1. 入座

准备好餐桌椅，男士协助女士入座，再自行入座，注意从坐椅左侧走。

2. 餐巾的使用

放置：用双手打开餐巾，将正方餐巾折成三角形，长方形对折，把褶痕对向自己放于膝盖上。

使用：用餐巾擦嘴或擦手，擦拭后在餐巾上留下污渍，将有污渍的一面折到里面。如果中途暂时离开座位，需将餐巾折叠后放在椅子上。用餐完毕、离开饭桌，餐巾折放在餐盘的右边。

3. 刀叉的使用

握刀姿态：右手握刀。右手拇指抵住刀的一侧，食指按在刀柄背上，其余三指自然弯曲抵住刀的另一侧。

握叉姿势：左手握叉。与握刀相似，叉齿向下。

使用刀叉切割食物：右手持刀，左手持叉按住食物，用刀切割食物，切好后将刀放在盘子边沿上。刀口向自己，用叉将食物送入嘴中。

使用刀叉食用颗粒状食物：用刀将食物推到叉子上，用叉子将食物送入嘴中。

4. 刀叉的摆放

中途暂时离开："八"字形放置于盘中，刀口向内、叉齿向下。

用餐完毕：刀叉并排放置于餐盘中，刀右叉左、刀口向内、叉齿向上。

5. 酒杯的使用

持酒杯：葡萄酒杯，用手握住杯脚；香槟酒杯，用手握住杯脚的最上方比较容易饮用；白兰地酒杯，用手掌由下往上包住杯身；鸡尾酒杯，用手握住杯脚的部分。

喝酒：将杯子移到嘴边再喝，不要伸长脖子喝酒。

6. 面包的吃法

用手将面包撕成大小的块，用奶油刀将黄油涂在撕下来的面包上，放入口中。

7. 汤的吃法

汤的舀取：英国式的方法是由内向外舀；而法式习惯上则是由外向内舀。

喝汤：喝汤以汤匙就口。不应出声。

汤过烫时：用勺子搅动冷却。

8. 水果的吃法

苹果、梨等：应用刀切成四瓣再去皮核，用叉子叉着吃。

香蕉：剥皮，再切成数段叉之食用。

葡萄：用手将葡萄的皮剥掉，放入口中再用纸巾稍微遮一下嘴角，用手取出口中的葡萄籽并放到盘子的一端。

9. 咖啡的饮用

匙：用来搅拌饮料，搅拌好之后放置在杯托中。

握杯：食指穿过杯耳，拇指压住杯耳，其余三指自然弯曲抵住杯身。

饮用：小口饮用，不可一口饮完。

[模拟演练]

李瑞是一家著名跨国公司的总经理秘书。

一日，总经理王先生安排其筹备一次正式的晚宴，宴请该公司在国内最大的客户——光明公司吕总裁及其公司高级员工，答谢该公司一年来给予的支持。拟定邀请的人员有：光明公司的总裁吕先生、副总裁查先生、业务主管钟女士、丁先生和公关经理罗先生。确定本公司市场总监夏先生和李瑞作为王总经理的陪同人员参加宴会。

根据王总经理的吩咐。晚宴时间拟定于下周五傍晚 6：30，地点由李瑞选定，最好是五星级酒店。据李瑞了解，吕总裁是四川人，不太喜欢海鲜，非常爱吃麻辣味的食物；而王总经理是上海人，偏爱清淡的食物。

请模拟宴会安排（时间、地点、菜单、座位等）、宴会过程到宴会结束的场景。

情景模拟

一、打电话——贵姓

人物：

顾客甲、物流公司秘书。

道具：

两张桌子、两把椅子、两只杯子、两部电话。

内容：

顾客甲与物流公司秘书就座。

顾客甲拨通电话。

铃声响起。

秘书接电话。

顾客甲：喂。您贵姓？

秘书：屠。

顾客甲：（由于口音原因，没有听清）什么？

秘书：（不耐烦地）就是尸者屠。

顾客甲：什么？我还是不知道。再说一遍！

秘书：（有点火）屠夫的屠，杀猪的屠，屠杀的屠。

顾客甲：（恍然大悟）哦，知道了。

秘书：（口气缓了下来）先生贵姓？

顾客甲：不好意思，我姓阎，阎王的阎，阎锡山的阎。

秘书：谁是阎锡山啊？

顾客甲：（口气不屑地）你不知道谁是阎锡山?！算了，没工夫和你解释。你们老总在吗?

秘书:他不在。

顾客甲:不在就算了。

顾客甲"啪"挂掉电话。秘书看看话筒,也"啪"挂掉电话。

画外音:

通话语言要文明、态度要平和、声音要清楚。通话之初,首先要向受话方恭恭敬敬地问一声"您好!"然后,再言其他。不要开始就说"喂",或者开口就说自己的事情。

问候对方后,要首先自报家门。

结束通话时,应互道一声"再见"。

挂机时应小心轻放话筒。

二、惹祸的彩铃

人物:

红旗公司人力资源部李部长、应聘者张佳佳。

道具:

一张桌子、一把椅子、一只杯子、一部电话、一部手机。

内容:

红旗公司人力资源部李部长坐于讲台中央,张佳佳站在讲台一侧。

画外音:

(红旗公司业务发展得很快,急需招聘两名商务秘书。条件是女性,并熟悉和会用各类办公室软件,会讲标准普通话。

经过初试,毕业于某职业技术学院工商管理系的张佳佳表现出色,进入前五名。工作人员特别告知她:手机要 24 小时开机,明天可能还会通知复试。

第二天一上班,公司人力资源部李部长亲自打电话给张佳佳。)

李部长拨打张佳佳同学的手机。拨通。

话筒里传来:"打我的手机干什么?我正烦着呢!不接,不接,就是不接!"

李部长表情吃惊。铃响到第三遍时,李部长毫不犹豫地挂断了电话。

一会儿,李部长重新拨打张佳佳的手机。

话筒里又传来:"打我的手机干什么?我正烦着呢!不接,不接,就是不接!"

铃声响三遍时,张佳佳接听。

李:您好!红旗公司人力资源部,是张佳佳同学吗?

张:是。

李:(郑重地)你正烦着吗?就是不接电话吗?

张:(有些惊诧地)哦?(忽然明白过来)您是谁?

李:我是红旗公司人力资源部李部长,打电话就是为了告诉你,你最好换一下彩铃声,这样对你有好处。

(张佳佳还没来得及答话,李部长就挂断了电话。张佳佳懊丧地看看手机,垂头丧气地走下讲台。)

画外音:

个性化铃声为生活增添了色彩,但使用个性化铃声应注意场合。张佳佳同学在应聘中不恰当地使用了个性化手机彩铃。使她成了第一个被淘汰的人。

第三模块 商务活动实训

实训项目一： 商贸服务训练

一、销售服务礼仪训练

[实训目标]

通过商品销售模拟训练，加强学生对商品销售服务礼仪的了解和掌握，提高其实际操作能力。

[实训要求]

一张桌子、一把椅子、一台笔记本电脑。

采取自荐、推荐和随机性地抽取等方式，一名学生扮演电脑销售人员，一名学生扮演中年男子。

[实训口号]

我们的宗旨是让顾客满意。

[实训内容]

情景设计：雨雪天，一中年男子来到一家电脑商店，欲为去国外读书的孩子买台笔记本电脑，以便与孩子通过发电子邮件的形式进行网上联系。但是不知哪个牌子的笔记本电脑好。此外，还想学习电子邮件的收发操作方法。

① 主动迎客，微笑服务。

② 仔细介绍产品的功能等。

③ 顾客的问题，耐心地回答。

④ 销售人员给顾客演示电脑。

⑤ 教顾客使用电脑及发电子邮件。

⑥ 生意达成，为顾客包装电脑。

⑦ 收款、找零、礼貌递交电脑。

上述内容可以在生意达成的前提下，充分发挥想象力、创造力。

二、导游服务礼仪

[实训目标]

通过酒店服务模拟训练，加强学生对导游服务礼仪的了解和掌握，提高其实际操作能力。

[实训要求]

学校校车、导游、接站牌和导游旗。

随机性地抽取学生扮演导游、司机，其他学生扮演客人。

[实训口号]

让客人乘兴而来，满意而归。

[实训内容]

主题：某某一日游

（1）接站　持接站牌站立在××站口醒目的位置，热情迎候旅游团。

（2）上车　安排客人依次上车。

（3）致欢迎词

各位游客（各位团友），你们好！我是××旅行社的导游员（我来自××旅行社），姓×，名××，欢迎大家参加××一日游。今天我们游览的景点是××、××等，预祝我们愉快地度过这美好的一天。

（4）介绍沿途风光

① 面对游客，一只手可以扶着椅背或扶手，保持身体平衡。

② 讲解的内容要简明扼要，语言节奏明快、清晰。

③ 景物取舍得当，随机应变，见人说人，见物说物，与旅游者的欣赏同步。

（5）到达景点　客人依次下车。

（6）实地讲解　先停止行走，面向客人，上身保持平衡，站在台阶上或组织游客呈半弧形后站在中心位置讲解。

（7）致欢送词　地点可选在车中，也可在××站口。

一日游到这里就要结束了，在这里非常感谢各位对我工作的支持和配合，我有服务不周到的地方，请多多指教。天下没有不散的筵席，匆匆相聚又匆匆而别，这可能就是佛家所说的"缘"吧！我祝愿大家在今后的日子里工作顺利，身体健康，也希望大家能再来。谢谢！

三、酒店服务礼仪

[实训目标]

通过导游服务模拟训练，加强学生对餐厅服务礼仪的了解和掌握，提高其实际操作能力。

[实训要求]

学校餐厅。

随机性抽取学生扮演客房服务人员、客人。

[实训口号]

您的满意就是我的追求。

[实训内容]

1. 迎宾服务礼仪训练

迎：站姿端正，在餐厅两旁恭候来宾；当客人走近约 1.5m 处，热情问候："小姐（先生），欢迎光临！"

送：客人离开餐厅时礼貌道别："小姐（先生），谢谢您的光临，请慢走，再见！"并致鞠躬。

2. 引位服务礼仪训练

引客问候：客人进店，立即迎上，微笑问候："您好！请问预订过了吗?"或"请问，一共几位?"

（注意：应先问候女宾，再问候男宾。）

安排座位："请跟我来"或"这边请"，用手示意；把客人引到适当的位置入座或进入包厢。

3. 值台服务礼仪训练

迎客：拉椅助座、协助客人脱衣摘帽、端茶、递巾。

点菜：双手呈上菜单，先递给主宾；站在客人左侧，听取客人点菜，做好记录，最后再复述一遍；客人确认后，迅速将菜单取走。

上菜：新上一道菜，简要介绍菜名及特色，将菜肴最佳部位对准主宾和主人；菜上齐后，告诉客人："菜已上齐，请慢用。"

斟酒：征得客人同意；先主宾后主人，先女宾后男宾；斟酒（白酒）八分满。

撤换：客人餐具掉落在地，应迅速更换；剩菜征得客人同意后撤换。

送客：账单正面朝下放在托盘上（或账单夹内），从客人左侧递上，并礼貌地说："先生，请您结账。"等；客人结账后，应表示感谢。

送客：客人起身离座，主动拉椅，鞠躬道别。

[模拟演练]

模拟一：分若干小组，以校园超市为实训场地，开展"我的一天销售活动"的实训。

模拟二：以校园餐厅为实训场地，模拟从迎客、点菜、上菜、斟酒、撤换到结账、送客的过程。

模拟三：以校园为旅游区，以校车为旅游巴士，以校史展览、校园标志建筑物及景观为景点设计一次导游服务活动，模拟从接团至送团的全部过程。

实训项目二： 剪彩、 签字仪式训练

一、剪彩仪式训练

[实训目标]

通过训练，加强学生对剪彩仪式礼仪的了解和掌握。在迎宾、主持、奏乐、发言和剪彩等环节中培养学生的实际操作能力。

[实训要求]

随机性地抽取学生扮演剪彩者（2~3人）、礼仪小姐（6人）、主持人（1人）、上级领导（1人）、鞋城总经理（1人）、嘉宾（1人）、商户（1人），其余同学扮演来宾。

剪彩道具：红线绳、新剪刀、白色薄纱手套、托盘等。

剪彩场地：学院篮球场。

横幅：××鞋城开业剪彩仪式。

录音机一台，《迎宾曲》、《好日子》、《走进新时代》等曲目。

椅子、胸花若干。

[实训口号]

开业大吉——打响第一炮

[实训内容]

主题：××鞋城开业剪彩仪式

① 参加开业典礼仪式的领导、嘉宾由礼仪小姐引领就位。

② 主持人宣布××鞋城开业剪彩仪式开始，军乐队奏乐（录音机）（鼓掌）。

③ 主持人介绍参加开业典礼仪式的领导、嘉宾（鼓掌）。

④奏国歌。

⑤ 请鞋城总经理致辞。

⑥ 请上级领导致贺词。

⑦ 请嘉宾代表致贺词。

⑧ 请商户代表致贺词。

⑨ 主持人宣布请上级领导、鞋城总经理到剪彩区为××鞋城开业剪彩。

⑩ 礼仪小姐引导上级领导、鞋城总经理、嘉宾代表到剪彩区，礼仪小姐迈着轻盈的步伐从两侧登场。拉彩者拉起红色缎带及彩球，托盘者站在拉彩者身后1米处，并且自成一行。

⑪ 领导剪开红绸，宣告鞋城隆重开业，军乐队奏乐（录音机）（鼓掌）。

⑫ 剪彩完毕后，请上级领导、鞋城总经理、嘉宾代表参观鞋城。

[模拟演练]

以××公司的设立和××商店的开张为例，策划一份剪彩议程。

二、签字仪式训练

[实训目标]

通过训练，加强学生对签字仪式礼仪的了解和掌握，在仪式开始、签字、交换文本、庆贺等环节中培养学生的实际操作能力。

[实训要求]

在会议室进行，安排好座位。

签字道具：文本、文件夹、旗帜、签字笔、签字单、吸水纸、酒杯、香槟酒瓶、桌子等。

横幅：××酒店与××学院《校企合作办学》签字仪式。

随机抽取学生扮演主签人、助签人、领导人、各方随员若干及礼仪小姐若干。

不同角色的扮演者应仪容整洁，着装简约、庄重、规范。

[实训口号]

让一切活动——井然而有序。

[实训内容]

主题：××酒店与××学院《校企合作办学》签字仪式

① 礼仪小姐把来宾带到相关位置（背景音乐——《春天的故事》）。

② 双方领导人进入会场（掌声响起），并就座。

③ 主持人宣布签字开始。

④ 双方主签人共同进入会场，相互致意握手，一起入座。

⑤ 双方助签人员，分立在各自一方代表主签人外侧，其余人排列站立在各自一方代表身后。

⑥ 助签人员协助主签人打开文本，指出签字位置，双方代表各在己方的文本上签字，然后由助签人员互相交换，代表再在对方文本上签字。

⑦ 签字完毕后。双方应同时起立，交换文本，并相互握手。

⑧ 主持人宣布：让我们以热烈的掌声祝贺校企合作成功！（鼓掌）（礼仪小姐呈上贺酒，双方代表举杯祝贺），今天签字仪式到此结束！谢谢大家！

⑨ 双方领导退场，客方退场，主方退场。

实训项目三： 求职应聘训练

[实训目标]

通过实训，策划出一份正确的、美观的求职书，并熟悉基本的应聘与面试方法与技巧。

[实训要求]

① 教室桌椅排成 U 形，中央放置一张桌子，桌子的一面放置一张椅子，另一面放置两张椅子。

② 学生扮演求职者；教师扮演第一主考人，临场提问。

[实训口号]

放飞梦想，展现自我。

[实训内容]

主题：××公司招聘产品营销人员

一、撰写求职书

求职书包括求职信，基本情况介绍，个人特点分析，适应岗位，各种证件、证书的影印件。

二、面试形象设计

男士穿西装、打领带，面洁须净；女士化淡妆、穿套裙、结丝巾。

三、模拟面试

1. 面试方式

根据学号组队，1 号和最后一号组成一组，2 号和倒数第二号……以此类推。在产品营销人员应聘这个大主题下，临场提问。具体内容不限。每组模拟 5～10 分钟。

具体方法：教师或一名学生扮演面试主考人，每组派出一个学生代表上台演示。演示包括站姿、坐姿、走姿和回答问题等行为举止，并认真做好记录。

第一步：演示者在教室门口站立等候，听到指令后，轻敲门步入。

第二步：走到桌前站立。

第三步：向主考人问好。

第四步：双手递上求职书，正面。

第五步：进行 2 分钟左右的自我介绍。

第六步：转身面向同学选取两种以上坐姿坐在椅子上。

第七步：转身面向主考人回答其提出的问题。

第八步：面试结束后，放好椅子。

第九步：向主考人致谢、道别，退出教室门。

2. 师生点评

对求职者的仪容、自我介绍、回答问题等环节分别进行点评，指出其优缺点，并提出改进意见和建议。最终评选出 5 名最佳个人形象设计者。

情景模拟

一、开业典礼

人物：

××大酒店陆总经理　　××市马副市长　　主持人礼仪小姐若干及各方来宾

道具：

麦克风、横幅、录音机、彩旗、红线绳、新剪刀、白色手套、托盘等

内容：

学校操场上挂横幅，内容是：××大酒店开业典礼。

（××大酒店开业典礼的现场，录音机正播放迎宾乐曲，礼仪小姐穿着整齐排列迎宾。来宾陆续来到现场，礼仪小姐引导来宾就位。）

主持人（开场白）：

尊敬的各位来宾，各位朋友，女士们，先生们：

金秋十月，清风送爽。今天，四面八方的朋友汇聚在这里，都是为了庆祝一个共同的盛事，即××大酒店开业庆典仪式！女士们，先生们，今天出席××大酒店开业庆典仪式的领导和嘉宾有：市以及市区各部、委、办、局的领导，各级、各界、各部门、各兄弟单位的宾客××人。让我们用热烈的掌声，欢迎各位领导和嘉宾入场就座！（礼仪小姐引导贵宾至主席台。）现在请允许我宣布：××大酒店开业庆典仪式现在开始！

（全场起立或立正，播放国歌。）

主持人：（国歌奏毕）下面让我们以热烈的掌声有请：××大酒店陆总经理为我们致辞，××市马副市长致贺词。

陆总：（站到主席台前致辞）

尊敬的各位领导，各位来宾，女士们，先生们，朋友们：

大家好！

××大酒店在这秋高气爽的季节里隆重开业了。值此，我代表酒店全体员工对各位领导、各位嘉宾的光临，表示热烈的欢迎和诚挚的感谢。

按高标准、严要求投资建设的××酒店，于×年×月破土动工以来，全体建设者克服重重困难，经过×年的奋力拼搏，保证了酒店的顺利开业。建成后的××大酒店，设计新颖、风格别致、功能齐全，无论是主体建筑，还是装饰装修，都构思独特、气势恢弘、手笔大气。

××大酒店的建成，从筹建到施工，得到了社会各界的广泛关注，得到了各方面领导的高度重视和关怀，尤其是施工建设单位的同志们，为工程洒下了辛勤的汗水。在此，我向所有参与工程建设的领导和建设者们致以深深的敬意！

"有朋自远方来，不亦乐乎"。××大酒店开业之后。我们期待各位领导、四方来宾、各界朋友予以更多的支持、关心、重视和理解。同时，我们将加强管理，规范运作，热忱服务，爱岗敬业，尽心尽力把××大酒店办成有品位、有档次、有影响、有效益的一流酒店。

您的一次光临，就是对我们的一份支持；您的一份满意，就是我们的一份幸福。衷心地希望大家能一如既往地关爱××大酒店，支持××大酒店。我相信，有了你们，××大酒店一定会生意兴隆、财源茂盛、兴旺发达、鹏程万里！

最后，我要再一次感谢各位领导、各位嘉宾的光临，祝大家身体健康，工作顺利，合家欢乐，万事如意！

谢谢大家！

马副市长：（站到主席台前致辞）

尊敬的陆总经理、尊敬的各位来宾、同志们、朋友们：

金秋月圆，丹桂飘香。在这美好时节，我们迎来了××大酒店的开业。在此，我谨代表市委、市人大、市政府、市政协和全市人民，向××大酒店的开业表示热烈的祝贺！

在百业竞争万马奔腾的今天，特色就是优势，优势就是财富。××大酒店要在激烈的市

场竞争中占据一席之地，一定要营造自己的特色，打造自己的品牌，塑造自己的形象；一定要有科学管理、准确定位；一定要用全新的理念，一流的服务，创造一流的效益；一定要诚招天下客，信引四方宾，更好地为顾客服务，更多地回报社会。

××大酒店是我市服务业、旅游业中的新生力量。希望全市各部门、各单位和社会各界为××大酒店的成长壮大多播撒些阳光和雨露，多给予些关心和支持。我相信，在社会各界的大力支持下，在酒店全体员工的共同努力下，××大酒店一定能够创造出耀眼的辉煌，骄人的业绩，为我市财税增收、经济发展、社会繁荣多作贡献。

最后，我祝愿××大酒店生意兴隆，蒸蒸日上！

主持人：陆总的一番话，令我们倍感亲切。陆总的话虽没有华丽的辞藻，但很平实，表现出的是一个真实的××大酒店，是一个朝气蓬勃，一个处处以实际行动为大家做实事的集体。而马市长对××大酒店的殷切期望，又使我们感慨万分，深受裨益。让我们再次以热烈的掌声向他们表示感谢！（掌声）下面，让我们热烈欢迎马副市长和陆总经理为××大酒店开业剪彩！

（马副市长和陆总面带微笑向大家点头致意。）

（录音机里响起欢乐的乐曲声。礼仪小姐在欢乐的乐曲声中，排成一行，从两侧登场。拉彩者拉起红色缎带及彩球，托盘者站在拉彩者身后1米处，并且自成一行。

马副市长、陆总行至既定位置，托盘者递上剪刀、白色手套。二人表情庄重地将红色缎带一刀剪断，彩球准确无误地落入托盘里，用右手举起剪刀，面向全体人员致意，放剪刀、手套于托盘中，鼓掌。热烈掌声也随之响起。二人相互握手道喜，礼仪小姐引导从右侧退场。）

马副市长在陆总陪同下，参观酒店。

二、求职

应聘场景一

人物：

招聘者：人事部王经理、销售部李经理、接待人员小张。

应聘者：大学生A（女）、大学生B（男）。

道具：

一张桌子、三把椅子、一部电话、文件材料若干、一个废纸篓。

内容：

人事部王经理、销售部李经理进场就座，小张倒茶后出门等候。

画外音：

××通信股份有限公司是一个高科技企业。因公司发展需要销售业务员若干名。（小张请进第一位应聘者大学生A，大学生A在途中看到一只小纸片掉在地上，就弯腰把它捡起，丢进了废纸篓。）

A：您好！（向人事部经理）您好！（向销售部经理）我是××职业技术学院××届营销专业的学生。

王：请坐！（手示意坐下）

A：谢谢！（双手送上个人简历，并坐下。坐姿端正。）

李：请问你在做业务这方面有过什么经验？

196　　A：在校期间我参加过学校组织的顶岗实习，做的都是业务员。我在寒暑假期间进入一些销售公司实习，跟优秀业务员一起外出跑业务，并取得了很好的销售成绩，这些在我的简历中都有说明。

李：你认为做业务员最重要的是什么？而你又具备哪些？

A：就我个人来说，我认为做业务员首先要有吃苦耐劳的精神，因为做业务员经常在外面跑，如果没有吃苦耐劳的精神根本就无法胜任这个工作。其次应该是有优秀的口才，没有口才就没有所谓的业务成绩。这两点是最重要的，而其他的当然也要具备，其实做一个优秀的业务员就是做一个优秀的人。当然我也不是没有缺点的，但是我相信我会在实践中不断地完善自己。

王：那就先这样吧，三天后我们会给你答复（起身，握手）。

应聘场景二

（小张请大学生 B 进入。）

（B 入场，外套敞开，走路摇摆无序，途中踩到小纸片，小纸片被粘到脚上，继续往前走。走到位置上未经招聘者示意就一屁股坐到椅子上，头朝一边歪着，同时把自己的简历丢到招聘者面前。人事部经理、销售部经理眉头一皱。）

王：请问一下你为什么选择我们公司？

B：我喜欢这项工作，当然，我相信以我的能力完全可以胜任这项工作。（手机响起）哦！有电话。

（接电话的同时，不知不觉地跷起二郎腿。）喂，谁啊？胖子？我现在没空。正在应聘。（看见脚底小纸片，顺手扯下，丢到地下。）什么？今晚上在香格里拉吃饭？你请客？……

李：对不起，请你去外面接电话。

B：（看李一眼，继续说）好的，我一定来，晚上八点不见不散！（挂断手机）。啊，我刚才说到哪里来着？

王：不必了，我们已经知道了。你可以走了。

B：（猛地起身）什么？走？我还没说完呢。

李：虽然有可能在销售方面你是个人才，但你这样的人才，我们不敢用。

B：（一把拿过自己的简历）不用我是你们的损失！（气呼呼地转身就走。）

（王与李相视一笑，摇摇头。）

参 考 文 献

[1] 林友华. 社交礼仪. 北京: 高等教育出版社, 2003.

[2] 曹文彬. 现代礼仪. 北京: 中国商业出版社, 2002.

[3] 金正昆. 商务礼仪. 北京: 北京大学出版社, 2004.

[4] 田晓娜. 礼仪全书. 北京: 人民中国出版社, 1998.

[5] 徐经泽. 中华魂丛书. 礼仪卷. 济南: 山东大学出版社, 1992.

[6] 郝铭鉴. 孙为. 中国应用礼仪大全. 上海: 上海文化出版社, 1991.

[7] 金正昆. 大学生礼仪. 北京: 高等教育出版社, 2000.

[8] 金正昆. 社交礼仪教程. 第2版. 北京: 中国人民大学出版社, 2005.

[9] 齐冰. 现代公关礼仪. 北京: 中国商业出版社, 1999.

[10] 陈继光. 礼貌礼节礼仪. 广州: 中山大学出版社, 1997.

[11] 熊经浴. 现代商务礼仪. 北京: 金盾出版社, 1997.

[12] 刘逸新. 礼仪指南. 北京: 中国纺织出版社, 2004.

[13] 周芙蓉. 礼仪教程. 北京: 中国长安出版社, 2003.

[14] 刘思训. 新世纪交际礼仪. 北京: 中国纺织出版社, 2000.

[15] 陈红. 国际交往实用礼仪. 北京: 清华大学出版社, 2004.

[16] 陈新民. 传统礼仪. 武汉: 湖北辞书出版社, 2004.

[17] 刘海燕. 礼仪常识. 成都: 四川大学出版社, 2000.

[18] 金正昆. 涉外礼仪教程. 北京: 中国人民大学出版社, 1999.

[19] 李兴国. 现代商务礼仪. 哈尔滨: 黑龙江科学技术出版社, 1998.

[20] 张贤明, 刘晖. 日常实用礼仪必读. 北京: 中国旅游出版社, 1996.

[21] 王颖, 王慧. 商务礼仪. 大连: 大连理工大学出版社, 2007.

[22] 文泉. 国际商务礼仪. 北京: 中国商务出版社, 2003.

[23] 王伟伟. 礼仪形象学. 北京: 人民出版社, 2005.

[24] 金正昆. 外事礼仪. 北京: 首都经济贸易大学出版社, 2002.

[25] 黄剑鸣. 现代商务礼仪. 北京: 中国物资出版社, 2006.

[26] 许爱玉. 现代商务礼仪. 杭州: 浙江大学出版社, 2006.

[27] 王东耀, 吴小桃. 人际关系与社会礼仪. 西安: 陕西人民教育出版社, 1992.

[28] 阿克斯特尔. 礼仪与禁忌. 上海: 上海译文出版社, 1998.

[29] 阿克斯特尔. 身势语. 上海: 上海译文出版社, 1998.

[30] 塞尔. 西方礼节与习俗. 上海: 上海人民出版社, 1987.

[31] 陈刚平, 周晓梅. 旅游社交礼仪. 北京: 旅游教育出版社, 2006.

[32] 陈静河. 礼仪与服务艺术. 厦门: 厦门大学出版社, 2005.

[33] 陈平. 社交礼仪. 北京: 中国电影出版社, 2005.

[34] 陈玉. 礼仪规范教程. 北京: 高等教育出版社, 2005.

[35] 崔佳山. 旅游接待礼仪. 北京: 科学出版社, 2005.

[36] 顾胜勤. 民航旅客服务心理学. 北京: 北京理工大学出版社, 2005.

[37] 关彤. 现代社交礼仪. 北京: 中国社会科学出版社, 2004.

[38] 韩英. 现代社交礼仪. 青岛: 青岛出版社, 2005.

[39] 何丽芳. 酒店礼仪. 广州: 广东经济出版社, 2005.

[40] 胡晓涓. 商务礼仪. 北京: 中国建材工业出版社, 2004.

[41] 黄曼青. 社交礼仪教程. 广州: 广东高等教育出版社, 2004.

[42] 姜若愚, 张国杰. 中外民族民俗. 北京: 旅游教育出版社, 2005.

[43] 南兆旭, 滕宝红. 现代商场·超市·连锁店星级服务培训. 广州: 广东经济出版社, 2004.

[44] 孙二宝. 社交礼仪恰到好处. 北京: 当代世界出版社, 2005.

[45] 檀明山. 学会社交学会礼仪. 福州: 海峡文艺出版社, 2004.

［46］韦克俭．现代礼仪教程．北京：清华大学出版社，2006.

［47］徐新华．最新礼仪必备全书．北京：海潮出版社，2005.

［48］杨春明，孟昭德．求职应聘细节制胜．北京：地震出版社，2005.

［49］张贤明，刘晖．日常实用礼仪必读．北京：中国旅游出版社，1996.

［50］李鸿军．交际礼仪学．1版．武汉：华中理工大学出版社，1997.

参考文献